D1920315

Pierre-André Taguieff,

l'antiracisme en débat

Questions contemporaines

Collection dirigée par Jean-Paul Chagnollaud, Bruno Péquignot et Xavier Richet

Chômage, exclusion, globalisation… Jamais les « questions contemporaines » n'ont été aussi nombreuses et aussi complexes à appréhender. Le pari de la collection « Questions contemporaines » est d'offrir un espace de réflexion et de débat à tous ceux, chercheurs, militants ou praticiens, qui osent penser autrement, exprimer des idées neuves et ouvrir de nouvelles pistes à la réflexion collective.

Dernières parutions

Roland HUREAUX, *Les Gilets jaunes ont raison, ... et bien plus qu'ils croient*, 2019.
Robert BIBEAU, Khider MESLOUB, *Autopsie du mouvement des Gilets jaunes*, 2019.
Dominique THIERRY, *La solidarité intergénérationnelle sur le terrain*, 2019.
Daniel GLAUSER, *Questionnement critique des visions dépassées du monde actuel*, 2019.
Franck ZOLLEC, *La part de chacun dans le monde de demain, Devenons grains de sable,* 2019.
Stéphane TESSIER, *L'interculturalité dans le quotidien professionnel,* 2019.
Laureline FONTAINE, *Lire les constitutions*, 2019.
Michel BOURSE et Halime YÜCEL, *Communication interculturelle : mode d'emploi*, 2019.
Dominique RIVIÈRE, *Quand surveiller c'est punir, Vers un au-delà de la justice pénale,* 2019.
Laureline FONTAINE (coord.), *Lire les constitutions*, 2019.
Guy VALLANCIEN, *À l'origine des sensations, des émotions et de la raison, J'aime donc je suis*, 2019.
Etienne BAKISSI, *Bien commun et démocratie pluraliste. Intérêt général et subsidiarité*, 2019.
Dominique GODARD, *Éthologie de la campagne présidentielle 2017*, 2019.
Christian JOUVENOT, *Macron, tombé du ciel !,* 2019.

Manuel DIATKINE

PIERRE-ANDRE TAGUIEFF, L'ANTIRACISME EN DEBAT

Préface de Dominique Schnapper

L'Harmattan

© L'Harmattan, 2019

5-7, rue de l'École-Polytechnique ; 75005 Paris

http://www.editions-harmattan.fr

ISBN : 978-2-343-18142-4

EAN : 9782343181424

À Dominique, Gilbert, Val et Lina

Remerciements

Je remercie chaleureusement pour leur aide Jacques d'Adesky, Sara Albieri, Marc Angenot, Alain de Benoist, Jean Birnbaum, Daniel Dayan, Emmanuel Debono, Gil Delannoi, Michel Dreyfus, Annick Duraffour, Jean-Claude Elias, Philippe Gumplowicz, Nathalie Heinich, Francine Iegelski, Philippe Karsenty, Gérard Lemaine, Cécile Marcoux, Kabengele Munanga, Pap Ndiaye, Richard Prasquier, Nicolas Roussellier, Henry Rousso, Bruno Garcia, Dominique Schnapper, André Sénik, Jean-Frédéric Schaub, Talila, Jacques Tarnero, Elhanan Yakira, Marco Zingano.

L'historienne Anita Novinsky a fondé au Brésil les études sur l'Inquisition dans ce pays. Elle a accepté de diriger la thèse en Histoire des idées soutenue en 2017 à l'Université de São Paulo, dont ce livre est issu. Je la remercie infiniment.

Pierre-André Taguieff m'a communiqué ses travaux au fur et à mesure de leur publication. Il n'a jamais cherché à savoir ce que j'écrivais, et il a lu le texte une fois conclu. Je le remercie infiniment.

Préface

Dans le monde moderne des essais et des romans qui se lisent en une heure, l'œuvre de Pierre-André Taguieff impressionne, et parfois effraie, par l'érudition exceptionnelle et la virtuosité critique hors du commun de son auteur. Il évacue radicalement les termes qui encombrent le débat public et entretiennent dans un flou sémantique et intellectuel une caricature de ce que devrait être le débat démocratique ; il dénonce avec un talent aiguisé de polémiste la pensée paresseuse de la majorité, les fausses querelles et les vraies lâchetés. À quoi il faut ajouter qu'il ne s'embarrasse pas de l'hypocrisie (parfois utile) du discours académique pour faire exploser ses adversaires.

À tous ceux que l'ampleur de l'œuvre intimide, on peut recommander de l'aborder par le travail patient, précis et empathique de Manuel Diatkine. Ils y trouveront la présentation claire des thèmes essentiels, ils suivront la logique d'une pensée qui s'est développée au cours des années et pourront comprendre l'unité d'une œuvre dont la pensée – dite politique – courante en termes de « gauche » et de « droite » interdit de voir la cohérence.

Pierre-André Taguieff combat le racisme. *La Force du préjugé* qui l'a révélé en 1988 a établi une fois pour toutes les deux logiques de la pensée raciste, différentialiste et universaliste. L'auteur se trouvait alors naturellement catalogué comme un chercheur de « gauche » – par ses choix comme par sa participation aux institutions de recherche –, comme si le combat contre le racisme et l'antisémitisme étaient par nature de gauche. Les travaux montrant qu'il existe une tradition antisémite dans certains courants de la gauche ne font pas partie de la culture du militant antiraciste « de gauche » aujourd'hui. *La Force du préjugé* éclairait les termes d'un combat qui devait préciser sa cible et ses arguments, et ne pas lutter contre des formes de racisme dépassées en mobilisant sans même s'en rendre compte les arguments de ses ennemis. La publication de 1988 a établi sa réputation d'analyste de la nouvelle pensée raciste et son rôle de collaborateur de diverses publications (en particulier la direction des deux tomes de *Face au racisme* en 1991) en témoigne. C'est la période institutionnelle de l'auteur.

Quelques dialogues, imprudents dans le monde parisien, avec des représentants de la Nouvelle droite ont abouti à une ahurissante attaque des « belles âmes » antiracistes publiée par *Le Monde* en juillet 1993. Je ne peux m'empêcher de penser que l'histoire des idées développée par Manuel Diatkine aurait pu, à l'occasion de cet épisode, être complétée par une analyse sociologique sur les méandres de la vie parisienne et des rivalités d'egos entre chercheurs qui ont conduit à cette attaque *ad hominem* dont les justifications me restent mystérieuses. L'épisode mériterait d'être compris dans toutes ses dimensions.

Toujours est-il qu'il a installé l'objet de cette attaque comme un franc-tireur, désormais accusé d'être passé à l'ennemi, « fasciné » par la pensée de l'extrême droite, et d'avoir trahi la « gauche ». C'était un « renégat ». Il faut ajouter qu'en s'en prenant à la bien-pensance avec la vigueur et le talent qu'on lui connaît, en cultivant l'érudition encyclopédique et ne « jouant pas le jeu » parisien, Pierre-André Taguieff donnait le sentiment d'assumer avec un certain plaisir le rôle du franc-tireur. Homme seul, mais non sans admirateurs, autant que d'ennemis. La somme sur le cas Céline (*Céline, la race, le Juif. Légende littéraire et vérité historique,* 2017) multipliera le nombre de ses adversaires, déjà nombreux.

Depuis le début du nouveau siècle, il est le penseur de la nouvelle judéophobie et il dénonce ceux qui capitulent devant le danger de l'islamisme et prétendent que les Français font l'amalgame entre islam et islamisme – ce qui n'est pas le cas. Alors que le monde politique et intellectuel s'est refusé à voir le retour d'une judéophobie qui se présente parée de l'élégance de l'antiracisme et de la défense des Palestiniens, il mène un combat sans relâche contre cette nouvelle trahison de l'esprit des Lumières.

Admirateur de son auteur, Manuel Diatkine ne cède pas pour autant à l'hagiographie, il souligne les évolutions, mais aussi parfois les excès d'une pensée puissante, originale, qui cède parfois à ses propres passions. Comme dit le proverbe yiddish, il ne faut pas demander aux pierres de pleurer…

Le travail de Diatkine n'aidera pas seulement le lecteur qui trouvera, sous une forme claire et accessible, l'essentiel de l'oeuvre d'un auteur qu'on admire ou qu'on déteste plus qu'on ne le lit. Il découvrira aussi les éléments nécessaires pour élaborer l'analyse sociologique du monde des intellectuels et de leur tentation constante soit à dénoncer un danger passé (« le fascisme ne passera pas » proclamait-on alors que le communisme était la véritable menace) soit à souscrire aux plus forts (les judéophobes « moraux », défenseurs des persécutés).

Les qualités dont Manuel Diatkine fait preuve dans cet ouvrage montrent qu'il dispose des moyens pour mener à bien cette étude. Du Brésil il est peut-être plus facile de présenter les vertus et les limites d'un milieu social toujours tenté de céder à la trahison des clercs à moins que ce ne soit à l'opium des intellectuels.

Dominique Schnapper,

Sociologue, directrice d'études à l'EHESS, a publié entre autres ouvrages de *La relation à l'autre. Au cœur de la pensée sociologique* (Gallimard, 1998).

« Le racisme, de quelque façon que vous nous le présentiez, ça ne tient pas debout, ce sont des préjugés comme le dit finalement Taguieff. Alors pourquoi consacrer finalement 600 pages à ce qui est une immense connerie?[1] »

Introduction

La division des antiracistes français est aujourd'hui un fait constaté[2]. Mais d'où vient-elle, comment s'est-elle produite, selon quelles étapes ? Voilà qui peut intéresser l'histoire des idées politiques contemporaines. Pour répondre à ces curiosités, diverses voies sont possibles, et il n'y a lieu d'en écarter aucune *a priori*. Voici notre proposition : nous souhaitons étudier comment, selon quelle chronologie et selon quelles modalités, P-A. Taguieff a cessé d'appartenir à la « gauche antiraciste ».

1.

Le choix de P-A. Taguieff n'est pas si difficile à justifier : sur les thèmes du racisme et de l'antiracisme,

---

[1] Question de Michel Polac, romancier, cinéaste et journaliste, adressée à P-A. Taguieff, *Libre et change*, FR3, 1988. Participaient à cette émission Alain de Benoist et Jean-Luc Domenach.

[2] Pap Ndiaye. « Il est urgent de se mobiliser ensemble contre le racisme et l'antisémitisme », *Le Monde*, 24 juin 2017. Le blog de l'historien Emmanuel Debono est très utile pour suivre les débats autour de l'antiracisme.

depuis les années 1980, il est l'un des auteurs francophones les plus créatifs. Son nom apparaît, par exemple, dans les premières pages de deux synthèses anglo-saxonnes récentes sur le sujet, et il est le seul auteur francophone dans ce cas[3].

Ainsi il est peut-être celui qui a le mieux su exprimer ce que de nombreux chercheurs percevaient au début des années 1980, c'est-à-dire la transformation du racisme, sa réinvention, à partir de l'abandon de l'idée de « race » au profit de l'adoption de l'idée d' « identité » (collective). Cette évolution de la biologie vers la culture ouvrait un espace nouveau à la xénophobie, car elle prenait à revers les antiracismes. La notion d' « identité » avait été au cœur des combats antiracistes de la décolonisation. C'était une notion populaire et légitime à gauche. L'identité culturelle n'était-elle pas centrale pour tous les peuples dominés, nouvelles nations des sud ou minorités d'Amérique et d'Europe ? N'est-ce pas Aimé Césaire lui-même qui a défendu avec verve un usage politique et antiraciste de « l'identité [4] »?

Il a proposé un modèle conceptuel pour penser les ambiguïtés du discours antiraciste – non pour le liquider, mais pour améliorer son efficacité. Ce modèle oppose parmi les racismes et les antiracismes deux grands univers, l'universalisme et le différentialisme. Il existerait ainsi un antiracisme universaliste qui s'opposerait en priorité au racisme différentialiste, et un antiracisme différentialiste

---

[3] George M. Fredrickson le cite à propos de l'opposition entre *racisme d'exploitation* et *racisme d'extermination* (en français), dans *Racism. A short history*. Princeton: Princeton University Press, 2002, p. 9. Ali Rattensi le cite à propos de la notion de *heterophobia* (en anglais), dans *Racism. A very short introduction*. Oxford: Oxford University Press, 2007, p. 3.

[4] Aimé Césaire, *Discours sur le colonialisme,* suivi de *Discours sur la Négritude*. Paris: Présence africaine, 2004, p. 88-89.

centré sur l´opposition au racisme universaliste. Nous ne développerons pas plus, à ce stade, l´étude de cette conceptualisation. Comme tout modèle abstrait, il est susceptible de critiques, particulièrement venues des historiens, toujours sensibles à la diversité du concret empirique. Mais il a contribué à relancer en France (et hors de ce pays) l´intérêt pour la théorie du racisme, dans le contexte de l´émergence du Front national comme force politique[5].

P-A. Taguieff a proposé une conceptualisation largement acceptée pour penser les premiers succès électoraux du Front national. La notion de *national-populisme* tente de saisir une nouveauté, afin de ne pas se contenter de l´idée d´un retour de l´extrême droite historique. Ce qui était perçu par certains comme simplement une persistance devait être pensé pour lui-même. « National-populisme » s´est imposé, y compris en anglais (*national-populism*, *National Populism*, *national-populist* existent)[6]. Il a également, après d´autres, repris le dossier du « populisme », et attiré l´attention sur ceci : le terme ne définit aucun contenu positif, mais un style en politique (mépris des formes, appel au peuple, culte du chef – en somme, l´inverse du libéralisme selon Benjamin Constant), à disposition des démagogues de toutes obédiences.

Un peu auparavant, il avait proposé une analyse devenue classique du contenu idéologique du discours du *Groupement de recherche et d'études pour la civilisation*

---

[5] Jacques d´Adesky, anthropologue, s´est inspiré de ses travaux. Voir *Pluralismo Étnico e Multiculturalismo. Racismos e Anti-Racismos no Brasil*. Rio de Janeiro: Pallas, 2000, et Racismes *et Antiracismes au Brésil*. Paris : L´Harmattan, 2003.

[6] Google.co.uk propose par exemple 731 000 résultats pour *national-populism* (consulté le 25 juin 2016).

européenne (GRECE), à un moment où peu de gens avaient pris la peine de lire exhaustivement la production de ce cercle de réflexions proche, par l'origine de la plupart de ses membres, de l'extrême droite.

Pendant longtemps, il a existé une confusion entre eugénisme et darwinisme social. Les auteurs eugénistes étaient confondus avec les écrivains influencés par les idées de Francis Galton. Une de ses premières recherches en Histoire des idées a été consacrée à Georges Vacher de Lapouge (1854-1936). Il a montré combien ce dernier, eugéniste, n'était en rien un darwiniste social. Les eugénistes étaient souvent socialistes, hostiles au laissez-faire libéral, favorables à l'intervention de l'État pour « améliorer la race ». Le racisme des darwinistes sociaux est d'une facture différente. Son travail a permis de distinguer, et donc d'offrir une vision plus précise du panorama des idées racistes à la fin du XIXe siècle. Celles-ci pouvaient entrer en synthèse aussi bien avec le socialisme (l'eugénisme) qu'avec le libéralisme économique (le darwinisme social).

Comment distinguer un discours prescriptif, orienté vers l'action – la ségrégation, l'exploitation, la destruction – d'une croyance plus vague et plus diffuse en l'existence de « races humaines », croyance largement attestée au dix-neuvième siècle ? La conceptualisation racisme / racialisme aide à la distinction, et permet de ne pas tout confondre dans une vaste nuit où tous les chats sont gris[7].

À la fin des années 1980, le dossier des faux *Protocoles des sages de Sion* était bien sûr connu, par exemple après les travaux de Norman Cohn et Léon Poliakov. Pourtant, P-A. Taguieff a voulu le rouvrir, soit

---

[7] P-A. Taguieff, « Racialisme », in *Dictionnaire historique et critique du racisme*. Paris : Puf, 2013.

afin de préciser des points d'érudition historique, soit pour modifier la focalisation historique et géographique, et prendre au sérieux, ce qu'on ne faisait pas beaucoup en France, la persistance des théories du complot antisémite au Moyen-Orient, en liaison avec le conflit israélo-arabe. Ce fut l'occasion de montrer la circulation des thèmes anti-juifs, d'Europe vers le Moyen-Orient, puis du Moyen-Orient vers l'Europe. Il concluait, d'une façon contre-intuitive pour beaucoup en 1991, que la question de la haine des juifs restait une question européenne, transformée désormais, et devenue méconnaissable aux yeux de certains, en antisionisme, fort bien portée dans des milieux très divers. « L'antisionisme n'est pas l'antisémitisme », bien sûr, incontestablement, mais si la formule n'est pas fausse, elle est courte ; elle laisse échapper certains aspects de la réalité.

En 2000-2001, il a proposé, pour désigner l'augmentation brusque des discours et des actes hostiles aux juifs en France, l'expression « nouvelle judéophobie ». Il a ainsi contribué, avec d'autres, à imposer dans le débat public un thème qui incommodait, puisque les auteurs de ces violences étaient presque toujours des jeunes gens mobilisés par un sentiment de solidarité avec la Palestine. Le livre du même nom publié en janvier 2002 a ainsi déclenché une polémique, interne au camp antiraciste, qui s'est maintenu, plus ou moins intense selon les années, jusqu'à ce que les événements terroristes des années 2012-2015 confirment la réalité d'un problème grave.

Il existe, par conséquent, de bonnes raisons d'étudier l'évolution du travail de P-A. Taguieff. Il est un chercheur connu et reconnu, il a beaucoup écrit, ce qui implique que peu de personnes ont une vision globale de son travail, il a participé et continue de participer à tous les débats autour du racisme en France depuis la fin des années

1970, ses idées ont évolué, et par conséquent il est possible de s´interroger sur les changements et les permanences. Avec lui, nous sommes transportés au cœur des débats français sur le racisme et l´antiracisme. Probablement, pour qui veut prendre le problème des *transformations de l´antiracisme* sous l´angle des idées, il s´agit d´un poste d´observation aussi bon qu´un autre. Pourquoi P-A. Taguieff a-t-il quitté la gauche antiraciste ?

2.

Nous avons parlé ci-dessus de « fait constaté ». Mais peut-être faut-il ici préciser les choses. Quand nous disons que « l´antiracisme » est divisé, que visons-nous ? Ceci que des citoyens également mus par le refus du racisme réagissent de façon opposée à presque tous les événements de l´actualité, petits et grands, qui impliquent les préjugés et les discriminations. Or, dans le même temps, la réalité des préjugés et discriminations est incontestable, mais de plus en plus difficile à saisir car les motivations des discriminateurs sont variées et parfois obscures. Proposons quelques exemples.

Dans les années 1970, les supporters de football ne chantaient pas dans le métro de Paris « *we're racist* », et ils n´empêchaient pas un voyageur noir d´entrer dans un wagon, comme l´ont fait récemment les supporters du club anglais de Chelsea (les images sont facilement accessibles sur internet)[8]. Bien entendu, il y avait des comportements et des propos racistes dans les stades. Mais, à notre connaissance, pas de cette façon-là, si assumée, presque réflexive. « *We're racist* » signifie autre chose que de tenir des propos racistes contre un joueur noir, par exemple. Cela

---

[8] Les supporters ont été filmés le 17 février 2015.

signifie : nous savons, assumons, revendiquons d'être racistes. Cela, 80 ans après la liquidation définitive, dans les années 1930, de la crédibilité scientifique du racisme, en particulier par l'anthropologie culturelle… Qu'est-ce que ces hommes voulaient dire par « *we're racist* »? Pourquoi des supporters blancs du club londonien de Chelsea interdisent-ils l'entrée du métro parisien à une personne noire en chantant « *we're racist* » ?

Dans les années 1970, l'Organisation des Nations unies n'organisait pas une rencontre internationale sur le racisme, dans laquelle des thèmes antisémites étaient librement diffusés, comme ce fut le cas à Durban en Afrique du Sud en 2001[9]. Le Front national était un petit parti, marginal et sans influence aucune sur la vie nationale. Les juifs français fréquentaient les écoles publiques sans aucune difficulté, et le contraire eût paru extravagant[10]. Dans les années 1970, les avertissements du philosophe Alain Finkielkraut sur les *dangers* de l'antiracisme auraient été incompréhensibles[11]. Exagérations ? Mais un livre récent de la militante antiraciste Houria Bouteldja invite les Français juifs à cesser d'être français, pour devenir réellement « antiracistes », comme si la nationalité

---

[9] *Conférence mondiale contre le racisme, la discrimination raciale, la xénophobie et l'intolérance*, en septembre 2001.

[10] Interventions de Jean-Pierre Obin au colloque *L'antisémitisme en France XIXe-XXIe siècle*, mars 2016, et de Gilles Kepel en mai 2016, deux conférences accessibles sur le site akadem.org – « Dans les quartiers populaires, il n'y a quasiment plus d'enfants juifs dans les écoles publiques. Ils ne peuvent plus y aller. Près de chez moi, aux Gobelins, XIIIe arrondissement, ce n'est pas vraiment la zone absolue, l'une des écoles, qui est celle de la partie la plus populaire du XIIIe, les enfants juifs se sont fait casser la gueule, tout de suite. Ils sont partis » (G.K.).

[11] « À Durban, l'antisémitisme s'est dépouillé de sa gangue raciste pour s'énoncer dans la belle langue cristalline de l'antiracisme », dit par exemple Alain Finkielkraut, *L'Express*, le 30 août 2004.

française était une tache honteuse et un malheur. Or, il y a peu, des intellectuels antiracistes ont élevé la voix pour défendre cette auteure, signe de son audience, ou de l´audience qu´on lui prête[12].

La même auteure a participé à la fondation d´un *Parti des indigènes de la République*, qui prétend poursuivre au 21e siècle les luttes de la décolonisation – mais cette fois, l´adversaire n´est pas l´empire colonial français, mais la France républicaine. Symétriquement, le site *Français de Souche,* dont l´audience n´est pas nulle, divulgue une représentation de la France menacée par une « colonisation » africaine et musulmane. Les sympathisants de ce site ne proviennent pas tous de l´extrême droite, loin de là. Ils affirment défendre la laïcité. Dans les années 1970, il n´existait pas une telle confusion[13]. On ne voyait pas défiler dans les rues de Paris, ensemble, la droite catholique, l´extrême droite pétainiste, les « identitaires » (ils n´existaient pas), des organisations musulmanes, des groupes proches de l´islamisme (ils n´existaient presque pas en France), contre le « mariage pour tous », succès de la communauté gay organisée (elle n´existait pas, ou du moins pas de cette façon), un jour nommé par les organisateurs *jour de colère*. Ce jour-là, les Parisiens ont pu entendre ceci : « *Juif, Juif, Juif, la France n'est pas à toi* [14] ».

Il y a d´autres indices du malaise contemporain de l´antiracisme. À partir de 2000, le nombre de discours et d´actes hostiles aux juifs a commencé à augmenter en

---

[12] Houria Bouteldja, *Les Blancs, les Juifs et nous : Vers une politique de l'amour révolutionnaire*. Paris: La Fabrique éditions, 2016. « Vers l'émancipation, contre la calomnie. En soutien à Houria Bouteldja et à l'antiracisme politique », *Le Monde*, 19 juin 2017 .

[13] Voir les sites http://indigenes-republique.fr/ et http://www.fdesouche.com/.

[14] Pierre Birnbaum, *Sur un nouveau moment antisémite: « Jour de colère »*. Paris : Fayard, 2015.

France – suscitant une certaine gêne au lieu de la ferme condamnation attendue, à cause de l'identité des auteurs de ces actes. En 2015, la rédaction de l'hebdomadaire Charlie-Hebdo a été massacrée. Étonnement, des militants et des organisations antiracistes ont accusé le journal de racisme, paraissant ainsi se rendre aux raisons des assassins. De fait, il avait publié de nombreux textes et dessins moquant certains aspects de l'Islam ou critiquant avec virulence les islamismes. Mais il en avait fait autant, et en fait beaucoup plus, à propos de la religion chrétienne et du judaïsme, dans la perspective d'un anticléricalisme qui, jusqu'à il y a peu, faisait partie de la tradition de la gauche française. De grandes manifestations se sont déroulées le 11 janvier 2015 en défense de la liberté d'expression. Un anthropologue réputé, certainement engagé contre le racisme, y a vu l'expression d'un racisme antimusulman. Une militante de la cause antiraciste, féministe et socialiste, a publié il y a peu un livre dont le titre dit tout, « *Que sont mes amis devenus... : les juifs, Charlie, puis tous les nôtres*[15] ». « Mes amis » sont les compagnons de lutte des années 1970 à 1990, qui ont cessé d'être des camarades, car ils sont devenus complaisants avec l'antisémitisme. Récemment s'est cristallisé un militantisme antiraciste spécifiquement noir, défendant la cause des Français noirs. La publication du livre de l'historien Pap Ndiaye *La condition noire,* et la création du CRAN (*Conseil Représentatif des Associations Noires de France*) illustrent cette évolution, ainsi que l'émergence dans le cadre académique des *Black studies* européennes[16]. Mais les militants du CRAN ont été

---

[15] Brigitte Stora, *Qui sont mes amis devenus... : les juifs, Charlie, puis tous les nôtres*. Paris : Le Bord de l'eau, 2016.

[16] Pap Ndiaye, *La condition noire : Essai sur une minorité française*. Paris : Gallimard (folio), 2009. Le CRAN a été fondé en 2005. L'émission « La Fabrique de l'Histoire » sur France-Culture, produite par E. Laurentin, était consacrée aux Études noires en Europe le 25 janvier 2018.

immédiatement suspectés de « communautarisme ». La légitimité de leur cause ne va pas de soi.

On a pu aussi reprocher, au nom de l´antiracisme, à des femmes noires de souhaiter se retrouver entre elles pour parler du racisme et de la misogynie. Pourtant, on ne le reprochait pas aux juifs laïcs du Cercle Gaston-Crémieux[17]. Ainsi l´action antiraciste nécessite la mobilisation d´une réflexion approfondie sur la notion de communautarisme et sur ses limites. D´un autre côté, certains universitaires et/ou militants ont pu donner parfois l´impression de faire du « modèle républicain français » l´ennemi, et de préférer une approche américaine, d´étude des relations entre les « races ». Le bilan des États-Unis en la matière est-il si formidable ? Est-ce un exemple, vraiment ? Quand on a dit que le racisme était « systémique », a-t-on vraiment fait progresser la réflexion par rapport au bilan proposé en 1991 dans l´ouvrage collectif *Face au racisme* ? Tous les antiracistes n´ont-ils pas intérêt à manifester « un peu d´humilité et de sang-froid » ?[18].

Quant aux préjugés hostiles aux musulmans, leur réalité dans la société française ne fait pas de doutes. De nombreuses enquêtes confirment leur existence. Toutefois, le constat recouvre une divergence importante, qui va bien au-delà de la sémantique. Faut-il parler de « racisme antimusulman », ou d´ « islamophobie » ? Les deux termes ne se recouvrent pas, leurs implications diffèrent, et les positions d´auteurs antiracistes s´opposent. Les démographes sont également divisés. Pour mesurer

---

[17] Il regroupait des juifs laïcs de gauche. Richard Marienstras. *Être un peuple en diaspora*. Paris : Les Prairies ordinaires, 2014 (1975).

[18] Pap Ndiaye, « Il existe bien un racisme structurel en France », *Le Monde*, 18 décembre 2017. *Face au racisme* est un ouvrage collectif dirigé par P-A. Taguieff en deux volumes, publié par les éditions La Découverte.

l´ampleur des discriminations, faut-il compter les musulmans en France, au risque de cristalliser des identités qui gagnent à rester fluides ?[19]

Voici une autre illustration du malaise de l´antiracisme contemporain. Le 12 juin 2016, un tireur a tué 49 personnes dans une boîte de nuit homosexuelle d´ Orlando, en Floride, aux États-Unis. Le caractère raciste, au sens large du mot, du crime, est patent. L´assassin a affirmé agir en liaison avec le dénommé « État islamique », qui en Syrie et en Irak persécutait les homosexuels. Il a suivi des ordres, ou des indications, ou il a « travaillé » seul « en direction » de l´idéologie de l´ État islamique. Cependant, la clarté des motifs du crime disparaît dans l´article que lui consacre le sociologue Éric Fassin, qui préfère évoquer un « terrorisme sexuel »[20].

Ainsi, intellectuels et militants antiracistes sont divisés. De cette division, on peut proposer de nombreux exemples, et certains apparaîtront dans la suite de ce travail. Elle est *notre sujet*. La sagesse des nations enseigne que la division affaiblit. De fait, les groupes et organisations nationalistes, populistes et xénophobes progressent depuis la fin du vingtième siècle. C´est une *situation nouvelle*, une rupture par rapport aux années 1970. Il n´est pas absurde de lier la division des uns et le progrès de l´influence des autres. En centrant l´enquête sur P-A. Taguieff, peut-être a-t-on une chance de contribuer à la compréhension de ce qui s´est passé.

---

[19] Le démographe Hervé Le Bras souligne le risque d´essentialisation, au contraire de la démographe Michèle Tribalat dans *Statistiques ethniques, une querelle bien française*. Paris : L'Artilleur, 2016.

[20] Éric Fassin, « Orlando : parlons d'abord de terrorisme sexuel », *Libération*, 16 juin 2016.

3.

P-A. Taguieff a été un membre de la « gauche antiraciste », puis il s´en est distancié et a finalement rompu. Mais bien sûr nous sommes ici confrontés à une difficulté qu´il faut reconnaître d´emblée. La « gauche antiraciste » n´est pas un parti ou une association que l´on quitterait à une date X, donnant congé à une assemblée composée de A, B et C. Un flou certain existe, et il faudrait plutôt parler des « gauches antiracistes ». Toutefois un « air de famille » existe, et quand on lit une tribune, ou quand on écoute à la radio ou à la télévision, une femme ou un homme de gauche intervenir sur les questions du racisme, il nous semble en général possible de reconnaître une voix ou un style argumentatif. Nous reconnaissons donc la difficulté, mais elle ne nous semble pas insurmontable. La séparation étant aussi intéressante que l´adhésion, on peut y consacrer une étude.

Notre démarche relève de l´histoire des idées, précisément l´histoire de l´idée d´« antiracisme », qui implique bien entendu de s´intéresser à l´histoire du racisme. Elle n´est pas normative, et nous n´avons nous-même rien à proposer en la matière. Simplement nous souhaitons contribuer à la compréhension d´un débat politique contemporain. Notre problème n´est pas de juger mais comprendre : comment et pourquoi s´éloigne-t-on de « la gauche antiraciste », qu´est-ce que cet éloignement nous apprend sur l´antiracisme et sur la gauche ?[21]

---

[21] Le philosophe Serge Audier pose clairement le débat sur la neutralité axiologique – l´impartialité du chercheur – dans une conférence tenue 10 mars 2015 à l´Université de Paris-I dans le cadre du séminaire de recherches de Alain Renaut et Jean-Cassien Billier - https://www.youtube.com/watch?v=We-2tf7-l2c .

Notre plan est chronologique. Dans les années 1980, jusqu'en 1991, P-A. Taguieff devient célèbre pour ses analyses critiques du discours du GRECE et du Front national, pour sa typologie des racismes et des antiracismes (universalistes *versus* différentialistes), et pour son étude historique sur les *Protocoles des sages de Sion*. Mais déjà à cette époque, ses critiques adressées à l'action des organisations antiracistes dessinent une position singulière (chapitre 1). Celle-ci se confirme dans la décennie suivante 1990, quand, dans divers textes, il plaide en faveur d'un antiracisme républicain, qui assumerait sans complexe un héritage républicain (à préciser), dont naturellement, l'idée de nation (chapitre 2). Depuis les années 2000-2001, la rupture est consommée, car il désapprouve une gauche antiraciste incapable, selon lui, de prendre au sérieux, d'une part le retour de la haine des juifs sous une forme nouvelle (chapitre 3), et d'autre part, l'attachement à la *patrie* ou à la *nation* (chapitre 4). Est-il essentiellement un *néo-réactionnaire*, ou une autre hypothèse peut-elle être avancée en guise de motif de ses engagements ? On défendra qu'il est surtout un libéral, au sens d'un défenseur de la sphère publique des idées, attaché aux bons dissensus (chapitre 5). Le parcours singulier de P-A. Taguieff nous semble ainsi une des voies possibles pour aborder l'éclatement de l'antiracisme.

Ayant proposé de voir dans l'antiracisme une pratique et un discours partagés entre deux pôles, la différence et l'universel, P-A. Taguieff s'est posé tôt, dès les années 1980, la question de leur articulation, qu'il a cherchée dans la communauté politique existante, la nation, au nom du réalisme. D'autres antiracistes ont opté, afin d'articuler la différence et l'universel, pour une voie opposée – l'émancipation des dominés aussi pouvait servir de pivot articulant les deux dimensions. On suivra donc les deux cheminements, sans négliger que beaucoup ne souhaiteraient ni sacrifier l´utopie au réalisme, ni le réalisme à l´utopie – on pense par exemple aux textes de Laurent Joffrin dans *Libération*[22].

[22] « Confusion », *Libération*, 24 novembre 2017.

CHAPITRE 1 : « L'IDENTITÉ » BROUILLE LES CARTES (1983-1991)

« Le néo-racisme est le produit d'une connaissance de l'antiracisme, et d'une stratégie culturelle de contournement et de rétorsion d'argument[23] ».

En 1988, les éditions La Découverte publient *La force du préjugé. Essai sur le racisme et ses doubles*, un volume de plus de 700 pages, qui donne à son auteur une notoriété certaine[24]. Le livre constitue une tentative originale de penser le racisme et l'antiracisme, le « double » du sous-titre. Il est publié après de nombreux travaux sur le sujet, dont les premiers remontent à la fin des années 1970. Il sera suivi en 1995 par un second ouvrage, à certains égards plus clair et plus précis, *Les fins de l'antiracisme*. Comme le premier, il est constitué en partie d'articles plus anciens, mais surtout d'un matériel original. Les deux livres

---

[23] P.-A. Taguieff, *La force du préjugé. Essai sur le racisme et ses doubles*. Paris : Gallimard (Coll. Tel), 1990, p. 337.

[24] Michel Wieviorka remarque : « En Europe occidentale, à partir du livre de Martin Barker sur le *New Racism* ou de celui de Pierre-André Taguieff sur *La force du préjugé,* l'idée qu'il existe deux racismes a connu un certain succès et a pris l'allure d'un diagnostic historique : nous serions passés d'une époque dominée par un racisme de l'inégalité, reposant sur une infériorité biologique, à une époque où prévaut un racisme de la différence (…) » (« Racisme, antiracisme et mutation sociale. L'expérience française ». In : A. Rea, *Immigration et racisme en Europe*. Bruxelles : Complexe, 1998, p. 25).

se présentent comme une recherche « encyclopédique » – le mot est de P-A. Taguieff – autour du racisme et de l'antiracisme, donc une recherche intégrant tous les champs du savoir (sciences sociales, philosophie, Histoire). Pourtant, puisque dans la décennie 1980 très peu d'individus ou de groupes se revendiquaient explicitement du « racisme », quel est l'intérêt de ce travail? Pourquoi revenir sur un pareil sujet? Qu'est-ce qui est inconnu à propos du racisme? La justification de l'auteur est la suivante : du côté du racisme, quelque chose est en train de se passer, des évolutions sont en cours, dont on n'a pas nécessairement conscience. Les militants antiracistes et les chercheurs pouvaient percevoir ces évolutions, mais souvent de façon confuse. Le discours raciste allait se réorganisant, *de la race à l'identité, du biologique au culturel, de l'hétérophobie à l'hétérophilie*[25].

La décennie 1980 a été pour P-A. Taguieff consacrée aux recherches surtout théoriques et critiques. En 1984, il publie son premier texte long et achevé, une étude approfondie de la « Nouvelle Droite »[26]. À la fin de la décennie 1980, il accepte la proposition des éditions Berg International, et plonge dans un travail ample sur l'histoire des *Protocoles des Sages de Sion*, qui le mène jusqu'à l'antisémitisme postérieur à la Seconde Guerre mondiale. Les années 1983-1991 possèdent ainsi une unité, elles sont orientées autour d'une *critique constructive de l'antiracisme* tel qu'il existe dans les années 1980, un antiracisme à la fois dominant dans l'opinion publique, mais, pour cela même, ignorant de ses faiblesses conceptuelles réelles, dans le contexte des transformations

---

[25] P.-A. Taguieff, *La force du préjugé*. op. cit., p. 14.

[26] P.-A. Taguieff, « La stratégie culturelle de la 'Nouvelle Droite' en France (1968-1983) ». In : R. Badinter (dir.). *Vous avez dit fascismes?* Paris : Montalba, 1984.

du racisme. Ce chapitre souhaite présenter les contributions de P-A. Taguieff à cette critique constructive de l´antiracisme. Le suivant abordera la tentative de reconstruction de l´antiracisme sur des bases républicaines, tentative développée surtout dans les années 1990.

Peut-être est-il permis de comparer sur un point précis le projet de Pierre-André Taguieff, dans ces années, avec le livre classique *Penser la Révolution française* de François Furet[27]. Ce dernier invitait à un effort conceptuel pour rompre avec les représentations des acteurs de la Révolution ; P-A. Taguieff considère que, face à la l´émergence du Front national, rien n´est plus important que de penser racisme et antiracisme en s´éloignant, dans un premier temps, de l´éthos du militant, afin de comprendre ce qui se passe. Au nom de l´efficacité, il plaide pour un antiracisme moins ingénu et moins idéologique, capable de prendre en compte ceci : les préjugés et les discriminations, dans les années 1980, relèvent de moins en moins de l´héritage du passé raciste et nazi de l´Europe, et de plus en plus d´une logique de défense de l´identité, dont les origines intellectuelles, paradoxalement, se trouvent, entre autres, dans l´histoire du propre antiracisme.

Ses analyses ont été discutées et critiquées, il y a eu divergences parmi les chercheurs et les militants. Jusqu´aux années 1980, il était facile de se mettre d´accord sur la bêtise et le danger des idées de « races ». Dans l´Europe de 1980, les admirateurs des nazis, d´Édouard Drumont ou de Georges Vacher de Lapouge ne sont pas si nombreux. Mais les concepts de « culture », de « différences », d´ « identités », désormais au centre des stratégies argumentatives des adversaires racistes, ceux qui

---

[27] François Furet, *Penser la Révolution française*. Paris : Gallimard, 1976.

exprimment, à un titre ou à un autre, des préjugés, et en appellent à des discriminations, posent aux antiracistes, en grande majorité des militants de gauche, des nouveaux défis. De là une évolution *du consensus au dissensus*, dans laquelle P-A. Taguieff a joué un rôle, même s´il n´en est pas responsable, et même si, bien entendu, il n´est pas le seul chercheur impliqué – mais il fut l´un des principaux, l´un de ceux qui ont le mieux su saisir le changement de paradigme du « racisme », donc de la race à l´identité, et du biologique au culturel.

Ses contributions les plus importantes durant ces années sont un travail de dévoilement et d´identification de la nature de la « Nouvelle Droite » ; une proposition de conceptualisation neuve du racisme et de l´antiracisme, opposant universalisme et différentialisme ; une analyse neuve et influente du discours du Front national (le « national-populisme ») ; et enfin une interpellation, adressée aux militants et aux chercheurs, autour de la cristallisation, dans les cercles restreints de l´ultra-droite, d´un antisémitisme à nouveau dicible dans l´espace public, sous couvert « d´antisionisme ». Ces quatre points seront abordés dans ce chapitre. L´enjeu principal est de prendre la mesure d´une évolution des « doctrines de la haine », de moins en moins articulées à l´idée de race[28].

L´ÉLOGE DE LA DIFFÉRENCE « VUE DE DROITE »

[28] Le modèle des deux racismes, universalistes et différentialistes, apparaît en 1988 dans *La force du préjugé,* mais il avait été présenté en 1984 dans une rencontre organisée par l´École Normale Supérieure.

P.-A. Taguieff a beaucoup écrit sur le GRECE (*Groupement de recherche et d'études pour la civilisation européenne*) – des articles, un long essai, un livre publié en 1994 reprenant en partie des textes antérieurs. Nous n'essaierons pas de résumer son enquête, qui reste en français l'un des travaux de référence sur le sujet. Cependant, c'est cette enquête qui l'a mis sur la voie des transformations du racisme, qu'il a lui-même ainsi résumé, le passage de *la race à la culture, de l'inégalité à la différence, de l'hétérophobie à l'hétérophilie*, soit une triple évolution qui a assuré la persistance et la réinvention du racisme en Europe. Cet avatar du racisme, P-A. Taguieff n'est pas le seul à l'avoir identifié, puisque Albert Memmi, par exemple, a formulé à ce sujet des observations profondes. Mais son rôle a été important. La formule en italique ci-dessus est de lui, et dit l'essentiel d'une évolution du point de vue de l'histoire des idées. En effet, le GRECE des années 1970-1980 ne parlait pas de « races », mais d' « identité européenne » à préserver et à défendre. P-A. Taguieff a pris au sérieux ces idées, et les gens qui les expriment.

Le style de P-A. Taguieff

En 1984, P-A. Taguieff publie ainsi deux articles importants, qui veulent alerter le public intéressé d'un contresens possible – s'il y a de bonnes raisons de ne pas ignorer le GRECE, ce n'est pas qu'il est le vecteur d'un retour à Vichy, mais c'est au contraire qu'il élabore, sur le plan des idées et à l'extrême droite, un discours en partie neuf, ce qui constitue en soi une rupture et un petit événement. Il s'agit, en somme, de ne pas se laisser emporter par ce qu'Henry Rousso nommera par la suite le « syndrome de Vichy[29] ». Il perçoit une transformation et une rupture, là où beaucoup étaient surtout sensibles aux éléments de continuité, qui existent aussi, naturellement[30]. De ces textes, on peut retenir trois informations sur le style de leur auteur[31].

P-A. Taguieff s'inscrit d'abord à équidistance de différentes disciplines : l'Histoire, la philosophie, la rhétorique (l'art de convaincre et de faire agir), les sciences sociales. En historien, il s'intéresse à tout. Ce n'est pas parce qu'un texte est médiocre ou une argumentation pauvre ou bancale qu'elle ne mérite pas d'être lue, si elle participe du débat politique, de la vie de la cité, et si elle aide à en saisir la dynamique. Il s'intéresse par conséquent aux écrits que la philosophie traditionnelle dédaignerait, et s'interroge sur les sources, les contextes, les arguments, les trajectoires biographiques ou institutionnelles. Toutefois, en philosophe, c'est la rigueur ou l'absence de rigueur des argumentations et de l'emploi des concepts qui forme le cœur de sa curiosité. L'analyse conceptuelle est sa méthode. Par exemple, qu'est-ce que l'universalisme pour le GRECE ? À quels thèmes, idées, valeurs, est-il associé ? Comment est-il utilisé ? Comment est-il construit par les auteurs de la Nouvelle Droite ? Cette analyse des concepts aboutit à un jugement argumenté et assumé, qui apparaît souvent à la fin du texte, et qui exprime une position normative assumée.

---

[29] R. Paxton, *La France de Vichy (1940-1944)*. Paris : Le Seuil, 1972 ; H. Rousso. *Le syndrome de Vichy (1944-198...)*. Paris: Le Seuil, 1987.
[30] Michel Winock (dir.), *Histoire de l'extrême droite en France*. Paris : Le Seuil, 1994.
[31] P.-A. Taguieff, « La stratégie culturelle de la 'Nouvelle Droite' en France (1968-1983) », *op. cit.,* 1984 ; *idem,* « Alain de Benoist philosophe », *Les Temps modernes,* 451, fév. 1984.

Par ailleurs, il s'intéresse prioritairement à la rhétorique, aux idées qui font agir les hommes, donc aux idées qui ont été jugées, à un certain moment, convaincantes par certains. Il a été influencé dans ce sens par les travaux de Chaïm Perelman (1912-1984). Ce qui l'intéresse, ce sont moins les idées pures que les idées impures, les idées qui proviennent d'un esprit politique, animé par le désir de convaincre et faire agir, et qui, pour ce faire, mobilise les ressources propres, particulières, offertes par le langage. Sa curiosité est proche de celle de l'historien des idées Marc Angenot[32].

Enfin les sources d'inspiration de P-A. Taguieff sont diverses, mais l'influence de Max Weber est peut-être la plus importante. On peut être alternativement un chercheur tenu à l'impartialité, et un citoyen engagé dans le débat des idées. Le chercheur et le citoyen partagent le même terrain, mais selon des ambitions différentes : l'un recherche la vérité, l'autre a un projet d'influence du débat public. Les confusions sont possibles, mais elles sont pour une grande part évitables. P-A. Taguieff assume les exigences de neutralité axiologique définies par le sociologue allemand Max Weber, il croit possible, jusqu'à un certain point, de faire la part des choses. Comment faire ? Il a proposé récemment des éléments de réponse, volontairement imprécis, en posant qu' « il n'y a pas de réponse générale qui soit satisfaisante. Chaque auteur doit ici se forger ses règles de la méthode et ses principes normatifs, en s'efforçant, dans ses écrits publiés, de distinguer le plus clairement possible la construction des faits de leur évaluation ainsi que d'éventuelles propositions

---

[32] M. Angenot, *L'histoire des idées*. Liège : Presses Universitaires de Liège, 2014. P.-A. Taguieff rend hommage à Chaïm Perelman dans « L'argumentation politique. Analyse du discours et Nouvelle Rhétorique ». In *Hermès*, 8-9, 1990, Paris.

normatives accompagnant cette dernière ». Donc « on n´aura pas la naïveté de croire qu´on puisse échapper totalement à la tension entre le savant et le politique, ni qu´on puisse jamais combler le fossé entre science et morale, connaissance et éthique [33] » .

Il n´existe donc aucune recette mécanique, aucun mode d´emploi pré-écrit. Chaque chercheur devra trouver le ton et le style qui convient à son projet. On trouve chez l´historien Saul Friedländer le même empirisme modeste et ambitieux[34].

Quant aux conclusions de ces deux textes, elles concernent d´abord l´histoire du GRECE, puisqu'en historien des idées P-A. Taguieff propose une chronologie de son évolution. Toutefois les deux points suivants sont les plus importants.

Tout d´abord, le GRECE divulgue une curieuse doctrine, inspirée très acrobatiquement par les travaux de Georges Dumézil. Il existerait une « identité européenne » fondée sur la distinction des trois fonctions : prier, combattre, produire. Cette identité distingue et hiérarchise, elle serait donc « anti-égalitariste ». Elle s´oppose donc à tous les « égalitarismes », à toutes les doctrines qui accordent une place à l´égalité entre les individus, sous des

---

[33] « Avant-propos », *Dictionnaire critique et historique du racisme*. Paris : Puf, 2013, p. XXIII-XIV. Les célèbres conférences Max Weber, de 1917 et 1919, *Wissenschaft als Beruf* und *Politik als Beruf*, ont été traduites en français par Julien Freund : *Le savant et le politique*. Paris : 10/18, préface de Raymond Aron. Il y a eu de nombreuses éditions. « Projet d´influence » est une expression de Régis Debray (http://www.franceculture.fr/emissions/les-rencontres-de-petrarque/debattre-30-ans-de-debats-qui-ont-marque-la-france).

[34] Entretien de l´historien israélien avec Emmanuel Laurentin, http://www.akadem.org/sommaire/themes/culture/litterature/shoah-et-litterature/la-memoire-ou-l-oeuvre-d-une-vie-avec-saul-friedlander-23-09-2016-83863_404.php.

formes diverses – christianisme, libéralisme, socialisme, qui sont autant d'universalismes. En travaillant sur le GRECE, P-A. Taguieff rencontre un discours structuré par l'opposition différences - universalisme. Par la suite, il s'est demandé s'il n'était pas possible de proposer une typologie des racismes, mais également des antiracismes, autour de ces deux pôles : la différence, l'universel.

Ensuite, ce « néo-racisme différentialiste [35] », centré « sur l'impératif de préservation de l'identité propre[36] », dépourvue de référence à l'idée de race, n'accorde aucun privilège aux européens. Tous les autres, tous les autres peuples, et particulièrement ceux du sud, d'Afrique, d'Asie, d'Amérique latine, sont invités à en faire autant, à préserver, eux aussi, leurs identités. C'est l'antiracisme plus que le racisme qui ouvrait des perspectives au GRECE. Le procès en nazisme des années 1979-1980 avait donc peu de chances d'être gagné. En revanche, l'affaire suggérait une évolution sur le front du racisme et de l'antiracisme.

Notre propos n'est pas la « Nouvelle Droite », sur laquelle beaucoup de travaux existent. On sait qu'Alain de Benoist a évolué[37]. Mais c'est la lecture des textes du GRECE qui l'a mené vers l'idée que le racisme pouvait et devait faire l'objet d'une enquête philosophique approfondie, qu'il était un sujet non seulement intrigant mais important, important car quelque chose, dans les années 1980, était en train d'émerger, comme le signalait, sur le terrain politique, les premiers succès, totalement

[35] Le texte présenté par P.-A. Taguieff a été publié sous le titre « Le néo-racisme différentialiste », *Langage et Société,* 34, décembre 1985.
[36] P.-A. Taguieff. « Alain de Benoist, philosophe », *op. Cit.,* 1984, p. 1463-1464.
[37] Alain de Benoist, *Mémoire vive. Entretiens avec François Bousquet.* Paris : Éditions de Fallois, 2012.

inattendus, du Front National. Il fallait aller au-delà du cas limité du GRECE, et reprendre l´enquête sur le racisme. Comment se faisait-il que l´universel et la différence puissent être, l´un et l´autre, mobilisés, alternativement, dans une perspective raciste, ou dans une perspective antiraciste ?

DU RACISME AUX RACISMES, DE L'ANTIRACISME AUX ANTIRACISMES

Dans les années 1980, P-A. Taguieff se consacre à un travail qui a pu être mal compris : critiquer l'antiracisme, dans un contexte de progression du Front national, afin de le rendre plus efficace[38]. On trouve dans *La Force du préjugé* à la fois une tentative de reconstruction du concept de « racisme », et une tentative d'analyse critique de celui « d'antiracisme » : ce dernier, *sur le plan des idées uniquement*, dans le contexte d'une évolution du racisme de la biologie à la culture, est devenu inconsistant parce qu'il en appelle à la fois à la défense des droits de l'homme universels, de groupes historiques singuliers et à l'éloge du métissage. Il part dans tous les sens. Parmi les nombreuses causes de la montée du Front national, il fallait donc compter, aussi, avec une difficulté propre de l'idée antiraciste confrontée à un « racisme sans races ».

Le racisme du singulier au pluriel : les racismes

La force du préjugé. Essai sur le racisme et ses doubles, publié par les éditions La Découverte, donc « à gauche », fut bien reçu[39]. Cette réception favorable suggère que le livre venait à son heure – il était temps de penser le racisme et l'antiracisme, et d'abord de reprendre la question de la

---

[38] Mais en 1988, P-A. Taguieff est encore un intellectuel de gauche, publié par La Découverte.

[39] Nous avons consulté les comptes rendus de Simone Bonnafous publiés par *Mots* (1988), de Pierre Achard par *Langage et Société*, de Simon-Nahum Perrine par *Vingtième Siècle, Revue d'Histoire* (1988), de Pierre-André Tremblay par *Études internationales* (1989), de Bernard Lamy par *Revue française de sociologie* (1990) et de D. Schnapper par la *Revue française de science politique* (1991). Tous les comptes rendus sont favorables, sauf celui de Pierre Achard.

définition du racisme. Pour cela, P-A. Taguieff s'inscrit bien entendu dans une histoire marquée par de nombreux travaux. Les plus importants, ceux qui l'ont directement influencé, sont ceux de Claude Lévi-Strauss, de Colette Guillaumin et d'Albert Memmi.

Les contributions de C. Lévi-Strauss, A. Memmi et C. Guillaumin

Comme cela a souvent été souligné, le racisme a peu intéressé les chercheurs français avant les années 1980, à l'exception notable des travaux de Léon Poliakov, et de ceux des historiens de l'Ancien Régime nobiliaire[40]. Pour penser ce qui était en train de se dérouler autour du GRECE et des succès du Front national, donc la cristallisation d'un racisme « sans race », il était cependant possible de puiser dans les réflexions importantes de trois auteurs, Albert

---

[40] André Devyver, *Le sang épuré. Les préjugés de race chez les gentilshommes français de l'Ancien Régime (1560-1720).* Bruxelles : Éd. de l'Université de Bruxelles, 1973; Arlette Jouanna, *L'idée de race en France au XVIe siècle et au début du XVIIe siècle.* Montpellier: Université Paul Valéry, 1981; Pierre H. Boulle, « François Bernier and the Origins of the Modern Concept of Race. » In: Sue Peabody; Tyler Stovall (dir.). *The Color of Liberty. Histories of Race in France.* Durham/Londres: Duke University Press, 2003. Herrick Chapman et Laura L. Frader, *Race in France. Interdisciplinary Perspectives on the Politics of Difference.* New York/Oxford: Berghahn Books, 2004 (selon les auteurs, « *American scholars have often been struck by the absence in France of race as a category of analysis, or likewise its rarity as a subject for serious historical and sociological examination* » (p. 1). Le nom de P.-A. Taguieff revient à diverses reprises dans cet ouvrage de chercheurs surtout américains. Même observation dans : Claude Liauzu, « Jalons pour une histoire des sciences sociales face au racisme ». In : *Cahiers de la Méditerranée,* 61, 2000 (texte publié depuis dans *Colonisations, migrations, racismes: Histoires d'un passeur de civilisations*. Paris : Syllepse, 2009).

Memmi, Colette Guillaumin et Claude Lévi-Strauss. Dans quelle mesure ont-ils été décisifs pour P-A. Taguieff ?

Militant anticolonialiste et écrivain, Albert Memmi a écrit de nombreux essais profonds sur le racisme[41]. Selon P.-A. Taguieff, « il faut rendre hommage à la lucidité quasi prophétique d´Albert Memmi, dont le 'type idéal' du racisme, présenté en 1964 de façon canonique, comportait deux innovations majeures », autrement dit, recentrer l´analyse sur la différence (à la place de la hiérarchie des « races »), et aller au-delà de la biologie, vers la culture[42]. Dès 1964, Albert Memmi pensait le racisme comme l´exacerbation et la survalorisation de la différence, indépendamment de toute référence à l´idée de race.

Cependant, P-A. Taguieff observe une possible lacune. S´il est vrai que le racisme exprime une forme d´*hétérophobie* (néologisme dû à A. Memmi), celle-ci n´est pas indispensable. Au contraire, le racisme contemporain avance masqué et prononce bien souvent l´éloge de la différence – ce pourquoi P-A. Taguieff suggère que bien souvent il se présente comme hétérophile. En effet « il existe des formes proprement *hétérophiles* de racisme. La *mise à distance* qu´implique toute racisation (refus du

---

[41] Les principaux livres d'Albert Memmi sont *Portrait du colonisé,* précédé de *Portrait du colonisateur,* préf. de Jean-Paul Sartre. Paris : Corréa, 1957 et *Le Racisme.* Paris : Gallimard, 1982. Ces ouvrages ont été republiés par les éditions Gallimard. Nous avons consulté l´article sur Albert Memmi rédigé par Alain Policar. In: P.-A. Taguieff (dir.). *Dictionnaire historique et critique du racisme.* Paris : Puf, 2013, p. 1096-1098. Les principaux livres d'Albert Memmi ont récemment été réunis sous le titre *Portraits.* Paris: CNRS Éditions, 2015. 1964 est la date de publication d´un important article d´Albert Memmi, « Essai de définition », *La Nef,* n°19-20, septembre-décembre 1964. Une rencontre en hommage à Albert Memmi a donné lieu à un colloque, accessible sur le site akadem.org.

[42] P.-A. Taguieff, *Les fins de l'antiracisme, op. cit.,* p. 302.

contact, évitement social, hantise du métissage, peur panique des 'mariages mixtes' et rejet d'une descendance métissée, etc.) peut se traduire aussi bien dans la langue *hétérophile* (éloge de la différence, respect de l'altérité…) que dans la langue *hétérophobe* ». Ainsi, « Si l'éloge de la différence peut exprimer une attitude raciste aussi bien que le rejet de la différence, alors l'*hétérophilie* et l'*hétérophobie* ne s'opposent pas, respectivement, comme l'antiracisme et le racisme, ni comme une position « ouverte » de gauche à une position « fermée » de droite. Car l'éloge peut valoir comme instrument du blâme, instrument de racisation d'autant plus efficace qu'il ne se présente pas comme tel »[43].

La sociologue Colette Guillaumin, de son côté, a vu que le racisme est avant tout un essentialisme racial, donc la réduction des individus à leur supposée « essence »[44]. Cependant, commente P-A. Taguieff, « nous nous séparons de sa problématique par l'hypothèse que d'autres types d'essentialisation interviennent dans la pensée raciste : l'*essentialisation historico-culturelle* joue tout autant et à notre sens, infiniment plus dans la seconde moitié du XXe siècle que l'essentialisation somato-biologique »[45].

Ainsi P-A. Taguieff a-t-il prolongé et infléchi une réflexion sur le racisme qui essayait, dès les années 1960, de s'interroger sur ce que devenait le racisme après la fin de la croyance dans le dogme d'une humanité divisée en « races ».

Quelques années après 1945, l'intervention de Claude Lévi-Strauss fut décisive pour démonter les raccourcis de

---

43 P.-A. Taguieff, *Les fins de l'antiracisme, op. cit.*, p. 303.
44 Colette Guillaumin, *L'idéologie raciste. Genèse et langage actuel.* Paris/Haia : Mouton et Cie., 1972.
45 *Ibid.*, p. 19.

l'évolutionnisme, qui hiérarchisait les civilisations sur une échelle unique de valeurs, mesurant les « retards » et les « avancées » sur le chemin du progrès[46]. Mais trois décennies après *Race et histoire,* Claude Lévi-Strauss est revenu sur le racisme et l'antiracisme, afin de plaider pour le droit de chaque groupe humain à la défense de ses particularités ou valeurs[47]. Dans cette perspective, absolument hostile au racisme, définie par Lévi-Strauss comme un essentialisme biologique, une certaine dose de xénophobie, de méfiance vis-à-vis de l'étranger, n'était pas scandaleuse ou absurde. Le racisme était affirmation d'une supériorité, exploitation, domination, extermination, il n'était pas affirmation et défense de sa culture par un groupe humain[48]. Selon P-A. Taguieff, c'était là affirmer une conception *restrictive* du racisme, inspirée à un intellectuel libre par le spectacle de la triste uniformisation du monde.

Les réflexions de Claude Lévi-Strauss, Colette Guillaumin et Albert Memmi ont ainsi nourri le travail de P.-A. Taguieff. Résumons :

- C. Lévi-Strauss incarne dans les années 1970-1980 un antiracisme sensible à la diversité du monde, ce que P-A. Taguieff proposera de nommer un antiracisme *différentialiste*. Mais ce différentialisme pouvait facilement servir un discours essentialiste et donc, au bout du compte

---

[46] Claude Lévi-Strauss « antiraciste » est l'auteur de *Race et histoire,* publié en 1952 sous les auspices de l'UNESCO.

[47] Voir la préface de *Le regard éloigné.* Paris : Plon, 1983 et la conversation avec Didier Eribon, *De près et de loin.* Paris : Odile Jacob, 1988.

[48] Nous résumons le propos de C. Lévi-Strauss dans *De près et de loin* (p. 208), cité par P.-A. Taguieff dans *Les fins de l'antiracisme* (p. 13).

et paradoxalement, raciste. Il ne s'agit pas là de simples spéculations, comme le montre l'exemple du GRECE

- P.-A. Taguieff souligne que le racisme n'est pas seulement une idéologie, mais également un ensemble d'attitudes et de comportements, qui peuvent ne pas être articulés à une vision du monde. Les idées racistes ne sont pas tout le racisme.

- La loi de 1972 prohibant les propos racistes dans l'espace public a changé les contours du problème. Elle a incité à l'allusion, « les convictions racistes se manifestent par d'autres voies, procèdent à des détours, voire à des détournements, avancent voilées et s'énoncent par des reformulations méconnaissables » [49]. Le racisme « culturel » est donc souvent aussi un racisme dissimulé et symbolique, du type : vive les différences, mais chacun chez soi.

- Enfin, un apport important de P-A. Taguieff aura été de proposer de penser le racisme et l'antiracisme, l'un et l'autre, comme organisés autour de deux pôles, les différences ou l'universel. D'une part, cela engageait les antiracistes à mieux tenir compte de la diversité de leurs adversaires et de la diversité de leurs propres valeurs. D'autre part, c'était attirer l'attention sur l'articulation. Comment, dans une situation historique donnée, faire leur part aux différences et aux valeurs universelles ?

En somme, le racisme, ce n'était pas seulement un mot en « -isme » déjà condamné par l'Histoire, sur lequel tout avait été déjà dit, ce n'était pas seulement un passé. Il était plus qu'une idéologie, et cette idéologie pouvait ne pas mobiliser les notions de « races » ou des références à la biologie. Il n'impliquait pas forcément la haine des

---

[49] P.-A. Taguieff. *Les fins de l'antiracisme, op. cit.*, p. 17.

différences, et au contraire, il pouvait fort bien s'exprimer dans un langage proche de celui de l'antiracisme. L'évolution du droit l'incitait à avancer prudemment, et stratégiquement. Le mot « racisme » dissimulait une réalité complexe et en mouvement, il n'était pas réductible aux nazis et à Gobineau. A. Memmi et C. Guillaumin avaient eu raison, le premier d'insister sur la rupture possible entre racisme et biologie, la seconde sur la définition du racisme en tant qu'essentialisation de l'autre (et non hiérarchisation des civilisations).

P-A. Taguieff s'est inscrit dans la continuité de ces travaux. Il a attiré l'attention sur ce point : les discours de haine peuvent pratiquer l'éloge de la différence, et se rendre ainsi socialement dicibles, audibles et attractifs, puisque, depuis les années 1970 précisément, le respect des différences identitaires, culturelles, sexuelles, était au cœur de divers mouvements sociaux. La confusion pouvait jouer en faveur du Front national, dont les premiers bons résultats électoraux datent de 1983-1984. Si les identités devaient et pouvaient être préservées et défendues, pourquoi pas l'*identité française* ? Un nouvel espace s'ouvrait pour le nationalisme, et d'ailleurs le nationalisme français historique, celui de Maurice Barrès et de l'Action française, diffusait bien une doctrine de la haine, mais beaucoup plus nationaliste que raciste, par anti-germanisme.

Ainsi, il était clair, vers le milieu des années 1980, qu'il y avait plus qu'une idéologie affirmant l'inégalité des « races » dans le racisme. Une nouvelle construction du concept pouvait être proposée, une construction qui tiendrait compte des deux pôles du racisme : exaltation de la différence – elle invite à la séparation ; exaltation de l'universalité du modèle d'une race ou d'une civilisation – elle invite à l'exploitation[50].

Une proposition de définition du racisme[51]

L'approche est wébérienne et non pas historique. Il s'agit de laisser de côté les diverses incarnations historiques du racisme, afin de construire un modèle, critiquable, « par un inventaire systématique des traits définitionnels [52] ». Le choix des traits n'est pas justifié, ce qui peut susciter le trouble des historiens. Les traits qui forment le concept de racisme sont les suivants : « rejet de l'universel, catégorisation fixe des individus, absolutisation des différences collectives, naturalisation (biologisation ou « ethnicisation ») des différences, interprétation inégalitaire des différences identifiées [53] ».

L'intérêt de cette construction est de voir émerger en toute clarté qu'il existe non pas un, mais deux racismes. Les contours du premier racisme sont dessinés par les quatre premiers traits. C'est un racisme organisé autour de l'essentialisation de ce qui est différent, donc un racisme

---

[50] Dès 1956, Franz Fanon avait anticipé l'évolution du racisme, de la biologie à la culture (des peuples dominés), dans un texte peu connu intitulé « Racisme et culture ». Voir Alice Cherki, *Frantz Fanon. Portrait*, Paris : Le Seuil (points), 2011 (2000).

[51] P.-A. Taguieff, « Racisme et antiracisme : modèles et paradoxes ». In : André Béjin et Julien Freund (dir.). *Racismes, antiracismes*. Paris : Méridiens Klincksieck, 1986 ; et le chapitre 8 de *La force du préjugé,* « Du racisme : modèles, types idéaux, variantes, paradoxes » (1988). Les deux textes sont presque similaires. Nous citons le premier.

[52] *Id., ibid.,* p. 253.

[53] P.-A. Taguieff, « Racisme et antiracisme : modèles et paradoxes », *op. cit.,* p. 256. Le second trait présuppose le premier, le troisième, les deux premiers, et ainsi de suite. Mais le premier n'implique pas le second, ni les deux premiers, le troisième, par exemple.

différentialiste – les individus sont prisonniers d'une identité, surtout culturelle, d'où on ne s'extrait pas. Pour des motifs stratégiques, cette différence peut fort bien être exprimée sous la forme d'un éloge des différences. Le cinquième trait, l'interprétation inégalitaire des différences introduit une rupture pour deux raisons. Tout d'abord, il introduit la comparaison entre, par exemple, la civilisation A et la civilisation B, et donc une perspective universaliste. En effet, si A est meilleur, par exemple plus « évolué » que B, ce ne peut être que du point de vue d'un critère commun à tous les hommes. Seule une représentation de l'universalité permet d'affirmer la supériorité de A. Sans cette perspective universelle, un xénophobe de la tribu, de la nation ou de la civilisation A pourrait se contenter de dire : je ne comprends pas B, je n'ai rien de commun avec lui, B est peut-être excellent pour les indigènes B mais pas pour les indigènes A, ou le xénophobe A pourrait être simplement indifférent à B.

Les deux antiracismes

L'antiracisme universaliste est bien illustré par la Déclaration universelle des Droits de l'Homme de 1948. C'est celui que l'on entend dans le monologue de Shylock : « *Hath not a Jew eyes ? Hath not a Jew hands, organs, dimensions, senses, affections, passions? Fed with the same food, hurt with the same weapons, subject to the same diseases, healed by the same means, warmed and cooled by the same winter and summer, as a Christian is ?* »[54] Les êtres humains comme individus possèdent des droits qui découlent de leur nature, par exemple l'égalité devant la loi.

---

[54] Shakespeare, *Le marchand de Venise*, acte III, cité par Amartya Sen. *Identity and violence. The Illusion of Destiny*. New York et Londres : Norton, 2007 (2006), p. 7.

L´universalité découle de ce que tous les individus sont des êtres de raison, d´émotions et de sensibilité. Tous les enfants doivent être scolarisés, toutes les femmes sont égales aux hommes, personne ne doit être torturé. Les lois séparant blancs et noirs aux États-Unis sont odieuses parce qu´elles séparent ce qui ne doit pas être séparé, des êtres humains. Interdire aux femmes de conduire est absurde non pas parce que les femmes, collectivement, auraient telle ou telle qualité, mais parce que chaque femme est un individu. Antiracisme indispensable et efficace contre tous les racismes différentialistes, qui affirme la supériorité ou variante, la différence à préserver soigneusement, de la « race » X ou du groupe culturel Y. C´est l´antiracisme de Ch. Chaplin dans *Le Dictateur* (1939) (voir ci-dessous).

Cependant, il laisse de côté le politique. En effet, les êtres humains ne sont pas des individus isolés. Ils appartiennent à des collectivités, des nations, des religions, des ethnies, des « castes », des « races », des communautés… Souvent ce sont ces collectivités qui sont victimes de préjugés et de discriminations. Être antiraciste, ce sera aussi défendre des droits collectifs singuliers.

Ce second antiracisme défend donc prioritairement des communautés discriminées, un point fort bien vu par Jean-Paul Sartre[55]. La faiblesse de ce second antiracisme est qu´il peut mener à la fermeture du groupe maltraité sur lui-même, à une dévalorisation de tout horizon universel, à la concurrence entre victimes. Il peut déboucher sur la négation de la contribution du libéralisme politique à la liberté humaine.

[55] Sartre, Jean-Paul. *Réflexions sur la question juive*. Paris : Gallimard, 1946 ; *Orphée noire*, préface à *Anthologie de la nouvelle poésie nègre et malgache* de Léopold Sédar Senghor publié en 1948.

Les deux racismes

Aujourd'hui le racisme différentialiste est sans doute plus connu. C'est celui des nazis ou de l'apartheid sud-africain. Obsédé par la différence, la séparation, il est hanté par la crainte du métissage et nie l'espèce humaine. Pour les nazis, la « race » et le « sang » étaient tout[56].

Le racisme universaliste ne nie pas l'humanité commune, mais il hiérarchise entre les groupes. Certains sont plus proches de la perfection humaine, qui existe – c'est en ce sens qu'il est « universaliste », il compare et sait voir où est la perfection. Au dix-neuvième siècle, elle est à Londres et à Paris, en tous cas dans l'Europe des impérialismes.

Le second roman de Joseph Conrad *An Outcast of the Islands* (1896) nous introduit au cœur de cet univers racialiste, raciste et universaliste. Il raconte les aventures d'un blanc dans l'archipel malais, un blanc en rupture avec l'ordre colonial dont il est un agent. Donc Willems s'imagine « en tyran bon enfant », avec « son épouse métisse ». Il peut « regarder avec un tendre mépris son enfant à la peau jaune, prendre des airs hautains et protecteurs avec son beau-frère à la peau noire, qui raffolait de cravates roses, chaussait ses petits pieds de souliers vernis, et se montrait tellement humble vis-à-vis du mari blanc de sa sœur chanceuse [57] ».

Écrit à l'apogée de l'impérialisme colonial, le livre reflète une époque, indépendamment des croyances, attitudes, convictions de l'auteur. Non seulement Willems

---

[56] Johann Chapoutot, *La loi du sang. Penser et agir en nazi*. Paris : Gallimard, 2014.

[57] Joseph Conrad, *Un paria des îles*. Paris : Autrement, traduction par Odette Lamolle, 1996 (1895), p. 15.

s´est marié avec une indigène, mais il est épris d´une autre femme également malaise. Sa passion subvertit la pyramide sociale et raciale de la colonisation. Dans l´univers raciste et universaliste, la hiérarchie fondée sur la « race », mixte de considérations biologiques et culturelles, n´exclut pas la commune humanité. Le problème n´est pas le mélange, c´est l´abaissement. Willems, un blanc, peut se marier avec une Malaise, mais il ne doit pas déchoir et exposer ses turpitudes morales.

L´idéal-type est un outil

Le racisme donc peut être affirmation d´une supériorité, et alors l´horizon est universaliste, ou affirmation d´une différence. Les quatre premiers traits (rejet de l´universel, catégorisation fixe des individus, absolutisation des différences collectives, naturalisation (biologisation ou « ethnicisation ») des différences, interprétation inégalitaire des différences identifiées) dessinent les contours d´un racisme différentialiste. Si la définition ajoute le cinquième (interprétation inégalitaire des différences identifiées), la perspective devient universaliste. Quand on prétend lutter contre le racisme, on lutte en fait contre un adversaire doublement incarné. Les deux pôles du racisme sont la différence et l´universalisme. Le premier tend vers la séparation et l´annihilation, le second tend vers l´exploitation.

Bien entendu, dans la réalité historique, les choses sont complexes – mais c´est la raison d´être des idéaux types de fournir des instruments, afin de penser rigoureusement cette réalité. L´apartheid sud-africain et le nazisme sont plutôt des racismes différencialistes, et l´esclavage aux Amériques est plutôt un racisme universaliste. Mais les nazis ont utilisé le travail de leurs victimes juives, et le nombre de morts lors de la traversée de l´Atlantique était immense. L´essentialisation des citadins par les Khmers rouges au Cambodge, transformés tous en ennemi homogène, illustre peut-être un cas tragique de racisme différentialiste, mené jusqu´au bout, donc la destruction d´une population devenue un vaste « autre »[58], même si le marxisme-léninisme, interprété dans ce cas de façon délirante, est une doctrine universaliste. La proposition de P-A. Taguieff est un outil conceptuel à la disposition des historiens et des sciences sociales, non une tentative de description de ce qui s´est passé en 1915 dans l´Empire ottoman, ou en 1994 au Rwanda.

Quelle est l´utilité de cet outil ? Si un idéal-type se juge essentiellement par son efficacité, quel est-il ? Il met en garde les militants et les citoyens à propos de la complexité de ce qu´on désigne par « racisme », et qui, donc, peut se décliner de deux façons différentes. Il ouvre la voie vers un point important : s´il est parfaitement légitime de défendre les identités culturelles des groupes humains contre le racisme universaliste, donc par exemple l´impérialisme colonial ou l´évolutionnisme, cette défense doit elle-même s´articuler à une perspective ou un horizon universaliste. Sinon, le risque est grand de tomber, en toute bonne conscience, dans le piège des xénophobies et des haines réciproques. « Face à la différence et à l´universalité il me semble, pour conclure, que le commencement de l´erreur est de prendre parti pour l´une, à l´exclusion de l´autre »[59].

---

[58] Ben Kiernan, « Sur la notion de génocide », *Le Débat,* 104, mar.-avr. 1999, Gallimard.
[59] P.-A. Taguieff, « Racisme et antiracisme : modèles et paradoxes », *op. cit.,* p. 290. En 1986, P-A. Taguieff utilisait indifféremment *« antiracisme mixophobe »* ou « *antiracisme différentialiste* ».

Voici donc le premier pas dans la direction d´un antiracisme sans ingénuité : puisque le racisme peut se dire en deux sens différents, le grand problème des antiracistes devrait être celui de l´articulation entre les différences et les valeurs universelles, celles des déclarations de 1789 et 1948. Dans les décennies postérieures, c´est autour de cette articulation que les antiracistes se diviseront, dans des contextes politiques précis.

<u>Pourquoi l´antiracisme ne triomphe-t-il pas facilement ?</u>

Pourquoi, dans l´argumentation, l´antiracisme, qui a pour lui la morale et la vérité scientifique, ne triomphe-t-il pas facilement de son adversaire ? P-A. Taguieff propose des éléments de réponse. D´abord, le discours antiraciste historique, universaliste (La LICA), s´est routinisé et s´épuise à dénoncer dans les années 1980 un racisme différentialiste de type nazi de moins en moins actif dans la société française. Ensuite a émergé, depuis la décolonisation un antiracisme différentialiste, tout à fait légitime, mais dont les arguments pouvaient facilement être « retournés » dans une perspective nationaliste – à ceux qui prétendent « défendre l´identité française », que répondre ? Qu´elle n´existe pas ? Qu´elle n´est pas importante ? Qu´elle n´est pas menacée ? Qu´il n´y a aucun problème de ce genre? L´affaire n´est pas si simple, et P-A. Taguieff attirait l´attention sur des difficultés non perçues.

Le problème de l´antiracisme est d´abord un problème d´articulation

Une première version de ce modèle est proposée lors d'un congrès organisé par l' École Normale Supérieure de Saint-Cloud[60]. Il s'agit de mettre en évidence que sur le plan des discours, racismes et antiracismes ont en commun d'être l'un et l'autre orientés autour de deux pôles opposés, la différence et l'universel. L'objectif est antiraciste, c'est-à-dire que le but du savant est de donner aux antiracistes des éléments de réflexions sur leurs pratiques et leurs discours[61].

L'apport de cette proposition – il existe deux racismes, l'un universaliste, l'autre différentialiste – n'est pas principalement descriptif, puisque la réalité historique est diverse, complexe, évolutive, singulière, bref le domaine des historiens du nazisme ou de la colonisation hollandaise de Java. Elle est d'inciter à poser des problèmes.

---

[60] P.-A. Taguieff, « Le néo-racisme différentialiste », travail présenté au congrès « Nationalisme/Racisme/Sexisme dans les mots du discours politique contemporain », en septembre 1984. Le texte a été publié dans *Langage et Société,* n° 34, décembre 1985.

[61] Voir *La force du préjugé,* chapitre « L'hétérophobie, hétérophilie : l'antinomie définitionnelle » ; et Les *fins de l'antiracisme,* chapitre 3 « Racismes et antiracismes : un modèle d'intelligibilité ». Nos citations proviennent de ce chapitre, mais les textes sont très proches. P-A. Taguieff précise p. 43 que les racismes « ne se succèdent pas de façon linéaire, mais se chevauchent chronologiquement, et coexistent conflictuellement. La distinction idéal-typique permet de définir l'irréductibilité réciproque de deux racismes : d'une part, le *racisme universaliste (...)*,; d'autre part, le *racisme communautariste* (ou *différentialiste*)", prônant la différentiation, la séparation, l'expulsion, voire l'élimination des groupes « différents », « étrangers » ou « déracinés » menaçant l'identité communautaire propre. Le racisme universaliste, dans la modernité elle-même constitutivement universaliste, est *inégalitaire* ; le racisme communautariste, réaction contre l'universalisme moderne mais dans les limites imposées par celui-ci, est *différentialiste* p. 43-44. Italiques dans le texte.

Elle souligne la diversité historique des racismes et antiracismes, et donc la complexité du sujet. Ainsi les racistes français façon *Action française* étaient peu intéressés par l'idée de « race biologique », au contraire d'un Georges Vacher de Lapouge (1854-1936), peu porté vers l'idée de nation historique, et convaincu de l'existence de « races biologiques ». Des racistes s'effraient du mélange (nombreux exemples), mais certains en attendent la solution à leurs fantasmes, par exemple les racistes brésiliens de la fin du XIXe siècle, qui s'étaient convaincus que le « croisement des races » déboucherait forcément sur un « blanchiment » du Brésil. Les antiracistes doivent-ils abolir ou prendre des précautions immenses avec l'emploi du mot « race » ? C'est la tendance en France, mais au Brésil *raça, raças* sont d'un usage courant parmi les antiracistes. Les articulations différence / universalisme à la française évitent le mot, les brésiliennes, américaines, britanniques, non. « *Race issues* » écrit le *Guardian*.

P-A. Taguieff propose ainsi une clé de lecture des débats divisant les antiracistes. Superficiellement, ils opposent différentialistes et universalistes. En réalité ils portent sur l'articulation entre les deux dimensions, puisque peu de mouvements ou d'intellectuels renonceraient complètement à l'une des deux dimensions. Mais elles ne sont pas si facilement compatibles, et la discussion politique portera sur les outils de cette articulation. Typiquement, ce qu'il est convenu d'appeler « l'affaire du voile » vient à l'esprit. Les partisans de la prohibition dans l'école publique considèrent que l'interdiction permettra de garantir l'accès à l'universel – le savoir scolaire – sans nullement faire offense aux identités singulières des jeunes filles de confession musulmane. À défaut, cet accès est menacé par divers types de pression. Leurs adversaires antiracistes différentialistes y voient une agression maladroite contre la différence, et préconisent une autre solution afin de permettre la poursuite de la scolarisation, et donc l´accès à une forme d´universel. Les divisions de l´antiracisme sont des divisions de l´articulation différences / universel. C´est bien la situation actuelle, et le problème pointé dans les années 1980 par P-A. Taguieff s´est aggravé plutôt qu´atténué. Si l´on pense que les différences et l´universel sont également importants, la question est celle de leur articulation. Dans le Brésil des années 2010, adopter des quotas à l´entrée des universités publiques pour les Afro-Brésiliens, est-ce une bonne ou une mauvaise manière d´articuler différences et universalisme ?

Penser par deux (universalisme et différentialisme), et penser la circulation possible des arguments du racisme à l´antiracisme et vice versa, ce n´est pas tout mélanger, c´est se donner les outils pour démasquer les faux antiracistes. Dans un monde post-1945 qui a fait du racisme une tare et le pénalise, les tenants des préjugés et des discriminations se dissimulent. Le GRECE (*Groupement de recherche et d'études pour la civilisation européenne*) des années 1970 prononçait l´éloge des différences, et dès les années 1930 l´éloge du Brésil métis servait à dissimuler le Brésil noir dit plus tard, à partir des années 1970, afro-brésilien[62].

Enfin, en termes d´histoire des idées, il existe des affinités entre les universalismes et la modernité, les différentialismes et les réactions contre la modernité. Le débat rebondit régulièrement, par exemple, à propos des Lumières. L´engagement antiraciste peut se combiner aussi bien avec l´affirmation d´une fidélité, qu´avec une critique des Lumières. Dans ce domaine, un esprit de finesse est nécessaire. Il est illustré par Claude Lévi-Strauss, notant en 1952, « quoi qu´il en soit, il est difficile de se représenter autrement que comme contradictoire un processus que l´on

---

[62] P.-A. Taguieff, *Sur la Nouvelle Droite : Jalons d'une analyse critique*. Paris : Descartes & Cie., 1994.

peut résumer de la façon suivante : pour progresser, il faut que les hommes collaborent ; et, au cours de cette collaboration, ils voient graduellement s´identifier les apports dont la diversité initiale était précisément ce qui rendait leur collaboration féconde et nécessaire »[63]. Le souci de la différence menacée succède au souci de l´universel, sans le remplacer.

On peut donc être antiraciste de bien des façons, pas nécessairement cohérentes. Le cinéma peut servir ici de recours, afin d´illustrer ce point.

Intervalle cinématographique

À la fin de *The Great Dictator* (1940), Charles Chaplin prononce un admirable discours en faveur de la démocratie et contre le racisme.

« I'm sorry, but I don't want to be an emperor. That's not my business. I don't want to rule or conquer anyone. I should like to help everyone if possible – Jew, Gentile, black men, white (...). The very nature of these inventions cries out for the goodness in man; cries out for universal brotherhood; for the unity of us all (...) ». Le faux dictateur ajoute ceci: *« In the seventeenth chapter of St. Luke, it's written 'the kingdom of God is within man', not one man nor a group of men, but in all men! (...) Let us fight for a world of reason, a world where science and progress will lead to all men's happiness. Soldiers, in the name of democracy, let us all unite »!*

Le propos appartient bien au monde de l´antiracisme universaliste – ce sont la liberté et la dignité des *individus* et de l´*espèce humaine* qui sont menacées par la tyrannie

[63] Claude Lévi-Strauss, *Race et Histoire*. Paris : Denoël, 1987 (1952), ibid., p. 82-83.

nazie. Individualisme et universalisme sont articulés. Dans ce grand film anti-antisémite, les juifs ne possèdent *aucun trait significatif* qui les identifieraient comme *peuple, collectivité ou groupement,* y compris religieux. Contre les stéréotypes antisémites qui insistent sur des traits négatifs – le cinéma nazi a réalisé ce genre de films –, Charles Chaplin déploie la dignité et l´humanité non d´un peuple mais des individus qui le composent, incarnation de valeurs universelles : l´astuce des faibles et des justes contre les puissants et les mauvais est de tous les temps et de toutes les cultures. Le héros veut revenir chez lui, rouvrir sa boutique, se marier – des objectifs universels ou universalisables. Il a du reste, tout oublié : la guerre, la situation politique dans son pays, mais aussi qu´il était juif.

Inversement, dans le même film, le discours du dictateur illustre le racisme différencialiste, tourné vers l´élimination d´un peuple en trop. L´antiracisme universaliste du barbier juif répond donc au racisme différentialiste du dictateur Hynckel. Une autre stratégie filmique était possible, et eût consisté à défendre la cause des juifs comme collectivité, peuple historique doté de singularités respectables. C´est ce qu´avait tenté et réussi, dans un autre contexte, quelques années auparavant, Albert Londres, avec *Le Juif errant est arrivé*, publié en 1931. Le journaliste-écrivain insistait, lui, sur le peuple juif et sa situation difficile en Europe centrale et orientale[64]. Mais il est très vraisemblable que le choix de Chaplin était le bon, dans le contexte des États-Unis de 1939.

S´agissant spécifiquement de la lutte contre l´antisémitisme, deux films confirment la pertinence de

64 Zeev Sternhell voit en Herder la source d´une réaction « anti-Lumière » qui amènera les dictatures fascistes du vingtième siècle. P-A. Taguieff et d´autres auteurs, par exemple Isaiah Berlin, sont en désaccord.

l'opposition différentialisme/universalisme. Ce sont d'une part *Le vieil homme et l'enfant* (1967) et d'autre part *Les aventures de Rabbi Jacob* (1973). Le second est l'un des grands succès populaires du cinéaste Gérard Oury, tandis que le premier a été admiré par les cinéphiles, et a valu à Claude Berry l'Ours d'argent au festival de Berlin. Les deux films sont chacun dans leur genre des classiques. Mais ils abordent de front l'antisémitisme de façon fort différente.

Le vieil homme et l'enfant illustre l'antiracisme universaliste. Le message du film souligne la commune humanité des hommes, et la bêtise criminelle des préjugés qui les divisent. Le vieux paysan joué admirablement par Michel Simon croit à l'existence d'un diabolique peuple juif, facilement reconnaissable. Il décrit à l'enfant les particularités des juifs, ignorant que cet enfant qui est chez lui est un enfant caché. Pour rire, mais pas seulement pour rire, l'enfant le traite d'ailleurs de « juif ». « Le juif » est un être humain comme un autre. L'antiracisme universaliste défend les individus au nom de valeurs universelles, et condamne les mythes et préjugés nés de l'imagination des hommes.

Les aventures de Rabbi Jacob nous présente un autre anti-antisémitisme. Plutôt que « du juif », il prend la défense d'un collectif, « les Juifs ». C'est un groupe, une communauté d'appartenance, dont il défend l'existence. Lorsque l'industriel Pivert apprend que son chauffeur est juif, il apprend ce que signifie appartenir à ce groupe – ses traditions et rites. Une fois lui-même déguisé en rabbin, il découvre d'autres traditions, comme la danse et la lecture de la Torah dans une synagogue. À la fin du film, Pivert explique à une dame de son propre milieu, la grande bourgeoisie : ils (les Juifs) m'ont invité à une bar-mitsva, je les invite au mariage de ma fille – une invitation qui vaut entrée collective dans la communauté nationale française (la scène se situe aux Invalides). La « tribu » juive (le mot est employé) existe. « *Il faut tout refuser aux juifs comme nation et tout accorder aux juifs comme individus* » disait Clermont-Tonnerre. Non, la République peut sans difficulté reconnaître un collectif, les Juifs, dit *Rabbi Jacob*.

Dans le film de Claude Berri, les persécutions sont traitées avec délicatesse et psychologie. Mais le film raconte un drame intimiste, individuel et familial. Cette famille est une famille française comme les autres, si ce n´est quelques différences évocatrices : le métier de tailleur du père, l´accent de la mère, le nom de Langmann. Le père répète « *est-ce que tu ne comprends pas la situation?* », et effectivement ce n´est pas simple de comprendre ce contexte de dissimulation. La situation du chauffeur juif de l´industriel Pivert est bien différente, et il peut, pédagogiquement, expliquer à son patron, et aux millions de spectateurs, ce que signifie être juif, par exemple les règles relatives au *shabbat*.

Bien sûr, entre 1967 et 1973, la situation des Français juifs a évolué, et on a pu évoquer un « réveil » du judaïsme français, suite à la guerre des Six Jours, réveil bien illustré par le cas de Raymond Aron[65]. Universalité (défense de l´individu persécuté) ou différences (défense de la communauté historique), quel est le bon combat antiraciste ? Les deux sans doute, mais comment les lier de façon à ce qu´ils ne soient pas contradictoires ? Et puis, si l´on a de la sympathie pour les coutumes et les traditions juives du Marais (celui des années 1970), pourquoi ne pas sympathiser avec certaines coutumes « françaises »? La

---

[65] Voir R. Aron. *De Gaulle, Israël et les juifs*. Paris : Plon, 1968. C. Levi-Strauss ne partageait pas les critiques d´Aron à propos du Général de Gaulle (l´historienne Emmanuelle Loyer rapporte leur débat dans son ouvrage *Lévi-Strauss*. Paris : Flammarion, 2015, pp. 596-598).

question n´est ni ingénue ni perverse, elle souligne simplement que c´est bien une sensibilité antiraciste qui a légitimé la vague des revendications « identitaires » qui caractérise la France depuis les années 1970, et dont s´empare le Front national. Ses succès de 1983-1984 étaient sidérants, et pourtant ils ne sont pas nés de rien.

Un bilan provisoire

La conceptualisation proposée par P-A. Taguieff éclaire certains aspects des débats sur le racisme et l´antiracisme. Elle est également audacieuse.

Premièrement, parce qu´elle ose considérer ensemble discours raciste et antiraciste, neutralisant *provisoirement*, dans un premier temps, les dimensions morales. P-A. Taguieff écrit et agit en chercheur mobilisé contre le racisme, mais, précisément, identifier les failles et illusions des militants antiracistes fait partie d´un véritable antiracisme. Deuxièmement, il a montré, d´une façon contre-intuitive, la perméabilité des discours racistes et antiracistes. Ce qu´on imagine facilement comme deux univers mentaux opposés partage, au contraire, certaines dispositions, car les arguments circulent et sont réversibles[66]. Les exemples du GRECE et du Front national montrent que la différence, thématique antiraciste et donc incontestable, peut fort bien servir les appels aux préjugés et à la discrimination. La conférence antiraciste de Durban en 2001 s´est d´ailleurs transformée en un *happening* raciste. Mettre en garde contre un « racisme anti-blanc », est-ce antiraciste ou raciste ? Les *indigènes de la*

[66] Réversibilité illustrée par exemple dans le cinéma comique français. Aussi bien dans *Nous irons tous au paradis,* d'Yves Boisset, que dans *La bûche,* de Danièle Thompson, des personnages évoquent le « type antisémite », comme s´il existait une anthropologie physique de l´antisémite.

République, sont-ils antiracistes ou racistes ? Les polémiques se succèdent.

D'autres exemples peuvent être mobilisés. Au Brésil, c'est parfois à partir d'une argumentation antiraciste, et nullement raciste, que des opposants aux quotas réservés aux afro-brésiliens dans les universités publiques se sont exprimés, au nom par exemple, du refus de la « racialisation » des relations sociales – un argument étrange quand on sait que les relations sociales sont de fait « racialisées » dans ce pays. De même, le thème « antiraciste » du métissage brésilien a souvent servi à cacher la négritude brésilienne[67]. Bien avant la France, dès les années 1930, un antiracisme a été idéologisé au Brésil, où il a servi la cause de l'effacement des noirs.

Peut-être peut-on poser ainsi le problème : depuis les années 1980, plus personne ou presque ne s'assume comme « raciste », l'exception massive étant le cas des « suprématistes blancs » aux États-Unis. Mais on ne parviendrait pas à faire voter aujourd'hui la Déclaration universelle des droits de l'homme par l'Assemblée générale de l'Organisation des Nations Unies. À l'époque, l'antiracisme l'avait portée ; aujourd'hui, elle la rejetterait – qu'est-il arrivé à l'antiracisme ? C'est ce genre d'interrogation qui guide P-A. Taguieff.

Bien entendu, si le racisme différentialiste était resté confiné au GRECE, rien de tout cela ne serait si important. Après tout, il s'agissait d'un cercle réduit et peu influent. Mais à partir de 1983, s'opérait un phénomène étrange : un parti politique d'extrême droite, fondé en 1974 et qui

---

[67] Abdias Nascimento, *O genocídio do negro brasileiro. Processo de um racismo mascarado*. São Paulo : Perspectiva, 2016 (1976).

représentait alors une force dérisoire, commençait à obtenir de bons résultats aux élections. Beaucoup y virent essentiellement le retour du Maréchal Pétain et de l´extrême droite maurassienne, « syndrome de Vichy » (H. Rousso) oblige.

AUTOUR DU FRONT NATIONAL

P-A. Taguieff s´est confronté en philosophe et historien des idées aux succès du Front national. Il a proposé la notion de « national-populisme » pour désigner ce parti, et c´est dans une certaine mesure autour de ses contributions qu´un colloque important s´est tenu en 1991 à ce sujet.

Une nouvelle conceptualisation : le « national-populisme »

Travaillant au sein de l´Institut d'études politiques de Paris et du Centre d'études de la vie politique française (CEVIPOF), P.-A. Taguieff a assumé la responsabilité de l´analyse du discours de ce mouvement, en particulier celui de Jean-Marie Le Pen. C´est dans ce cadre qu´il a proposé, à partir des travaux de Gino Germani, une conceptualisation qui est restée, depuis sa formulation en 1984, la plus utilisée pour comprendre ce parti : il serait *national-populiste.*

L´enjeu était de bien saisir le mouvement en cours en 1983-1984. Était-on confronté à une résurgence d´un mouvement ancien, l´extrême droite historique, ou à un phénomène relativement original, inscrit dans une conjoncture précise, et qu´il convenait de saisir dans sa dynamique ? C´est cette seconde option que P-A. Taguieff a privilégié. « National-populiste » renvoie à l´articulation de deux dimensions : l´affirmation identitaire et la protestation contre les élites[68].

---

[68] « La rhétorique du national-populisme ». In : *Mots,* 9, oct. 1984, p. 113-139; « Forces et faiblesses de la doctrine du national-populisme ». *Nouvelle Revue socialiste,* jan.-fév. 1986, 78/79, p. 99-109 ; « Les droites radicales en France : nationalisme révolutionnaire et national-

Dans *La rhétorique du national-populisme,* il emploie pour la première fois l'expression « national-populisme »[69]. Inspirée par les recherches de Chaïm Perelman[70], sa curiosité se porte moins sur les idées défendues par Jean-Marie Le Pen – le corpus est fort pauvre et peu original, l'historien des idées a peu de matériel à relever – que sur le style, la façon de dire ce qui est dit, les formes employées. Ce sont les instruments rhétoriques habilement déployés et utilisés par le leader du Front national qui méritent surtout l'intérêt.

J-M Le Pen en effet peut passer comme l'une des meilleures incarnations du style populiste. Il réduit la complexité des problèmes de la Cité à des solutions *simples et de bon sens*, que chacun peut comprendre. Il procède par affirmations péremptoires successives, et use de diverses figures de style, euphémismes, hyperboles, métaphores, analogies, style toujours imagé et le moins abstrait possible. Dans les discours, les répétitions se succèdent pour bien confirmer le lien entre le chef et l'auditoire (la répétition vérifie que l'accord règne). Il nie avec véhémence tout

---

libéralisme. Réflexions sur les nouveaux espaces de l'autoritarisme en France ». *Les Temps modernes,* 465, avr. 1985, p. 1780-1842; « L'identité française et ses ennemis. Le traitement de l'immigration dans le national-racisme contemporain ». *L'Homme et la Société,* 77-78, juil.-déc. 1985, p. 167-200 ; « L'identité nationaliste ». *Lignes,* 4, oct. 1988, p. 14-60 ; « La métaphysique de Jean-Marie Le Pen » (1989), p. 173-227 et « Variations d'un programme de gouvernement » (1996), p. 359-367. In : Nonna Mayer et Pascal Perrineau (dir.). *Le Front National à découvert.* Paris : Presses de Sciences Po, 1996 (1989) ; « Mobilisation national-populiste en France : vote xénophobe et nouvel antisémitisme politique ». *Lignes,* 9, mars 1990, p. 91-136 ; « Biopolitique de l'identité et ordre moral : l'orthodoxie du Front National ». *Raison présente,* 127, 1998, p. 37-64.

[69] P.-A. Taguieff, « La rhétorique du national-populisme ». *Mots,* 9, oct. 1984, p. 113-139.

[70] P.-A. Taguieff cite p. 114 le *Traité de l'argumentation. La nouvelle rhétorique.* Paris : Puf, 1958.

racisme et tout antisémitisme, mais ses allusions sont facilement décryptables. Il pratique la rétorsion d'arguments – les autres partis sont racistes, puisqu'ils affaiblissent et nient, à un titre ou à un autre, l' « identité française ». Ils pratiquent donc un racisme anti-français.

L'articulation entre la dimension contestataire et la dimension identitaire caractérise donc le Front national, et lui donne son originalité. Cette identification, faite dès 1984, est importante puisqu'elle aurait dû éviter les contresens sur son supposé « fascisme ». Au Front national, il était facile de répondre qu'il ne prétendait pas prendre le pouvoir par la force, qu'en somme il jouait le jeu de la démocratie, qu'il n'avait rien d'hitlérien. Plus il était désigné comme *notre pire ennemi* par les élites de la politique et de la culture, plus une partie de l'opinion pouvait être séduite, puisqu'il inquiétait, et qu'il était le seul à inquiéter, « ceux d'en haut ». « National-populisme » était donc de nature à mieux combattre le Front national, avec plus précision[71].

Nous nous trouvons là à l'origine d'une première et importante rupture entre P-A. Taguieff et « la gauche », ou une partie d'entre elle : selon lui, le rappel systématique et intéressé des années 1930 et de Vichy relevait en grande partie de l'affabulation collective, et était tout à fait

---

[71] « Le mot « populisme » n'a fait qu'une apparition récente dans l'historiographie concernant la France. La Russie du 19e siècle, les États-Unis de la fin du 19e siècle, l'Amérique latine au 20e siècle, telles ont été les aires principales d'un populisme analysé et répertorié. C'est le surgissement et l'essor du Front national [...] qui ont provoqué l'utilisation du concept de « national-populisme », d'abord sous la plume de l'historien des idées Pierre-André Taguieff ». Michel Winock, « Populismes français ». *Vingtième Siècle. Revue d'Histoire,* 56, août-déc. 1997, p. 77.

maladroit, et contre-productif. Il convenait de lutter autrement.

Un colloque contre le racisme en 1991

En juin 1991, la Maison des sciences de l'homme, la revue *Passage* et la mairie de Créteil ont organisé un colloque sur le racisme, dont le principal organisateur était le sociologue Michel Wieviorka. À cette réunion scientifique participaient différents chercheurs venus de nombreux pays. Un ouvrage a publié la teneur des principaux débats. P.-A. Taguieff n´y participait pas, mais l´influence de *La force du préjugé* est certaine[72].

Ainsi, dans le livre *Modernité et racisme*, l´intérêt des recherches de Pierre-André Taguieff est reconnu dès la présentation de la rencontre par Michel Wieviorka, même si c´est de façon elliptique. Une note de bas de page explique que l´expression « les deux logiques du racisme » renvoie à ses travaux : « sur ces problèmes, voir *La Force du préjugé* ». Or « ce problème » est clairement au cœur du colloque et du livre collectif qui en a découlé – *La Force du préjugé* a donc été lu, et a fait débat[73].

---

[72] Les textes des interventions ont été publiés sous la direction de Michel Wieviorka : *Modernité et racisme*. Paris : La Découverte, 1993. La quatrième de couverture indique : « Néo-racisme, racisme culturel, institutionnel, symbolique, subtil... en une vingtaine d'années, le concept de racisme n'a cessé de s'enrichir, en même temps qu'un constat s'imposait : le racisme contemporain ne peut plus, ou plus seulement, être pensé dans les catégories de sa période classique ». La suite évoque l´exigence de refuser aussi bien « la bonne conscience de l'antiracisme » que celle de « la critique de l'antiracisme ».

[73] M. Wieviorka (dir.), *Modernité et racisme, op. cit.*, p. 10.

Dans la conclusion du colloque (et du livre) Michel Wieviorka revient sur le sujet de la conceptualisation des racismes et des antiracismes par P-A. Taguieff d´une façon critique. Il considère en effet cette recherche comme une tentative « [...] tendant à renvoyer racistes et antiracistes dos à dos, comme si, à la limite, ils étaient mus par les mêmes modes de pensée ». Une note de bas de page précise que « le sous-titre du livre est explicite : *Le racisme et ses doubles* »[74]. La critique semble forcée. En effet, comme on l´a vu, le projet de P-A. Taguieff n´est nullement d´assimiler moralement, philosophiquement ou politiquement racisme et antiracisme. Il s´agit pour le chercheur d´identifier des failles dans l´argumentation antiraciste, des incohérences qui favorisent son adversaire, et non de les assimiler, de les confondre, ou de chercher à affaiblir la lutte contre les préjugés et les discriminations.

C´est du reste, un point bien vu par Alain Touraine – « Taguieff ajoute que l´échec des campagnes antiracistes vient de ce qu´elles attaquent le racisme de l´inégalité, alors qu´elles sont confrontées à un racisme de la différence », écrit le sociologue[75].

Dans son intervention, Colette Guillaumin ne cite pas explicitement P.-A. Taguieff, mais les termes du débat sont bien ceux soulevés par *La Force du préjugé*. Avec l´éloge de la différence, l´antiracisme n´ a-t-il pas offert, bien sûr involontairement, les éléments dont se nourrit le racisme culturel ou symbolique ? Elle observe que « le racisme ne se réduit pas à la péjoration. Et il peut même se faire discours élogieux. Il est certes plus vivable d´être loué que d´être agressé. Mais, en étant loué on n´est pas quitte d´être en même temps et du même mouvement considéré

---

[74] *Id., ibid.*, p. 417.

[75] A. Touraine, « Le racisme aujourd'hui ». In : M. Wieviorka (dir.), *Modernité et racisme, op. cit.*, p. 24.

comme 'particulier' [76] ». Dans le même texte, la même auteure observe que le retournement, la rétorsion d'arguments dit P-A. Taguieff, du thème « progressiste » du droit à la différence n'a pas été anticipé par les militants et intellectuels antiracistes. En effet, « aujourd'hui, on sait comment le thème de la différence et le terme de culture ont été repris avec succès dans une thématique raciste, après avoir longtemps été des thèmes progressistes. Cela n'a pas été sans provoquer une certaine surprise, laquelle n'est pas justifiée (...)[77] ».

L'ouvrage, *La Force du préjugé* a donc été lu et débattu, de même que les travaux sur le Front national ou le GRECE. Par exemple l'historien des idées Maurice Olender note que « Pierre-André Taguieff, chercheur au CNRS, qui est sans aucun doute en France celui qui connaît le mieux l'histoire des réseaux de la « nouvelle droite », attire l'attention sur le fait que, sous cette « étiquette », on peut identifier une multiplicité de tendances, voire des divergences [78] ».

Les chercheurs et militants antiracistes, dit P-A. Taguieff, n'ont pas en face d'eux, dans les années 1980, la résurgence d'un passé fasciste de l'Europe, qui renaîtrait de ses cendres après 1945. Ils ont un problème neuf, qui est la politisation de l'identité, soit la défense d'une mythique « identité européenne » dans le cas du GRECE, soit, beaucoup plus important, la défense d'une « identité

[76] C. Guillaumin, « La différence culturelle ». In : M. Wieviorka (dir.), *Modernité et racisme, op. cit.*, p. 149.
[77] C. Guillaumin, « La différence culturelle ». In : M. Wieviorka (dir.), *Modernité et racisme, op. cit.*, p. 150-151.
[78] M. Olender. In : M. Wieviorka (dir.), *Modernité et racisme, op. cit.*, p. 85-96.

française » par le Front national, également bricolée avec des références historiques choisies, effectivement, dans le répertoire traditionnel de l'extrême droite. Expression des préjugés et appel à la discrimination peuvent circuler sans référence aucune aux vieilles théories racistes issues du XIXe siècle.

Ainsi, avec d'autres chercheurs, P-A. Taguieff a donc contribué à relancer la recherche théorique sur le racisme. Or à la fin des années 1980, à la demande des éditions Berg international, il se lance dans une enquête approfondie sur un nouvel objet, les *Protocoles des Sages de Sion*. Ce sera l'occasion de confirmer ce qu'un long article publié dans *Les Temps modernes* en 1989 avait déjà souligné : comme le racisme en général, l'antisémitisme, envisagé sur le plan des idées, n'est pas mort en 1945, il est encore en mouvement, même si ce mouvement est peu perceptible dans la société française des années 1989-1991.

TRANSFORMATIONS DE L´ANTISÉMITISME (JUSQUE 1991)

Le racisme sans race, ce peut être aussi l´antisémitisme sans « race juive » – voilà ce que P-A. Taguieff s´est employé à identifier avec d´autres, vers la fin des années 1980. L´effacement de la race juive ne signifiait pas que les adversaires des juifs abandonnaient le terrain, mais qu´ils changeaient de terrain. Dans l´espace de « l´antisionisme », il trouvait un accueil beaucoup plus favorable à leur haine. L´article des *Temps modernes* concerne le minuscule groupe des fanatiques anti-juifs français des années 1970 et 1980, y compris les « négationnistes » (H. Rousso). L´enquête sur *les Protocoles* est d´une ampleur géographique et historique infiniment plus grande. Les deux recherches constatent, dès 1989 et 1992 donc, la cristallisation de quelque chose de nouveau : un discours anti-juif se présentant comme antiraciste, puisque le sionisme et l´État d´Israël seraient « racistes ». P-A. Taguieff s´inscrit ici dans la continuité des travaux de Léon Poliakov[79].

La nouvelle judéophobie en 1989

Publié en 1989, *« La nouvelle judéophobie. Antisionisme, antiracisme, anti-impérialisme »* est un article long (autour de 100 pages), qui constitue un premier bilan des travaux menés sur le sujet par son auteur[80]. Même

---

[79] L. Poliakov, *De Moscou à Beyrouth. Essai sur la désinformation*. Paris : Calmann-Lévy, 1983.

[80] P.-A. Taguieff, « La nouvelle judéophobie : antisionisme, antiracisme, anti-impérialisme ». *Les Temps modernes*, 520, nov. 1989. Parallèlement à ses recherches sur la Nouvelle droite, il étudie les auteurs d´abord dits « révisionnistes », donc négationnistes (Henry Rousso). Ce travail attire l´attention de Pierre Vidal-Naquet. Dans une

si sa thèse n'est pas absolument originale, elle contredit les idées dominantes du moment : une nouvelle époque dans l'histoire des haines contre les juifs émerge depuis les années 1960, surtout depuis 1967, et elle se caractérise d'une part par l'accusation de racisme adressée au sionisme, qui facilement glisse vers l'idée que tous les juifs sympathisants ou neutres vis-à-vis du sionisme sont plus ou moins complices du racisme, et d'autre part par la contestation de la réalité de la destruction (R. Hilberg) des juifs européens. Ces thèmes d'accusation viennent de l'extrême droite, mais certains individus très minoritaires à l'extrême gauche sont tentés de les reprendre à leur compte : « voilà le monstre idéologico-mythique constitué. Nommons-le : un anti-impérialisme antiraciste antijuif[81] ».

Pour désigner cette nouveauté, il utilise l'expression *« la nouvelle judéophobie »*, provocante dans le contexte de la France de 1989, et qui n'apparaît pas dans *La Force du préjugé*. L'expression désigne une configuration idéologique inédite, qui réprouve les juifs, le judaïsme et le sionisme pour leur supposé *racisme*. Il s'agit d'une « configuration », donc pas une idéologie cohérente, mais un ensemble de thèmes qui s'en font écho. C'est bien l'extrême droite française la plus radicale qui est surtout visée, c'est elle qui a mis en circulation, au nom de l'antiracisme, l'idée d'un racisme de la Bible juive, par

---

note de son article « Thèses sur le 'révisionnisme' » (1985), ce dernier observe qu' « une des études les plus précises sur cette Internationale [les « révisionnistes »] est celui de P.-A. Taguieff », donc « L'héritage nazi », *Nouveaux Cahiers,* 64, 1981, p. 3-22. Voir *Les assassins de la mémoire. « Un Eichmann de papier » et autres essais sur le révisionnisme,* édition revue et augmentée. Paris : La Découverte, 2005 (1987, 1981), p. 114.

[81] P.-A. Taguieff, « La nouvelle judéophobie : antisionisme, antiracisme, anti-impérialisme », *op. cit.,* p. 3 (italique dans le texte original).

exemple dans des textes de Maurice Bardèche et Pierre Gripari.

Dans cet article de 1989, la notion de « nouvelle judéophobie » ne désigne pas un discours venu de l'islam radical et diffusé dans les populations de culture arabo-musulmane. Elle désigne une inversion en cours, que P-A. Taguieff n'est pas le seul à observer : loin de seulement protéger les juifs, le passé nazi de l'Europe et la Shoah fournissent également des armes rhétoriques paradoxales aux ennemis des juifs, déguisés en humanistes, en « antiracistes », en « antisionistes », par des procédés rhétoriques. Il s'agit d'abord de la *négation du sionisme*, qui perd son caractère historique de nationalisme pour devenir un impérialisme et un colonialisme raciste. L'*inversion* transforme les sionistes historiques de victimes du racisme européen en racistes patentés. Enfin la *transposition des stéréotypes* impute aux sionistes toutes les images négatives associées traditionnellement aux juifs – les stéréotypes anti-israéliens sont des stéréotypes anti-juifs adaptés, par exemple « domination mondiale » pour un François Duprat[82], ou « assassinat rituel », pour Pierre Guillaume[83]. Bien entendu, le complot juif mondial est devenu le complot sioniste.

Mais si la formation d'une mythologie politique était intéressante, il n'y avait pas de raisons de laisser de côté les mythologies anciennes les plus installées, d'autant que les échanges entre le vieux et le neuf sont la matière même de l'historien des idées.

---

[82] P.-A. Taguieff, « La nouvelle judéophobie : antisionisme, antiracisme, anti-impérialisme », *op. cit.*, p. 26.
[83] *Id., ibid.*, p. 27.

Retour vers les « Protocoles » (1989-1991)[84]

Les recherches de P-A. Taguieff sur les Protocoles sont reconnues internationalement. Malgré leur grand intérêt, elles ne nous concernent pas directement pour comprendre les transformations de l´antiracisme français, sauf sur un point. C´est en effet à cette occasion qu´il s´est confronté à un problème ardu, et qui n´a jamais cessé de faire polémique : si on se persuade, après enquête approfondie, que « [...] l´antisionisme idéologique est au centre de la nouvelle judéophobie d´extension planétaire », comment faire pour l´aborder en objet historique, sachant que toute démarche dans ce sens sera suspectée d´être politiquement motivée par la défense du sionisme[85] ? L´attention portée au contexte argumentatif permet de distinguer quatre types différents.

Tout d´abord, il existe une discussion critique des thèses sionistes considérées comme l´expression du nationalisme juif (type 1). Il existe ensuite une discussion critique des politiques du gouvernement israélien (type 2). Le troisième type consiste à condamner le sionisme en tant qu´il aurait fait faillite, et/ou récuser le droit à l´existence d´Israël en arguant des effets pervers liés à celle-ci. Dénoncer par exemple « le militarisme israélien, l´impérialisme de certains leaders politiques, les discriminations ou les violences « racistes » subies par la population palestinienne. Les « raisons » avancées par un tel antisionisme demeurent dans le champ du discutable et de l´observable, donc du réfutable, même si elles mettent en

---

[84] P.-A. Taguieff (dir.). *Les Protocoles des sages de Sion. Faux et usages d'un faux,* t. I, *Introduction à l'étude des « Protocoles » : un faux et ses usages dans le siècle;* t. II *Études et documents*. Paris : Berg International, Coll. Faits et représentations, 1992 ; Paris : Berg International/Fayard (rééd. rev., corr. et aug.), 2004.

[85] P.-A. Taguieff (dir.), *Les Protocoles des sages de Sion. Faux et usages d'un faux,* t. I, *Introduction à l'étude... op. cit.,* p. 360.

jeu des amalgames et des exagérations ou des généralisations abusives – premier degré de la corruption idéologique de l'antiracisme. Mais cet antisionisme, selon le contexte, peut n'être qu'une forme euphémisée d'une judéophobie radicale [86] ».

Ce type ne doit pas être confondu avec le quatrième type, les délires complotistes, « incarnant une puissance visant la domination du monde, ou l'exerçant, tout en supposant – explicitement ou non – que tout Juif est un « sioniste » actif ou complice, militant ou en latence. Le Juif comme ennemi absolu et démonisé est ici reconstruit comme le Sioniste dominateur, impérialiste, raciste [87] ».

Cette typologie nous semble fondamentale, puisqu'elle conditionne la crédibilité de l'hypothèse d'une transformation de l'antisémitisme. Dix ans plus tard, en 2002, le livre *La nouvelle judéophobie* sera mal reçu précisément par tous ceux qui voient dans la critique de « l'antisionisme radical » (une notion à construire) simplement une défense de l'État d'Israël et de ses politiques. La réflexion méthodologique proposée en 1992 anticipe donc un problème qui sera au cœur des polémiques qui se poursuivent jusqu'aujourd'hui.

Il était banal dans les années 1980 de penser que les *passions anti-juives* reculaient, avec le recul de la croyance en une race juive. Ses recherches amènent P-A. Taguieff à ne pas partager cet optimisme. Le complot sioniste peut parfaitement satisfaire les besoins d'explications mythiques d'une réalité politique complexe. Dans la modernité tristement rationnelle, le besoin d'explication totale et simple perdure, et de fait, « la métamorphose idéologique

---

[86] P.-A. Taguieff (dir.), *Les Protocoles des sages de Sion. Faux et usages d'un faux*, t. I, *Introduction à l'étude... op. cit.*, p. 359.
[87] *Id., Ibid.*, p. 359-360.

s´est opérée, la conspiration juive internationale est devenue le complot sioniste mondial. Ainsi le texte des *Protocoles*, charte de cette vision démonologique du « sionisme », a-t-il encore, malheureusement, de l´avenir ».[88] Par la suite, les théories du complot deviendront l´un de ses champs de recherches privilégiés.

Avec d´autres chercheurs, P-A. Taguieff a repéré une transformation du discours raciste, qui a évolué de la biologie vers la culture – une constatation qui s´est imposée dans le débat public[89]. Il a insisté sur l´éloge de la différence comme modalité spécifique de la diffusion et de la crédibilisation paradoxale du discours raciste. Il a étudié ce nouveau racisme d´abord à sa source (le GRECE), puis dans sa dimension politique (le Front national). Il s´est aussi intéressé, dans ces années 1980, et relativement isolé, aux transformations de l´antisémitisme. En particulier, il a relevé que l´émergence d´un discours de haine des juifs, complotiste plus que « raciste », articulé autour d´un antisionisme absolu ou radical était une affaire sérieuse, même si, en France, il ne concernait que des franges marginales. En tous cas, il posait un problème, ou il aurait dû poser un problème, aux organisations d´extrême gauche toujours plus engagées aux côtés de la défense des droits des Palestiniens. Il a essayé de comprendre le paradoxe d´un antiracisme à la fois hégémonique – qui se déclarait raciste ? – et finalement assez peu efficace, car le propre droit à la différence, non maîtrisé et non pensé, débouchait

[88] P.-A. Taguieff (dir.), *Les Protocoles des sages de Sion. Faux et usages d'un faux*, t. I, *Introduction à l'étude... op. cit.*, p. 11-12.

[89] Toutefois, pour l´historien Claude Liauzu, cette évolution a été « beaucoup plus précoce que ne le pense Pierre-André Taguieff ». Voir « L'obsession des origines : démographie et histoire des migrations ». In : C. Liauzu, *Colonisations, migrations, racismes*, op. cit., p. 354 (nouvelle édition d´un texte de 1999).

sur l´effacement de l´horizon universaliste, et donc de la propre notion de droits de l´homme. Mais sa réflexion ne niait pas, inversement, qu´un certain usage de l´universel puisse déboucher sur le racisme.

En 1991, P-A. Taguieff est encore un chercheur engagé à gauche. Ce sont les éditions La Découverte qui publient l´ouvrage collectif qu´il dirige, *Face au Racisme.* Ses interventions sont débattues, sa trajectoire a été celle d´un succès personnel et intellectuel. Parce que son diagnostic sur l´antiracisme est critique, il est en position d´en proposer une réforme. C´est à propos de cette réforme qu´intervient la première rupture véritable et importante avec une partie de la gauche.

CHAPITRE II : EXISTE-T-IL UN ANTIRACISME RÉPUBLICAIN ? LES ANNÉES 1990

« (...) *la conception jacobine intransigeante d'une nation fondée sur les droits de l'homme, la notion républicaine de la vie collective selon laquelle (d'après Clémenceau) léser les droits d'un seul équivaut à léser les droits de tous*[90] ».

« [...] *ce n'est donc pas par hasard s'il est aussi, dès cette époque, une des figures de proue de la pensée républicaine*[91] ».

« *Il pose* [Les fins de l'antiracisme] *enfin les bases de ce que pourrait être un authentique antiracisme*[92] ».

---

[90] H. Arendt, *Les origines du totalitarisme*. Paris : Gallimard (Quarto), 2002, p. 349 (traduction Micheline Pouteau, revue par Hélène Frappat, édition établie par P. Bouretz).

[91] Le sociologue Éric Fassin (« Aveugles à la race ou au racisme? Une approche stratégique ». In : D. Fassin ; É. Fassin. (dir.). *De la question sociale à la question raciale. Représenter la société française.* Paris : La Découverte/Poche, 2009, p. 117).

[92] Présentation du livre *Les fins de l'antiracisme* (1995), quatrième de couverture.

P-A. Taguieff n'a pas été avare de critiques contre l'antiracisme tel qu'il existait dans les années 1980. Il appelait à l'émergence d'un autre antiracisme. Par ailleurs, dans les années 1990, il plaide avec d'autres en faveur de la « République », et il est souvent considéré comme un « intellectuel républicain ». Comment s'articulent ces deux dimensions ? Existe-t-il un antiracisme spécifiquement « républicain », donc animé par les valeurs du républicanisme – mais alors, quel républicanisme, ce mot en -isme étant susceptible de plusieurs lectures, ce qui ne signifie pas qu'il soit creux ou vide? S'il existe quelque chose comme un « antiracisme républicain », certainement on devrait pouvoir en saisir le contour dans son travail, puisqu'il est à la fois un chercheur engagé contre les racismes, et un citoyen engagé, inspiré donc par la « tradition républicaine ». L'objet de ce chapitre est ainsi le suivant : nous aimerions savoir s'il existe une approche *spécifiquement républicaine* de l'antiracisme.

Certes, sauf erreur, l'expression « antiracisme républicain » n'apparaît pas sous sa plume, et il n'a jamais écrit un « traité » ou une « théorie » articulés sur le sujet. Par ailleurs, il n'existe pas tant de travaux explicitement centrés sur le républicanisme et l'antiracisme (voir ci-dessous). Enfin, sans doute est-il préférable de ne pas se donner *a priori* une définition rigide du républicanisme, tant les contextes historiques pèsent. Mais on peut lire avec attention les textes, en se demandant ce que devrait être l'antiracisme dans l'optique de P-A. Taguieff, puisque celui-ci assume dans cette décennie un engagement républicain. Nous pensons qu'il a donné des éléments en faveur d'une conception républicaine de l'antiracisme, qu'il a tenté d'en proposer une conceptualisation, sans nécessairement aboutir à un modèle achevé. Or certainement l'histoire des idées ne doit pas négliger les idées qui ne sont pas totalement abouties, finies et définitives, closes en une démonstration parfaitement cohérente (et par là, aussi susceptibles de se figer, et devenir des idéologies). Par ailleurs, cette tentative a joué selon nous un rôle important dans son évolution, et dans l´évolution de la manière dont son travail a été perçu, en particulier dans la gauche intellectuelle[93].

Les articles et le livre *La force du préjugé* publiés dans la décennie 1980 ont construit un problème : comment l´antiracisme pourrait-il être efficace, si ses arguments, principalement l´éloge de la différence, pouvaient facilement être récupérés par des mouvements xénophobes, et si, en plus, ils étaient contradictoires (par exemple, éloge du métissage *versus* éloge de la diversité, un point très important, par exemple, au Brésil, où le « métissage » a servi à cacher le Brésil noir) ? Comment être en même temps différentialiste et universaliste ? Plaider en faveur du respect des communautés et de la loi commune ?

Ces questions n´étaient pas vaine rhétorique. Dans les années 1980 s´enracinait un parti xénophobe, et des évolutions similaires se dessinaient ailleurs en Europe, par exemple en Autriche ou en Italie. Chaque fois la présence de travailleurs étrangers et de leurs enfants alimentait une expression politique d´extrême droite. À gauche, l´image d´un retour aux années 1930 et d´une menace fasciste était beaucoup sollicitée. La solidarité avec les travailleurs étrangers prenait une place importante dans les discours et représentations, solidarité internationaliste avec les travailleurs, confirmation d´un antiracisme internationaliste, fidèle aux traditions de l´extrême gauche européenne. L´antiracisme offrait ainsi à ce courant politique un domaine d´actions et d´arguments sans doute plus stimulants que la critique de la démocratie

---

[93] Serge Audier, « Le républicanisme à repenser ». In : M. Viroli, *Républicanisme*. Paris : Le Bord de l'Eau, 2011.

représentative, au nom d´une quasi introuvable « démocratie directe ».

Dans ce contexte, P-A. Taguieff a voulu contribuer avec des propositions positives, et *efficaces*, à la lutte contre le Front National – sa réflexion contredit en effet ce que nous venons de désigner comme un antiracisme internationaliste. Selon lui, c´est bien la nation qu´il ne faut pas abandonner à l´extrême droite, et c´est autour d´elle qu´un antiracisme réaliste – en ce sens qu´il *constate* que la nation est la source principale, même si ce n'est pas la seule, des représentations politiques de la majorité des citoyens – qu´il convenait de reprendre le problème. Bien entendu, il s´agit de la nation civique et républicaine, celle qui a été au cœur des représentations d´une grande partie de la gauche depuis 1789.

« Antiracisme républicain » est donc nôtre, mais l´engagement de P-A. Taguieff auprès de Jean-Pierre Chevènement dans ces années, et la référence à la « République » dans ses écrits, justifient l´expression. P-A. Taguieff écrit des livres intitulés *La République menacée* (1996) et *La République enlisée* (2005). Sur la quatrième de couverture de *Les fins de l'antiracisme* (1995), sans doute son livre le plus important de ces années, figure explicitement le projet d´un autre antiracisme, comme l´indique la citation placée au début de ce chapitre. Voici les dernières lignes de l´introduction de *Face au Front National. Arguments pour une contre-offensive* (1998, en collaboration avec Michèle Tribalat) : « Ce combat 'contre' ne peut aboutir, à notre sens, que s´il est en même temps un combat 'pour', en vue de réaliser une idée du bien commun. En France, cette idée régulatrice s´appelle l´idée républicaine »[94]. Et la dernière phrase conclut que « le

94 P.-A. Taguieff ; M. Tribalat, *Face au Front National. Arguments pour une contre-offensive*. Paris : La Découverte/Syros, 1998, p. 10.

véritable adversaire du lepénisme, c'est le civisme actif, dans une démocratie forte »[95]. L'expression « démocratie forte » renvoie aux recherches du politiste américain Benjamin Barber *(strong democracy),* et désigne aussi bien ce qu'en France on nomme « République ». Dans le cours de ce chapitre, nous verrons que la nation, selon P-A. Taguieff, est de loin la moins mauvaise réponse. Il nous semble que son enquête autour du racisme et de l'antiracisme l'a donc mené vers des rives à peu près opposées à celles d'autres auteurs, également « antiracistes ». Dans notre optique, il ne s'agit pas de juger cet éloignement, mais de le comprendre.

Pour se convaincre de l'originalité de sa position, une comparaison est possible avec l'ouvrage classique d'Étienne Balibar et Immanuel Wallerstein *Race, nation, classe. Les identités ambiguës* (1988). Dans la perspective marxiste critique de ce livre, la nation est toujours un problème à interroger, elle est d'abord suspecte de servir des intérêts de classes. C'est donc autour de la nation républicaine que s'opère la rupture réciproque entre P-A. Taguieff et une partie de ce qu'on peut appeler « la gauche antiraciste ». D'ailleurs, ses travaux ultérieurs sur le progrès et le progressisme, dans les années 1998-2004, nous semblent un retour sur cette expérience d'éloignement : quand on rompt avec la gauche ou avec une gauche, avec quoi rompt-on exactement ? Du progressisme, que peut-on conserver ?

En 1991, *Face au racisme*, livre collectif qu'il dirige, et auxquels contribuent des noms importants ou qui le deviendront, vaut reconnaissance par les pairs d'une expertise dans le domaine de la lutte contre le racisme[96].

---

[95] *Id., ibid.*, p. 140.

[96] Par exemple, Nonna Mayer, Michel Wieviorka, Pascal Perrineau, Patrick Weil, Gilles Kepel, Benjamin Stora, Pierre Birnbaum, Jean

Les attentats de septembre 2001 à New York et Washington s'imposent comme date de conclusion approximative de ce chapitre. En effet après cette date, les questions connectées de l'islamisme, de l'antisémitisme et de l'antitotalitarisme se sont imposées, et ont modifié la teneur du débat. Elles seront l'objet des chapitres III et IV[97]. Bien sûr, une décennie en soi n'a pas de signification particulière. Cependant, ici, les années 1990 forment un ensemble relativement homogène. Face au Front national, différents intellectuels et organisations préconisaient d'articuler antiracisme, antifascisme et anticapitalisme. P-A. Taguieff propose d'articuler antiracisme, république et nation, puisque « l'intervention déconstructrice permet de disqualifier, pour le public relativement spécialisé », le mythe national, mais creuse « le vide du sens et des valeurs, et en laissant les esprits démunis [98] ».

La recherche d'un antiracisme républicain s'élabore un peu à contretemps des modes intellectuelles, en ce sens qu'elle apparaît après les critiques soulevées par Charles Taylor contre ces -ismes qui broient les identités des petites communautés (libéralisme, républicanisme)[99]. Hannah

---

Leca. Ces chercheurs sont déjà connus en 1991, et souvent liés à l'Institut d'études politiques de Paris.

97 P.-A. Taguieff (dir.). *Face au racisme,* tome 2. Paris : La Découverte, 1991.

98 D. Milo, *Trahir le temps*. Paris : Les Belles Lettres, 1991) ; E. Balibar; I. Wallerstein *Race, nation, classe. Les identités ambiguës*. Paris : La Découverte/Poche, 2007) ; I. Wallerstein *L'universalisme européen : De la colonisation au droit d'ingérence*. Paris : Demopolis, 2008. P-A. Taguieff. « Les métamorphoses idéologiques du racisme et la crise de l'antiracisme » in *Face au Racisme*, tome 2, p. 62.

99 C. Taylor, *Multiculturalisme : différence et démocratie*. Paris : Champs Essai, 2009. W. Kymlicka, *Les théories de la justice. Une introduction*. Paris : La Découverte/Poche, 2003. J. S. Dryzek; B. Honig; A. Phillips (dir.). *The Oxford Handbook of Political Theory*. Nova York: Oxford University Press, 2008.

Arendt a peut-être été la première à lier antiracisme et communauté politique : sans celle-ci, celui-là ne vaut pas grand-chose, il ne protège pas par lui-même des discriminations. Cette recherche est également inachevée, puisque P-A. Taguieff n'a pas écrit de livre qui se présenterait comme une théorie cohérente d'une approche républicaine de l'antiracisme.

La contribution de P-A. Taguieff est intéressante et mérite d'être lue, même si les recommandations concrètes qu'il formule ne sont pas nécessairement originales. Mais elle implique un prix à payer en termes de rupture avec des collègues, des connaissances, des militants de gauche, qui pouvaient mobiliser des références très diverses comme l'internationalisme, le cosmopolitisme, l'humanisme pour penser et vivre le lien social. Le public cible de son propos était sans doute, en effet, la gauche antiraciste, mais, pour celle-ci, la « nation » constituait un objet suspect – à cause des nationalismes, et parce que, dans les années 1930, quand des hommes de gauche la redécouvraient, ils ont pu être menés vers le fascisme[100]. P-A. Taguieff s'est heurté à un « pli antinational » dans la culture des gauches de la fin du XXe siècle.

De là, un processus d'isolement progressif durant cette décennie. En 1991, avec *Face au racisme,* il avait réuni de nombreux noms importants. En 1998, pour un nouveau livre de combat contre le Front national, P-A. Taguieff est accompagné de la seule démographe Michèle Tribalat[101]. En mai 2001, *Résister au bougisme* est publié

---

[100] P. Burrin, *La dérive fasciste. Doriot, Déat, Bergery 1933-1945*. Paris : Le Seuil, 2003.

[101] Interrogé en 1999 par le journaliste Antoine de Gaudemar (« Est-il possible de travailler sur ces idéologies en restant dans sa tour d'ivoire? »), P.-A. Taguieff répond : « Je ne pense pas, j'ai le sentiment d'être 'embarqué': je reste à la fois citoyen engagé et chercheur

sous les auspices d'une Fondation qui réunit surtout des personnalités en rupture avec les organisations politiques traditionnelles[102]. Évoquer une marginalisation serait excessif, mais pas totalement inexact, comme si P-A. Taguieff avait accepté de payer le prix de son originalité intellectuelle, abandonnant une situation solide de « spécialiste » reconnu du racisme en 1991. La recherche d'une voie républicaine l'a rendu suspect auprès de certains. En somme, quel homme sensé pourrait volontairement abandonner la situation relativement avantageuse de « l'intellectuel de gauche » ?

On tentera de retrouver dans les textes des années 1990 les éléments de ce qui pourrait être un antiracisme républicain venu de la gauche, une démarche originale mais audacieuse, et donc susceptible de se heurter à des incompréhensions et des refus, puisqu'elle impliquerait de rapatrier la nation dans le camp des antiracistes, contre les nationalistes. À la fin des années 1990, la rupture est consommée.

---

assumant son rôle d'expert. Je descends dans l'arène démocratique, mais je n'y figure le porte-parole de personne ». C'est une façon de revendiquer une situation de fait. Il est le contraire d'un intellectuel organique, homme d'une organisation ou d'un parti *(Libération,* 10 juin 1999).

[102] La Fondation du 2 Mars – P-A. Taguieff en a été le président. Une présentation de cette Fondation est publiée en annexe de *Résister au bougisme.* Paris : Mille et une nuits, Coll. Essai, 2001.

UNE APPROCHE RÉPUBLICAINE DE L'ANTIRACISME

Avant une époque très récente, la notion d'un antiracisme « républicain » n'aurait pas fait sens. De fait, le *Dictionnaire critique de la République* publié au début des années 2000 sous la direction de Vincent Duclert et Christophe Prochasson, 200 articles, 1350 pages, ignore racisme et antiracisme. L'ouvrage classique de Claude Nicolet *L'idée républicaine en France* n'aborde pas non plus la question en 1982, un point observé par Claude Nicolet lui-même dans une postface de 1994. On ne trouve pas plus trace d'antiracisme républicain dans le volume où la collection Quarto a récemment réuni les textes de Mona Ozouf, ni dans les *Lieux de Mémoires* consacrés à la République, à la génération antérieure. Deux recueils récents d'études sur la République ne lui accordent guère de place[103]. En fait, le plus souvent, quand les historiens se penchent sur la République, le racisme et l'antiracisme, ils étudient quatre domaines : les relations entretenues par les savants républicains de la Troisième République avec les idées racistes et racialistes ; la politique coloniale des Républiques ; leurs politiques migratoires ; l'histoire de la France dite aujourd'hui ultramarine[104].

---

[103] V. Duclert, C. Prochasson (dir.), *Dictionnaire critique de la République*, Paris : Flammarion, 2007. C. Nicolet, *L'idée républicaine en France*, Paris : Gallimard, 1982. Mona Ozouf, *De Révolution en République. Les chemins de la France*, Paris : Gallimard, 2015. Y. Bosc, R. Dalisson, J.-Y. Frétigné, C. Hamel, C. Lounissi (dir.), *Culture des républicanismes. Pratiques-représentations-concepts de la Révolution anglaise à aujourd'hui*, Paris : Kimé, 2015. Carole Reynaud-Paligot « La République et la 'science des races' 1860-1930 », dans R. Belot (dir.), *Tous républicains! Origines et modernité des valeurs républicaines*, Paris : Armand Colin, 2011.

[104] S. Larcher, *L'autre citoyen. L'idéal républicain et les Antilles après l'esclavage.* Paris : Armand Colin, 2014. Il s'agit d'une réflexion et

Tout cela est assez logique. Les mots « racisme » et « antiracisme » ne s'imposent pas avant les années 1930 dans le débat public, et on sait l'importance de la Seconde Guerre mondiale comme césure dans l'histoire du racisme[105]. Mais cette césure est si importante qu'elle appartient à tous, libéraux, démocrates, conservateurs, socialistes, communistes… Le racisme états-unien et l'apartheid sud-africain deviennent rapidement des monstruosités, indépendamment de toute référence à la République. La notion a pu faire sens surtout à deux moments, lors de l'affaire Dreyfus (avant la diffusion des mots « racisme » et « antiracisme » donc), et dans les années 1930, quand des militants ont su mobiliser des arguments républicains – au sens du « modèle républicain » – contre des préjugés raciaux, en l'espèce surtout antisémites[106]. Cependant, rien n'est simple. Vincent Duclert a rappelé récemment à quel point les républicains au pouvoir ont été longtemps réticents, hostiles parfois, envers la cause du capitaine Dreyfus, et Emmanuel Debono souligne que le combat de la LICA est surtout pratique et politique, plus que théorique[107]. C'est donc surtout dans la perspective d'une histoire critique des républicains au pouvoir, « démythologisante », que l'on a pu aborder les

d'une étude historique sur les limites d'un universalisme de principe, affirmé mais théorique, dans les Antilles françaises entre 1848 et la Seconde Guerre mondiale – « *une généalogie conceptuelle de la citoyenneté française* » abordée à partir de l'une de ses marges, dit l'auteure (p. 21, italique dans le texte).

105 Emmanuel Debono y insiste, par exemple à l'occasion de la présentation de son livre *Aux origines de l'antiracisme La LICA, 1927-1940*, Paris : CNRS éditions, 2012, lors d'une conférence datant de 2013 (https://www.youtube.com/watch?v=dUMHL1M_6HM).

106 Serge Berstein et Odille Rudelle. *Le modèle républicain*. Paris : Puf, 1992.

107 Emmanuel Debono, *Aux origines*, op. cit. Vincent Duclert, *La République imaginée 1870-1914*, Paris : Belin, 2010.

liens entre l'idée républicaine, le racisme et l'antiracisme[108].

Dans ce cas, les chercheurs enquêtent et critiquent, avec de bons arguments, surtout les politiques coloniales des Républiques, et leur prolongement après les indépendances, par exemple dans la perspective des *post-colonial studies*[109]. Ils s'intéressent aussi au p*aradigme racial* (Carole Reynaud Paligot) des scientifiques et intellectuels sous la Troisième République. L'historien Jean Fremigacci s'est interrogé par exemple sur la construction, sous les tropiques coloniales, d'un État d'Ancien Régime par une administration « républicaine » en théorie[110].

La question que nous souhaitons soulever est différente. En effet, face aux failles identifiées dans les années 1980 des antiracismes universalistes et différentialistes, P-A. Taguieff a souhaité construire un antiracisme républicain, dans le contexte français et européen de la fin du 20e siècle. Cette tentative n'est pas aboutie, et reste à l'état de pistes, d'ouvertures et d'hypothèses. Le livre publié en 1998 *Face au Front National. Arguments pour une contre-offensive* est surtout pratique, orienté vers l'action, plus qu'une théorie philosophique ou une réflexion historique. On se propose

---

[108] La faiblesse des études historiques sur le racisme en France contribue aussi à expliquer que l'antiracisme ne soit pas une des dimensions classiques du républicanisme français - Claude Liauzu. *Colonisations, migrations, racismes. Histoires d'un passeur de civilisation.* Paris : Syllepse, 2009, p. 347.

[109] N. Bancel ; P. Blanchard ; F. Vergès, *La République coloniale.* Paris : Hachette Littératures, 2008 (Coll. Pluriel).

[110] C. Reynaud-Paligot, en particulier : *La République raciale. Paradigme racial et idéologie républicaine (1860-1930).* Paris : Puf, 2006 ; et *Races, racisme et antiracisme dans les années 1930.* Paris : Puf, 2007 ; J. Fremigacci, *État, économie et société coloniale à Madagascar (fin XIXe siècle-1940).* Paris : Karthala, 2014.

de reconstituer les grandes lignes de ce que serait une approche républicaine de l´antiracisme[111].

Il s´agit de répondre à l´extrême droite, qui, durant les années 1980 et 1990, habilement, est elle-même devenue républicaine, ou plus exactement, feint de s´être convertie à la République. Elle ne fait pas l´éloge de la dictature, prétend s´exprimer au nom du peuple (défini cependant sur une base ethnique) et utilise divers arguments venus d´un fonds partagé avec le vrai républicanisme. S´opposer à la *falsification ou à l´imposture* national-populiste du républicanisme est donc essentiel. Il faut empêcher que certains mots, en particulier le mot nation, soient confisqués par un mouvement xénophobe désormais dynamique. P-A. Taguieff assume sa posture de chercheur et de citoyen engagé, en observant que « ces électeurs « populaires » ne pourront vraisemblablement être récupérés qu´à la condition que se forme un mouvement républicain qui, se redéfinissant à travers le projet de « civiliser » la mondialisation, ne sépare plus le souci national des préoccupations sociales ».[112]

Quelles sont les dimensions de l´antiracisme républicain telles qu´elles apparaissent dispersées dans les travaux de P.-A. Taguieff ? On s´intéressera autant aux préconisations pratiques qu´aux valeurs défendues. Puis on s´intéressera à ses origines possibles, d´une part dans l´œuvre de Hannah Arendt, auteure lue et admirée, d´autre part dans l´antitotalitarisme français des années 1960-1980, sans oublier l´affaire Dreyfus. Enfin nous essaierons de répondre à la question : existe-t-il un antiracisme républicain ?

---

[111] P.-A. Taguieff, *Face au Front National. Arguments..., op. cit.,* 1998.
[112] P.-A. Taguieff, *La République menacée.* Paris : Textuel, 1996, p. 58-59.

Comment définir l'antiracisme républicain?

« Le goût de la question, la position des problèmes, plutôt que la recherche à tout prix des solutions et résultats, voilà qui caractérise le plus classiquement la pensée philosophique »[113]. De fait, P-A. Taguieff a privilégié la critique à la construction théorique. Néanmoins, en usant d'un regard oblique, en mettant en relation des textes de facture différente, il est possible de tenter une reconstitution de ce que serait un antiracisme républicain. On utilisera surtout quatre livres. *Les fins de l'antiracisme* (1995) est un livre de réflexions entre philosophie et histoire, sans doute le plus important de ces années 1990. Deux livres s'adressent directement aux militants de la lutte contre les préjugés et les discriminations, ce sont *Face au racisme* (1991) et *Face au Front National* (1998). Enfin *La République menacée* (1996) est un ouvrage d'entretien avec le journaliste Philippe Petit[114]. On s'intéressera d'abord aux mesures concrètes, puis aux valeurs, implicites ou explicites.

Que faire?

[113] P.-A. Taguieff, *La force du préjugé. Essai sur le racisme et ses doubles.* Paris : Gallimard, 1999, p. 428-429.
[114] P.-A. Taguieff, *Face au racisme, op. cit.*, 1993 ; *idem, Les fins de l'antiracisme.* Paris : Michalon, 1995 ; *idem, Face au Front National, op. cit.*, 1998.

Pour lutter efficacement contre le racisme, P-A. Taguieff privilégie trois démarches. Il faut agir sur les causes indirectes du racisme, assumer l´objectif d´assimilation des étrangers et de leurs enfants, et enfin opter, le plus souvent possible, pour l´argumentation, en évitant absolument le mépris, et en faisant un usage mesuré, prudent, de la répression pénale.

L´action indirecte

Tout d´abord, il convient d´éviter de stigmatiser les électeurs du Front national, et de se perdre dans des « nazifications » peu crédibles et donc peu opératoires. Il faut « résoudre les problèmes de société que le discours lepéniste transforme en arguments électoraux ». D´où « une action multidimensionnelle » visant les sources du succès du Front national, donc « l´imaginaire xénophobe, les peurs idéologisées et la demande d´ordre : chômage, fragilisation de la condition salariale, insécurité objective redoublée par le sentiment d´insécurité, mal-vivre dans les banlieues ségréguées, tendance à une société duale, etc. ». [115]

Il argumente en faveur d´un « antiracisme concret », sensible à la complexité des situations concrètes, par opposition à un antiracisme de remémoration (du danger fasciste) et de commémoration (de l´action antifasciste), qui renverrait à une « action magique », un « rituel conjuratoire », avec le risque d´une évolution vers un « antiracisme bien-pensant et sectaire ». Il faudrait privilégier le type d´actions menées par le GISTI, admirable « dans sa défense concrète des droits fondamentaux des

[115] P.-A. Taguieff, *La République menacée, op. cit.*, 1996, p. 12.

étrangers, laquelle revient à une défense et une illustration de l'État de droit ».[116]

Au contraire, il met en garde contre la tentation du mépris envers le racisme « populaire », l'assimilation des non-diplômés avec une supposée « fermeture » à l'autre, qui passe souvent par le personnage, importé de l' Histoire des États-Unis, du « petit blanc ». Le risque est de marquer contre son camp, et de confirmer la « popularité » du Front national. L'antiracisme ne doit pas tomber dans le piège de l'essentialisation des « racistes », ni favoriser maladroitement la racialisation des représentations de la société – la France comme mosaïque de cultures, d'ethnies, de communautés. Il faut éviter les mythes manichéens, répandus dans les extrêmes politiques, de deux France opposées, l'une « antiraciste », l'autre « raciste ». [117]

L'action indirecte est prudente. Elle est attentive aux effets pervers, elle ne souhaite pas cristalliser et fixer ce qui est fluctuant. En particulier, il convient d'éviter absolument que des mots tels que « peuple » et « populaire » ne se fixent à l'extrême droite. La distance supposée par rapport au libéralisme culturel symbolisé par Mai 68 ne doit pas être confondue avec un indice de tendance au racisme. P-A. Taguieff a été l'un des premiers à soulever le problème d'une possible *dérive élitiste* de l'antiracisme. La question a été reprise plus récemment par le politiste Laurent Bouvet, dont les travaux ont suscité de

---

[116] *Idem. Les fins de l'antiracisme, op. cit.,* 1995, p. 568. Le GISTI est le *Groupe d'information et de soutien des immigrés.*

[117] P.-A. Taguieff, *Les fins de l'antiracisme, op. cit.,* 1995, p. 521 (les mots entre guillemets sont en italique dans le texte).

fortes contestations à gauche, au nom de l´antiracisme (chapitre IV)[118].

L´assimilation des immigrés

Puisque le racisme prend aujourd'hui la forme d´une xénophobie, c´est l´assimilation des étrangers qui doit être recherchée. Dans un premier temps, elle passe par un moment de « francisation ». Ainsi, « ce qui devrait lui permettre d´espérer [l´immigrant], c´est tout d´abord l´objectif de s´intégrer dans la société française – c´est-à-dire dans la nation – et ensuite, l´effort pour ne pas rester prisonnier de cette intégration nationale. Dans un premier temps, je lui dirais donc qu´il peut et doit espérer cette intégration dans un corps social, qui est la condition nécessaire d´une vie humaine ». Bien sûr, « cela suppose qu´il renverse des obstacles, qu´il ait le courage d´affronter un certain nombre de rites de passage, bref, qu´il passe par tous les appareils qui transforment un étranger en français ».[119] Il déplore ainsi la « vision ultracritique » de « l´assimilation à la française », et ajoute qu´une « certaine normalisation (…) fait partie des stratégies individuelles de socialisation ». [120]

Toutefois, il tempère le caractère abrupt de ces affirmations. L´assimilation est en effet un phénomène complexe, elle « ne se décrète pas, elle se fait. Elle s´opère

---

[118] L. Bouvet, *Le sens du peuple. La gauche, la démocratie, le populisme.* Paris : Gallimard, 2012, et *L'insécurité culturelle.* Paris : Fayard, 2015.

[119] P-A. Taguieff répond à cette question : « À un jeune étranger désespéré des banlieues qui vous dirait : que m´est-il permis d´espérer ? » (P.-A. Taguieff, *La République menacée, op. cit.*, 1996, p. 39).

[120] *Id., ibid.*, p. 39-40.

à travers des processus qui sont largement involontaires – Abdelmalek Sayad, en se référant au philosophe Jon Eslter, dit bien que vouloir réaliser l´intégration est un phénomène du même type que vouloir dormir, vouloir être libre, vouloir être naturel… ». Ainsi « l´intégration ne peut se réaliser que « comme effet secondaire d´actions entreprises à d´autres fins », écrit encore Sayad. Voie indirecte ». [121] L´assimilation par conséquent ne signifie pas négation de l´individualité, ni imposition violente. Le jeune migrant doit « se construire comme singularité. Avec un grand-père maternel d´origine polonaise et un père d´origine russe, je suis un assez bon exemple d´une intégration à la française à peu près réussie ! ».[122] L´assimilation n´est pas le processus presque totalitaire parfois décrit, destructeur des individualités.

La position de P-A. Taguieff est donc ferme mais nuancée. Elle n´implique pas la destruction des cultures qui coexistent en France. « J´accepte tout à fait le principe selon lequel, pour autant que ces cultures dans l´espace national restent dans la sphère du privé, elles doivent être respectées. Pour les quatre millions de musulmans vivant en France, comme pour toutes les minorités religieuses, il s´agit de faire fonctionner des lieux de culte, sans diabolisation et sans tentative d´évangélisation ». [123]

Un autre antiracisme est possible, et il se déploiera plus largement dans les années 2000-2010. Il dira que la République, en réduisant à la sphère privée l´expression communautaire et religieuse, est elle-même oppressive. En mobilisant les arguments des contrôles d´identités, des

---

[121] P.-A. Taguieff, *La République menacée, op. cit.,* 1996, p. 65-66. Aussi : A. Sayad. « Qu'est-ce que l'intégration? ». *Hommes et migrations,* 1182, déc. 1994, p. 80-90.

[122] P.-A. Taguieff, *La République menacée, op. cit.,* 1996, p. 40.

[123] P.-A. Taguieff, *La République menacée, op. cit.,* 1996, p. 97.

violences policières, de la « représentation » des « minorités » – entre guillemets, puisque chaque mot pourrait être contesté ; en République, forme française de la démocratie libérale, « représente-t-on » les « minorités » ? Et comment, le cas échéant ? – Il dressera un procès en hypocrisie, et dénoncera, dans ses versions les plus radicales, un « racisme d´État ». La réponse de certains (L. Joffrin, P. Ndiaye) sera qu´il n´existe pas de racisme d´État, mais un racisme dans l´État[124].

L´argumentation antiraciste

Enfin, un antiracisme efficace doit contre-argumenter. Il est préférable de ne pas abuser des recours à la loi ou à la morale, afin d´éviter de voir l´antiracisme se dégrader. Il ne doit pas devenir le parti de la censure, ou le parti d´un ordre moral conformiste. Au contraire, il doit se focaliser sur l´agressivité argumentative[125]. Puisque le programme du Front national séduit, il faut le prendre au sérieux et en révéler l´inanité, en particulier la « préférence nationale ».

Précisément, puisque le vote pour le Front national est en partie un vote populaire, il faut s´engager dans une démarche « pédagogique, plus exactement 'démopédique', pour parler comme Proudhon : en s´adressant au 'peuple' qui vote Front national ou est tenté de le faire, on s´efforcerait d´établir ou de rétablir les faits, d´expliquer les phénomènes sociaux mythologisés, on s´appliquerait à démontrer et à réfuter, à reconstruire des logiques d´actions

[124] Laurent Joffrin, « Confusion », *Libération*, 24 novembre 2017 ; Pap Ndiaye « Il existe bien un racisme structurel en France », *Le Monde*, 18 décembre 2017.
[125] P.-A. Taguieff évoque un *« harcèlement argumentatif » (Face au Front National, op. cit.*, 1998, p. 120 ; en italique dans le texte).

politiques voilées par l´équivoque, à éclairer l´opinion publique sur les inévitables effets des mesures dites de 'préférences nationales'. Ce travail argumentatif doit s´opérer 'sur le terrain', près des classes populaires. Il doit « rompre avec le ton vertuiste et arrogant » du mépris pour le peuple ».[126]

Dans cet ensemble de propositions, la cohérence provient de la nécessité de *préserver le monde commun*. L´objectif de l´antiracisme ne devrait pas être la montée aux extrêmes et la guerre civile, la fascination pour les luttes antifascistes des années 1920-1945. Il devrait être d´un côté l´assimilation des travailleurs étrangers et de leur famille, puisqu´ils sont les principales victimes du racisme, de l´autre la discussion des thèmes frontistes. Bien sûr il resterait toujours une extrême droite résiduelle, mais réduite à son étiage historique. Au contraire les militants qui espèrent rejouer à la fin du XXe siècle un combat déjà mené cinquante ans plus tôt, prennent un très grand risque : le national-populisme n´est pas le fascisme, et la nation est l´horizon de sens de la grande majorité de la population française. Se laisser enfermer dans un débat opposant la cause des migrants et des étrangers et « l´identité nationale » est maladroit.

La nation républicaine ou civique a le mérite de réintroduire la communauté politique là où l´antiracisme universaliste ne voit que l´individu et l´universel, et, contrairement aux caricatures, elle ne nie pas les identités communautaires infranationales (mais il est vrai que, sur ce point, P-A. Taguieff sera plus explicite et précis dans les années 2000)[127].

---

[126] P.-A. Taguieff, *Face au Front National, op. cit.*, 1998, p. 129.
[127] *La république enlisée : Pluralisme, "communautarisme" et citoyenneté*. Paris : Éditions des Syrtes, 2005.

Au-delà des propositions, qu'en est-il des valeurs de l'antiracisme républicain ? Mise à part les considérations en termes d'efficacité, y a-t-il des raisons de préférer l'action indirecte, l'assimilation des étrangers et l'argumentation politique à d'autres modalités de l'antiracisme, comme la solidarité internationaliste des travailleurs ou l'antifascisme ? La réponse est qu'un *antiracisme républicain sera plus fidèle à l'exigence d'une défense des libertés*. La police du vocabulaire est parfois nécessaire, mais le danger d'un conflit avec la liberté d'expression ne doit pas être sous-estimé et, dès les années 1930, l'antifascisme a été en même temps admirable, et l'objet des manipulations staliniennes. À la fin des années 1990, dans la vision désabusée de P-A. Taguieff, il sert surtout à donner un contenu outrageusement gonflé à « la gauche », notion devenue nébuleuse depuis que la gauche au pouvoir ne prétend plus « changer la vie ».

Les valeurs de l'antiracisme républicain

P.-A. Taguieff n'a jamais écrit de traité systématique qui définirait l'antiracisme républicain. Mais son propos est parsemé de réflexions philosophiques dispersées, particulièrement dans *Les fins de l'antiracisme.* Pourquoi ne pas l'avoir entrepris, puisque certainement il a voulu proposer quelque chose de neuf, et ne pas rester seulement dans le registre de la critique ? Quelle que soit la réponse à cette question, nous ne nous substituerons pas à lui. Les observations ci-dessous ne sont pas systématiques.

Le réalisme politique

Le premier caractère de l'antiracisme républicain pourrait être le *réalisme*, donc la *prétention* au réalisme, dans l'esprit des auteurs que l'historien des idées James Burnham avait désignés comme les « machiavéliens » : M. Weber, G. Mosca, R. Michels e V. Pareto[128]. Les auteurs « réalistes » s'opposent au nom de la « réalité » aux constructions « idéologiques » de leurs adversaires. Ils opposent à une option politique peut-être désirable, mais irréaliste, le monde social réel, triste et sombre, par exemple les dérives oligarchiques de toutes les organisations, y compris les partis socialistes (Robert Michels). Ils sont souvent « désagréables », désenchantés, désabusés, et souvent ils sont d'anciens militants de gauche. Le style de Raymond Aron entre dans cette catégorie, puisqu'il se sentait obligé, par probité intellectuelle, de critiquer les fantaisies des constructions intellectuelles détachées du réel.

P-A. Taguieff s'inscrit dans cette tradition. Sa prose est remplie de critiques envers les « bons sentiments » antiracistes, inefficaces ou contre-productifs. C'est le cas en particulier à propos de la nation. Les nazis avaient racialisé la nation. En réaction, certains antiracistes contemporains la diabolisent, et provoquent « une nouvelle flambée d'utopisme, soit unitariste, soit hyperpluraliste ». Dans le premier cas, on trouve le « rêve moniste d'une unification politique planétaire, incarnation d'un ordre supranational qui serait postnational, et garantirait la paix universelle ». Dans le second émerge l'idéal des «sociétés multiculturelles harmonieuses »[129]. Pourtant, l'idée d'un bien commun à débattre et à mettre en œuvre au sein d'une communauté politique souveraine reste la référence de la

---

[128] James Burnham, *The Machiavellians. Defenders of Freedom. A Defense of Political Truth against Wishful Thinking*. Washington : Gateway, 1987.

[129] P.-A. Taguieff, *Les fins de l'antiracisme, op. cit.*, 1995, p. 205.

plupart des citoyens. Pour combattre le racisme, peut-on faire confiance à l'une de ces deux solutions : ou des mécanismes anonymes et involontaires, par exemple la dissolution des identités sous l'influence de la globalisation, ou la compatibilité affirmée *a priori* entre des groupes sociaux et culturels différents ? La *réalité* peut-être démentira l'une et l'autre de ces options.

Le diagnostic sur la nation lui semble irréaliste. Elle ne disparaît pas, et, *dans la réalité*, ce monde sans nation est en fait un univers sans définition du monde commun. Les mêmes qui gagnent en optimisme – fin des nations, fin des guerres – perdent en lucidité. L'État-nation est un produit de l'Histoire, ce n'est pas une essence, certes, mais « ce qui a été historiquement construit n'en est pas moins doté d'une réalité sociale à part entière, et ne saurait être réduit à un objet fabriqué, au statut d'artefact ». [130]

L'argument est clair. L'antiracisme différentialiste a raison de défendre par exemple les minorités, mais il sous-estime les conséquences d'un pluralisme culturel exacerbé. La perspective d'un monde commun risque de disparaître. L'antiracisme universaliste est aussi facilement utopique, quand il évolue vers une « communauté politique planétaire » [131] – le cosmopolitisme est une morale, pas une politique. La nation *républicaine,* qui n'est pas celle des nationalistes fin-de-siècle, peut offrir des pistes de réflexions et d'actions. En tous cas, elle n'est pas partisane, « nul n'a le monopole de l'antiracisme ; nul parti politique

---

[130] P.-A. Taguieff, *Les fins de l'antiracisme, op. cit.,* 1995, p. 326. Une note fait référence à l'ouvrage classique de B. Anderson. *Imagined Communities. Reflections on the Origin and Spread of Nationalism.* Londres : Verso, 1983. Voir aussi : P.-A. Taguieff, *La République menacée, op. cit.,* 1996, p. 88-89.

[131] P.-A. Taguieff, *Les fins de l'antiracisme, op. cit.,* 1995, p. 205. Voir par exemple E. Tassin. *Un monde commun. Pour une cosmo-politique des conflits.* Paris : Le Seuil, 2003.

ne peut prétendre détenir le monopole de l'authenticité antiraciste ». [132]

Le premier caractère de l'antiracisme républicain est donc qu'il s'oppose aux approches utopiques de la politique, par exemple les approches qui séduisent, le philosophe Miguel Abensour (l'utopie comme outil de critique sociale)[133]. Son style anti-utopique l'éloigne d'un antiracisme inspiré par le marxisme et l'espoir d'une « émancipation ». Fatalement il heurte de front toutes les tentatives de rénovation d'une gauche « radicale », ou « vraiment de gauche ».

L'universalisme et l'universalisable

L'antiracisme républicain tente de dépasser le dilemme « humanisme universaliste » *versus* « relativisme culturel », souvent envisagé à travers le cas de l'excision en Afrique. « La solution de l'antinomie consiste à poser que *certaines* valeurs, apparues dans l'aire occidentale, doivent être défendues en tant qu'*universalisables* » [134]. Ainsi, « parce qu'ils sont *universalisables*, les droits de l'homme, donc l'exigence d'égalité et l'impératif du respect des libertés individuelles (c'est-à-dire d'autrui), ne constituent pas une simple *expression* sociohistorique d'un ensemble culturel spécifique. Il en va de même pour le principe de laïcité, qui présuppose l'idée des droits de l'homme ». Dès lors, « loin de n'être qu'une manifestation de tel esprit collectif à un moment donné, ces derniers sont le fruit d'une création irréductible à la somme des déterminations

---

[132] P.-A. Taguieff, *Les fins de l'antiracisme, op. cit.*, 1995, p. 244.

[133] Miguel Abensour, *L'utopie de Thomas More à Walter Benjamin*. Paris : Sens et Tonka, 2009.

[134] P.-A. Taguieff, *Les fins de l'antiracisme, op. cit.*, 1995, p. 531. Italiques dans le texte.

contextuelles relatives à l´époque et au lieu où ils sont apparus » [135].

« Universalisable » est dynamique. Il invite à l´action politique en faveur des droits de l´homme. Il n´écarte pas les communautés, au contraire il les mobilise. Chacune, à son rythme et selon ses propres modalités, peut s´emparer des droits humains, et se rapprocher de ce que serait un bien commun à l´humanité, par exemple celui défini par la Déclaration universelle des droits de l´homme (1948). Dans le cas de la France, la communauté politique principale est la nation, comme c´est souvent le cas en Europe. L´antiracisme républicain tente ainsi de remédier aux lacunes d´un antiracisme seulement universaliste, organisé autour du « couple dominant et exclusif de l´individu et de l´universel, ou de la différence et de l´égalité formelle (l´égalité des droits en droit) », soit « une condition d´impossibilité d´une pensée du politique. Car la dimension de la communauté est ainsi par principe exclue du champ de visibilité théorique. Une telle idéologisation de l´individu détaché, singulier-universel, implique un aveuglement devant la question du politique, en tant que question de la communauté humaine ». [136]

Une communauté de citoyens, dont les origines sociales, ethniques et religieuses sont variées, réunie autour de la question « qu´est-ce qui est bon pour la communauté ? » a plus de chances de s´approcher d´une réponse universalisable qu´une communauté à base exclusivement ethnique ou religieuse. Entre la République et « ce qui est universalisable », existeraient donc des affinités. La séparation du politique et du religieux offre une illustration de « l´universalisable ». Les Français la nomment « laïcité » et lui donnent un certain contenu ;

---

[135] *Id., ibid.,* p. 533. Italiques dans le texte.
[136] P.-A. Taguieff, *Les fins de l'antiracisme, op. cit.,* 1995, p. 222.

d´autres traditions historiques posent différemment le même genre de problèmes. Mais partout dans le monde la démocratie et le respect des droits de l´homme exigent une modalité de séparation.

Par ailleurs le mot « universalisable » certainement peut aussi être entendu à l´échelle individuelle. Par exemple, indépendamment de l´histoire des relations entre chrétiens et juifs en Hongrie, les citoyens chrétiens de ce pays auraient dû trouver dans la Justice une valeur universelle qui justifie des actes de solidarité[137].

La modération

L´antiracisme doit donc être sensible à la complexité de son projet, qui découle de la pluralité des traditions formant les antiracismes, au pluriel. Cette pluralité devrait décourager le dogmatisme et l´intransigeance. Elle devrait préoccuper les antiracistes, et même *les inquiéter*. Une certaine *modération* est nécessaire. Poussées « jusqu´au bout », les valeurs antiracistes se contredisent brutalement. L´antiraciste républicain devrait être pluraliste, car « 'l´antiracisme' est saisi par la pluralité conflictuelle des fins qu´il se propose de poursuivre et de réaliser, pour lutter contre son ennemi aux multiples visages, 'le racisme'. On comprend dès lors que les antiracistes puissent, en toute innocence, poursuivre des objectifs mutuellement exclusifs (respecter les différences culturelles / célébrer le « métissage » culturel) », par exemple[138].

---

[137] I. Bibó, « La question juive en Hongrie après 1944 », in *Misère des petits États d´Europe de l´Est*. Paris : Bibliothèque Albin Michel, 1993 (1948).
[138] *Id., ibid.,* p. 26.

Bien entendu il ne s´agit pas de lutter avec modération contre le racisme. Mais le pluralisme des valeurs empêche d´aller au bout de la logique de chacune. Le recours aux valeurs universelles ne doit pas faire oublier les communautés historiques ; les communautés infranationales doivent être défendues quand leurs membres souffrent de discriminations, mais sans oublier l´horizon de l´universel. Un frein interne ne doit pas quitter l´antiracisme. « Croire qu´il y a une voie unique, et vouloir la réconciliation, dans une synthèse finale, des valeurs différentes et antagonistes [...], c´est s´engager dans la voie de la barbarie, d´une barbarie qui a suivi les progrès de la civilisation comme son ombre ». Cette néo-barbarie du global, du total et du final peut se définir simplement, pour parler comme Isaiah Berlin, comme « le sacrifice d´hommes vivants sur les autels des abstractions ».[139]

Un rationalisme autocritique

L´antiracisme doit privilégier le débat à la censure. Il convient donc d´ « accepter le débat avec les supposés « racistes » (qui refusent ordinairement une telle étiquette aujourd´hui disqualifiante), d´engager un débat sur le fond, et de se situer sur le terrain de l´argumentation rationnelle : la lutte contre les « terribles simplificateurs » ne doit plus consister à retourner contre ces derniers leurs armes – mythes contre mythes, stéréotypes contre stéréotypes, haine contre haine ».[140] Mais ce rationalisme est autolimité. Il ne doit pas viser l´éradication du racisme, « rêve totalitaire, en ce qu´il engage à créer l´homme nouveau, à substituer à l´homme des préjugés – le seul que nous connaissions –

---

[139] P.-A. Taguieff, *Les fins de l´antiracisme, op. cit.*, 1995, p. 515. L´auteur cite I. Berlin : « la recherche de l´idéal » in *Le bois tordu de l´humanité. Romantisme, nationalisme et totalitarisme*. Paris : Bibliothèque Albin Michel, 1992 (1959), p. 26.

[140] P.-A. Taguieff, *Les fins de l´antiracisme, op. cit.*, 1995, p. 563.

l'homme sans préjugés, cet être de raison ». [141] Ainsi, « rencontrer la finitude, la fréquenter régulièrement, voilà qui pourrait insuffler à l' « antiracisme » un certain scepticisme souriant et bienveillant, et lui faire perdre son visage dogmatique, ombrageux et belliqueux. Le dépouiller de son *hybris*, de sa démesure ». [142]

Nous avons identifié quatre dimensions de l'antiracisme républicain. Ce sont le réalisme politique, la défense de l'universalisable, la modération, et les Lumières autocritiques. Désignent-elles les contours d'une sensibilité ou d'un style cohérent ? Probablement. Le point commun *est la défense des libertés*, donc l'entretien d'une tradition antitotalitaire. Le réalisme est explicitement anti-utopique. « L'universalisable » vise à conserver l'universel, mais sans affirmer l'existence d'un modèle fini que tous les peuples devraient suivre, sans égard pour la diversité des cultures. La modération s'oppose aux excès et à l'*hubris* de ceux qui ne sont arrêtés par aucune contradiction interne. Le rationalisme critique n'oublie pas tous les crimes politiques commis au nom de la Raison. Dans le chapitre IV, nous évoquerons des débats contemporains divisant les antiracistes. Dans la plupart des cas, P-A. Taguieff est fidèle à ces valeurs, ce qui contredit l'idée qu'il aurait beaucoup évolué.

Précisément, P-A. Taguieff cible trois difficultés : les usages du droit, la tentation d'épurer le langage, l'ambition de « détruire tous les préjugés ». Chaque fois, un esprit de finesse est nécessaire pour éviter une situation perverse, dans laquelle l'exigence de lutter contre le racisme se convertirait en une menace pour les libertés. Il

---

[141] *Id., ibid.*, p. 569-570.
[142] *Id., ibid.*, p. 570. Italiques dans le texte.

n'y a là aucune condamnation globale de l'antiracisme, simplement une sonnette d'alarme tirée. La lutte contre le racisme ne peut se limiter au discursif, d'autant que le discursif est lui-même une cible d'appréhension difficile, puisque très souvent le discours raciste fonctionne aux sous-entendus et à l'allusif. Or, dans une démocratie libérale, « la volonté de changer par décrets les usages ou les normes incorporées – s'agirait-il des seuls usages discursifs – est aujourd'hui, comme on sait, fermement tenue en suspicion ».[143]

Les usages antiracistes du droit doivent être modérés, car ils ont le défaut de donner à l'antiracisme le visage triste de la censure. Par exemple en 1995, dans un texte commentant la principale loi antiraciste française de 1972, P-A. Taguieff regrette que « (...) la réduction de la lutte contre le racisme à la sanction pénale n'a eu pour effet qu'une fuite en avant, et pour résultat principal une surenchère dans l'appel inlassable à une répression accrue, conférant peu à peu à l'antiracisme un visage intolérant et sectaire incompatible avec son exigence éthique initiale ».[144] C'est une position qu'il a réaffirmée récemment : « Une législation antiraciste ne permet de sanctionner que les manifestations du racisme ouvert ou déclaré. Elle est donc inefficace pour lutter contre le racisme ambiant, diffus, institutionnel, implicite ou subtil, sauf à mettre en place un système totalitaire de contrôle et de surveillance, incompatible avec les principes d'une démocratie libérale/pluraliste ».[145] Donc les militants antiracistes devraient toujours aussi être des militants de la liberté d'expression, et pondérer l'efficacité réelle des

[143] *Les fins de l'antiracisme*, op. cit., p. 353.
[144] *Les fins de l'antiracisme*, op. cit., p. 539.
[145] *Dictionnaire historique et critique du racisme*, op. cit., p. 77, article « Antiracisme ».

poursuites judiciaires avec l'inconvénient d'apparaître en censeurs.

Plus spécifiquement, interdire des mots peut s'avérer ingénu de diverses manières. D'abord, on risque de trop se focaliser sur les mots, et pas assez sur le contexte de leur emploi, souvent plus décisif. Par exemple, s'indigner de l'usage du « mot 'race' ne risque-t-il pas de cacher ou de chasser le reste, et notamment les mécanismes complexes de *racialisation* du langage ordinaire sans recours explicite à l'idée de *race*, ni usage du terme 'race' ? »[146] Par ailleurs, il faut éviter absolument la réduction de l'antiracisme « au parti de la censure ou au camp de l'intolérance militante – stratégie de rétorsion d'arguments aujourd'hui ordinaire » [147]. Enfin certains chercheurs et militants traquent les « objectivismes », les « substantialismes », les « essentialismes », ils voient dans « blancs », « noirs », « juifs », « français », « musulmans » le début d'un processus qui mènera au racisme et à la xénophobie. « Mais pour quel public ? Celui des pairs, fort restreint – et déjà convaincu, et souvent déjà composé de praticiens de la déconstruction. Cercle confortable… » [148].

L'antiracisme lutte contre les discriminations et les circonstances qui les favorisent. Mais il ne doit pas être obsédé par le discursif, et se transformer en un « ordre moral » comparable à ce que furent les tentatives des Églises pour imposer leurs versions du Bien dans l'espace public. Diverses polémiques se sont succédé avec régularité depuis les années 1980, impliquant des personnalités, par exemple des chercheurs ou des écrivains, toujours accusées « d'essentialisation », de « généralisation abusive » et donc

[146] *Les fins de l'antiracisme*, op. cit., p. 355. Italiques dans le texte.
[147] *Les fins de l'antiracisme*, op. cit., p. 353.
[148] *Les fins de l'antiracisme*, op. cit., p. 354.

de racisme, et les accusations sont parfois douteuses[149]. La répétition suggère la réalité d'une difficulté. Bien sûr, tout dépend des circonstances. Il est certain que l'antiracisme n'échappe pas au dilemme du Bien et de la Liberté.

Ce débat renvoie à une position tôt affirmée : la destruction totale des préjugés ne saurait être l'un des objectifs de l'antiracisme, car il l'orienterait vers un objectif contraire aux libertés[150]. Certains préjugés doivent être combattus et détruits dans la discussion publique – c'est le rôle de la sphère du débat public. Mais tous les préjugés, non. Une modération dans le rationalisme est nécessaire, car « la raison est autant la faculté de connaître que la *puissance d'uniformiser*. Il y a une utopie de paix universelle au cœur du grand rationalisme de Spinoza ». Bref, la guerre totale contre le non rationnel peut mener à « réinventer, sur de nouvelles bases, des comportements fanatiques ». P.-A. Taguieff consacre plus de cent pages à ces questions dans *La force du préjugé*. Nous ne le suivrons pas dans son argumentation, mais il n'y a pas de doute que le souci de la liberté se situe au cœur de ses préoccupations[151].

P.-A. Taguieff marche donc sur le fil du rasoir contre les idéologisations possibles de l'antiracisme, et contre un racisme qui se présente sous deux formes opposées. « Le racisme est, d'une part, un *communautarisme absolu*, impliquant à la fois un anti-individualisme et un anti-universalisme, et engageant à un culte des appartenances de groupe » ; de l'autre, il se

---

[149] On peut penser par exemple aux accusations lancées contre Hugues Lagrange, Kamel Daoud, Michel Houellebecq, Alain Finkielkraut, Georges Bensoussan.
[150] *La force du préjugé*, pp.181-308, « généalogie de la critique dogmatique des préjugés ».
[151] *La force du préjugé*, op. cit., pp. 219-220.

présente comme « un *universalisme* totalitaire ou impérial, une machine à éradiquer, à déraciner et à homogénéiser, qui imposerait à tous les hommes un modèle normatif de l´humain ». [152]

Au bout du compte, une lecture attentive des textes des années 1990 suggère une réponse positive à notre question initiale : un antiracisme « républicain » existe. Pour faire reculer les haines identitaires, formes contemporaines du racisme, il convient de toujours se situer dans la perspective d´un bien commun. Les citoyens, réunis et formant une communauté politique appelée depuis la fin du XVIIIe siècle la nation, peuvent dépasser leurs différences sans les nier, et déterminer ensemble ce qui est juste et bon. Le bien commun n´est pas donné, mais le résultat de délibérations, ce qui exige la liberté la plus grande des débats. Le but de l´antiracisme n´est pas la guerre civile, c´est le désarmement ; il ne vise pas l´extermination des « racistes », mais veut séparer les irréductibles, minorité peu significative, des citoyens séduits et trompés par la démagogie nationale-populiste.

L´antiracisme républicain se distingue-t-il des autres antiracismes ? La réponse est aussi positive, à condition de ne pas exagérer les contrastes, puisque, ainsi qu´on l´a vu ci-dessus, le plus important est l´articulation entre les différences et l´universel, plutôt que l´option pour l´un ou pour l´autre. Une distinction peut être subtile et légère, elle n´implique pas une opposition frontale et rigide. L´antiracisme différentialiste est plus centré sur la défense des groupes minoritaires ou dominés, et est bien illustré par la fameuse formule de Hannah Arendt : « Lorsqu'on est

---

[152] P.-A. Taguieff, *Les fins de l'antiracisme, op. cit.,* 1995, p. 262-263. Italiques dans le texte.

attaqué en qualité de Juif, c'est en tant que Juif que l'on doit se défendre. Non en tant qu'Allemand, citoyen du monde, ou même au nom des droits de l'homme [...] ».[153] Par rapport à l´antiracisme universaliste, l´antiracisme républicain exprime deux réserves. Premièrement, concrètement et politiquement, qui va agir contre les extrémismes et les discriminations, si l´antiracisme ne concerne que des individus, tous égaux et également dignes ? Dans les cas extrêmes de discriminations, face à des risques de génocides, la « communauté internationale » a réalisé des opérations militaires pour protéger les populations – avec des résultats contrastés, et parfois elle n´a rien tenté du tout[154]. Deuxièmement, l´individu ne naît pas isolé. Il naît au sein d´un groupe, qui lui donne par exemple sa langue. Un sentiment d´identité collective est indissociable de l´identité individuelle. Personne n´accède à l´universel isolément[155].

Entre antiracismes différencialiste, universaliste et républicain, il ne s´agit pas d´opposition brutale, mais de distinctions qui ne se laissent saisir que dans leur contexte historique – le Brésil par exemple n´est pas la France. Il est possible que P-A. Taguieff ait exagéré les oppositions, car il écrit dans les années 1990 à la lumière d´une préoccupation principale, la confiscation par l´extrême droite de la nation. Du reste, *La République enlisée* publiée

---

[153] H. Arendt. « Seule demeure la langue maternelle ». In : H. Arendt, *La tradition cachée. Le juif comme paria*. Paris : Christian Bourgois, 1987, p. 238. La formule est citée et traduite de l´allemand par S. Courtine-Denamy (« Le beau rêve de Hannah Arendt : une 'maison commune' ». Préface. H. Arendt. *Écrits juifs*. Paris: Fayard, 2011).

[154] C. Madar. « Short Cuts ». *London Review of Books*, v. 37, 13, 2 juil. 2015; S. Moyn, *The Last Utopia. Human Rights in History*. Cambridge: The Belknap Press of Harvard University Press, 2010.

[155] S. Trigano, *La nouvelle idéologie dominante. Le post-modernisme*. Paris : Hermann, 2012.

en 2005 est plus nuancée, et plaide en faveur de l´articulation des antiracismes : individus, communautés, nation, universel, les relations ne sont pas forcément conflictuelles, mais les distinctions doivent être posées.

Le réalisme politique, la notion d´ « universalisable », la modération et le rationalisme autocritique doivent être mis en relation, pensons-nous, avec la pensée antitotalitaire. Nous partons donc à la recherche des sources d´une réflexion.

Les sources de l´antiracisme républicain

Même si elle ne forme pas un « modèle achevé », une approche républicaine de l´antiracisme peut être intéressante. Ses sources peuvent être saisies dans l´œuvre de la philosophe Hannah Arendt et également chez les penseurs antitotalitaires français, par exemple Claude Lefort et Cornelius Castoriadis. Mais bien entendu l´affaire Dreyfus ne peut être négligée.

Hannah Arendt, l´antiracisme et la République[156]

La philosophe a joué un rôle de premier plan dans le retour vers la notion de « République » dans la pensée politique[157]. Mais sa réflexion est riche, complexe,

[156] E. Young-Bruehl, *Hannah Arendt.* Paris : Hachette/Pluriel, 2011 ; H. Arendt. *Écrits juifs.* Paris : Fayard, 2011 ; Jean-Claude Poizat, *Hannah Arendt, une introduction*. Paris : Pocket, 2013 ; Ph. Raynaud, préface à *L'humaine condition.* Paris : Gallimard Quarto, 2012.

[157] S. Audier, *Les théories de la république.* Paris : La Découverte, 2004 ; et E. Traverso, *La fin de la modernité juive. Histoire d'un tournant conservateur.* Paris : La Découverte, 2013.

évolutive et non dépourvue d´ambiguïtés et de contradictions. P-A. Taguieff a manifesté son admiration pour cette œuvre.

Nous trouvons chez H. Arendt des éléments qui plaident en faveur de la République comme meilleur rempart contre le racisme ; mais elle n´articule pas la République à l´État-nation, forme politique selon elle dépassée (au XXe siècle). Sur le premier point, la nécessité d´un monde commun, P-A. Taguieff a pu penser avec elle, puis contre elle sur le second (supposément, ce monde commun ne pourrait plus être la nation).

Quant au premier point, c´est l´ensemble de la pensée politique de H. Arendt qui interroge la nécessité et la possibilité de la République. Le philosophe Jean-Claude Poizat l´explique très bien. Elle est à la recherche d´une explication des totalitarismes, annihilation de la dimension politique de l´existence. Or elle ne rencontre pas la spécificité du politique dans la spéculation pure des philosophes, ni dans les recherches empiriques des historiens (et encore moins des sciences sociales). Elle la trouve dans la faculté des hommes à formuler *collectivement* des opinions et des jugements[158].

La convergence avec les préoccupations de la tradition républicaine est nette. Toutefois, selon H. Arendt, la communauté politique ne peut plus être la nation, car les « masses » ont pris la place du peuple à l´âge des impérialismes. Les masses européennes ne s´intéressent pas au bien commun, et elles ont troqué la nation pour le racisme et le pillage de l´Afrique et de l´Asie.

Le chapitre 5 de *l´Impérialisme*, livre II des *Origines du totalitarisme*, explique à quel point se défendre

---

[158] J.-C. Poizat, *Hannah Arendt, une introduction, op. cit*. 2003, p. 29.

contre l´oppression suppose d´abord d´appartenir à une communauté politique qui vous donne des droits à opposer aux oppresseurs, et surtout les moyens de mettre en œuvre ces droits. Pour ce faire, elle prend l´exemple le plus évocateur, celui des migrants et réfugiés, très affaiblis par leur non-inclusion dans une communauté politique. « Leur tare n´est pas de n´être pas égaux devant la loi, c´est qu´il n´existe pour eux aucune loi ; ce n´est pas d´être opprimés, mais que personne ne se soucie même de les opprimer ».[159] De là, la célèbre observation *désolée* sur Edmund Burke, qui avait raison – « le monde n´a rien vu de sacré dans l´abstraite nudité de l´être uniquement humain ».[160]

Afin d´aller au-delà de la constatation de Burke (il existe seulement un droit des Anglais, pas de droit de l´homme), elle a tenté en différentes occasions d´imaginer ce que pourrait être cette communauté politique qui ne serait pas l´État-nation, et qui ferait accueil, par exemple, aux migrants. C´est le contexte de ses relations complexes avec le sionisme (la défense d´un État binational, juif et arabe), de l´éloge des États-Unis, définis comme une Fédération et non un État-nation, ou de la « tradition cachée » des conseils ouvriers, à propos de la révolution hongroise de 1956. Tous ces engagements sont à la fois intéressants et contestables. Y avait-il place pour un État binational en Palestine ? Les États-Unis ne seraient pas un État-nation, mais *quid* du *nationalisme* américain, d´où surgit-il? Que penser de conseils ouvriers, organes « politiques » et surtout pas « économiques et sociaux » ? C´est précisément à propos des afro-américains et de la lutte contre le racisme que ses positions politiques ont été les plus contestées, puisque, dans un texte fameux de 1959, elle

[159] H. Arendt, *Les origines du totalitarisme*. Paris : Gallimard (Quarto), p. 598, 2002, traduction de Martine Leiris revue par Hélène Frappat.
[160] Id., ibid., p. 605.

réprouvait le *busing*, au nom du droit des États, contre la domination de l'État fédéral[161].

Hannah Arendt a donc certainement posé le problème de façon stimulante – l'antiracisme doit s'exercer au sein d'une communauté politique souveraine s'il veut être efficace. Ses tentatives visant à dépasser la nation ont suscité nombre de contestations. Certes, on peut arguer de la globalisation pour dire que la nation est « dépassée ». Mais là où il n'y a pas de communauté politique organisée, par exemple sur les océans parcourus par des navires battant pavillon de complaisance, qu'en est-il des droits humains et de la lutte contre les discriminations ? Comme l'écrit une historienne américaine, « *if a citizen of the Philippines working on board a ship flagged to Liberia, owned by a Greek, and sailing in international waters get assaulted by a Croatian shipmate, then where he or she file suit*? »[162]. La question renvoie autant à l'exploitation économique qu'au racisme. Mais elle suggère qu'un monde sans nations n'est pas pour autant mieux disposé vis-à-vis des droits de l'homme.

Donc les nations ne sont pas coupables des expériences totalitaires, mais elles constituent un modèle déjà dépassé au milieu du XXe siècle, écrit H. Arendt. Selon P-A. Taguieff, il faut revenir sur ce jugement, et donner ses chances à la nation républicaine. La politisation des identités progresse à la fin du siècle, et la nation est susceptible de freiner cette dynamique. Beaucoup d'intellectuels de gauche n'ont pas vu les choses de cette manière, et se sont plutôt intéressés au multiculturalisme et au cosmopolitisme. Des tentatives intermédiaires

---

[161] *Idem.* « Reflexions on Little Rock », *Dissent,* 1959; E. Young-Bruehl, *Hannah Arendt, op. cit.,* 2011, p. 401-415.

[162] M. Jasanoff, « A passage from Hong Kong ». *New York Review of Books,* LXI, n. 6, avr. 3-23, 2014.

stimulantes ont été menées – la Bolivie est devenue récemment (2009) « *Estado Plurinacional de Bolivia* ». Mais toutes les contradictions n'ont pas été levées. C'est une chose de valoriser symboliquement et culturellement les diverses nations natives composantes de la nation bolivienne, et autre chose de leur accorder la souveraineté politique, de produire des lois et de mettre en œuvre des politiques. S'agit-il aussi de diviser (la nation bolivienne) pour mieux régner (sur elle) ?

L'influence de l'antitotalitarisme français

Si on prend en considération le réalisme politique, la modération, le rationalisme autocritique et la notion « d'universalisable », un lien existe avec certains aspects de la pensée antitotalitaire développée en France dans les années 1970. On peut avancer quatre arguments dans ce sens.

1. L'autonomie du politique a été mise en avant contre un marxisme dogmatique par Claude Lefort et Cornelius Castoriadis. Précisément P-A. Taguieff conteste l'inconsistance, selon lui, de la pensée du politique dans l'antiracisme, soit qu'il ignore l'action collective quand il se focalise sur l'individu et l'universel (antiracisme universaliste), soit qu'il sous-estime les possibilités de conflits entre groupes définis sur une base ethnique, religieuse, etc.

2. La critique de l'idéologie est aussi au cœur de la réflexion sur l'expérience totalitaire. Elle vise un savoir qui se prétend total et global, salvateur pour le sujet. P-A. Taguieff a souvent cité cette formule de l'historien Alain Besançon : « les esprits religieux savent qu'ils croient, les gnostiques

croient qu'ils savent »[163]. Son but n'est pas d'affaiblir l'antiracisme, il est d'éviter le manichéisme, favorable aux dérives contraires aux libertés, comme la surveillance systématique du vocabulaire, ou la mise en cause personnelle des individus par un antiracisme devenu paranoïaque.

3. La critique des dérives possibles du progressisme est un autre aspect de la tradition antitotalitaire. C'est toujours au nom d'un Bien futur que sont commis les grands crimes politiques. De son côté, P-A. Taguieff insiste sur le risque d'un antiracisme devenu le parti du Bien en marche, par exemple quand il fait l'éloge du métissage futur des populations, comme « solution » aux problèmes du racisme. De fait, au Brésil, comme on l'a vu, l'idée de métissage a servi à nier la présence des Afro-Brésiliens, une critique formulée explicitement au début des années 1970 par Abdias Nascimento. Et les militaires ottomans responsables du génocide arménien étaient « progressistes » et « modernisateurs ». Une certaine prudence sceptique n'est pas inutile, il est parfois bon d'être « désenchanteur », machiavélien si l'on veut[164].

4. Enfin, l'antitotalitarisme est indissociable de l'intérêt et de la solidarité avec les dissidents de l'Europe de l'Est d'avant 1989. Or ce sont eux qui ont attiré l'attention des intellectuels français sur la contribution de l'idée de nation à la liberté – libertés individuelles et liberté des nations étant indissociables. Milan Kundera ou István Bibó ont insisté sur ces points. Si, en démocratie, le pouvoir est un « lieu vide » (Claude Lefort), c'est qu'il n'est pas confisqué

---

[163] P.-A. Taguieff, *Les fins de l'antiracisme, op. cit.,* 1995, p. 471.

[164] P.-A. Taguieff, « Diversité et métissage : un mariage forcé. La pensée-slogan dans le débat sur l'identité française ». *Le Débat,* 159, mar.-avr. 2010 ; Michel Marian, *Le génocide arménien : de la mémoire outragée à la mémoire partagée*. Paris : Albin Michel, 2015.

par une famille, une ethnie ou un groupe social. Mais comme il n´est pas non plus l´expression d´une nuée, il faut bien qu´il s´exerce dans un cadre, et quel sera ce cadre ? D´où vient-il ?[165]

L´affaire Dreyfus

On doit nuancer l´idée selon laquelle un antiracisme « républicain » serait inédit. Il va de soi que l´engagement des dreyfusards, même s´il obéit à des logiques variées, est souvent aussi un engagement contre l´antisémitisme au nom de la République, de la citoyenneté partagée[166].

Dans *Les fins de l'antiracisme*, P-A. Taguieff propose une typologie des antiracismes. Certains sont dépassés (antiracisme anticolonialiste, antigermanique), et d´autres sont critiqués par lui (l´antiracisme anti-occidental par exemple). Explicitement, il s´inscrit dans une tradition inaugurée par l´affaire Dreyfus, un antiracisme, « inséparable du rejet républicain de toute discrimination entre les citoyens ».[167] L´Affaire reste un « modèle d´action ». En particulier écrit-il, les antiracistes doivent « agir comme un contre-pouvoir », donc se méfier des

---

[165] M. Kundera, « Un Occident kidnappé ou la tragédie de l'Europe centrale ». *Le Débat,* 27, nov. 1983. I. Bibó. *Misère des petits États d'Europe de l'Est.* Paris : Albin Michel, 1993.

[166] H. Arendt, « L´Antisémitisme », première partie des *Origines du totalitarisme, op. cit.,* 2012. O. Rudelle ; S. Berstein (dir.). *Le modèle républicain.* Paris : Puf, 1992. Cet ouvrage montre que l´Affaire a contribué au « modèle républicain ». Dans quelle mesure le « modèle républicain » a-t-il contribué à l´Affaire ?

[167] P.-A. Taguieff, *Les fins de l´antiracisme, op. cit.,* 1995, p. 168.

instrumentalisations par tous ceux dont la conquête du pouvoir à tout prix est l´objectif principal.[168]

Toutefois, il est clair que les temps ont changé. Il est indispensable de tenir compte de l´évolution « culturaliste » ou identitaire du racisme, car l´idée de « races humaines » biologiques – l´idéologisation du sang, étudiée récemment par Johann Chapoutot – ne le meut plus[169]. Par ailleurs, autour de 1900, on ne parlait pas encore de « racisme » ni d´ « antiracisme », le mot ne se diffusant vraiment que dans les années 1930. Enfin P-A. Taguieff a beaucoup insisté sur les fausses continuités et l´illusion d´un retour sans fin du même. L´historienne Mona Ozouf observe qu'aujourd´hui « l´adjectif républicain est partout, marié à tous les substantifs imaginables » – pourquoi pas un antiracisme républicain[170] ? Il serait d´ailleurs conforme à l´esprit des fondateurs de la Troisième République. La même historienne nous rappelle en effet que, « quand il s´agit de fixer les rapports entre la liberté et le bien, et c´est un problème autour duquel les républicains n´ont cessé de tourner, ils ont toujours choisi de subordonner le bien à la liberté, préférence paradoxale et remarquable pour une pensée si obsédée d´unité »[171]. La modération et le souci de la liberté sont républicains.

---

[168] P.-A. Taguieff, *Les fins de l'antiracisme, op. cit.*, 1995, p. 570. « Un contre-pouvoir ne se propose pas d´éliminer un phénomène social jugé négatif, mais d´éviter que celui-ci acquière une légitimité politique à travers une séduction culturelle ».

[169] Johann Chapoutot, *La loi du sang. Penser et agir en nazi*. Paris : Gallimard, 2014.

[170] M. Ozouf, « L'idée républicaine et l'interprétation du passé national » dans *De Révolution en République*, op. cit., 2015, p. 839 (première publication en 1998).

[171] *Ibid.*, p. 849.

Donc, existe-t-il un antiracisme républicain?

On répondra positivement, mais avec prudence. Cette consistance réside, classiquement, dans la notion de bien commun ou de monde commun. Il récuse et combat les discriminations entre les citoyens, car celles-ci empêchent la formation d'un monde commun, lieu de confrontation des idées dans la cité. Ce monde commun n'implique pas d'ignorer les différences ni de les cacher. Il les relativise cependant, car chaque citoyen peut choisir ses différences, par exemple quitter une religion ou se présenter socialement « comme » français d'origine X ou pratiquant la religion Y. Il garantit un droit à l'indifférence. Il est laïc, c'est-à-dire soucieux non pas seulement de libertés religieuses, mais de libertés individuelles à préserver de l'influence envahissante des églises. Ce monde commun est désigné en France comme la nation civique.[172]

Il est républicain, et donc sa première cible est la dépendance individuelle. Dans le racisme contemporain, identitaire, il voit d'abord un essentialisme qui nie la liberté. Un antiracisme trop différentialiste risque de précipiter un enfermement – l'écrivain afro-américain Ta-Nehisi Coates raconte comment il a conquis sur lui-même, sur son antiracisme, le droit de lire les grands écrivains de la littérature universelle, indépendamment de leur (non)-engagement dans la cause des noirs américains.[173] Mais exagérer la négation de toutes les différences, et donc brimer les liens collectifs au nom du cosmopolitisme, ou du

---

[172] Gil Delannoi, *Sociologie de la Nation. Fondements théoriques et expériences historiques*. Paris : Armand Colin,1999.

[173] Ta-Nehisi Coates, *Une colère noire : Lettre à mon fils*. Paris : Autrement, 2016.

« patriotisme constitutionnel », n'est pas non plus satisfaisant.[174]

Une approche républicaine invite à se confronter au piège de la question identitaire. La réponse post-moderne – il n'y a pas « d'identité », tout est fluide et métissage, oublions tous les héritages, a semblé à P-A. Taguieff faussement transgressive (qui est choqué ?) et ingénue, peut-être adaptée à une élite économique dont les revenus, effectivement, circulent aisément, mais pas du tout aux intérêts de la grande majorité de la population. Quant au multiculturalisme comme solution aux problèmes du racisme – c'est l'une des voies possibles d'un antiracisme qui tenterait de combiner différentialisme et universalisme – il est douteux car comment la loi pourrait-elle ne pas être la même pour tous les citoyens ? Ce serait revenir à la logique de l'Empire. Elle a ses mérites, mais les Empires ne sont pas des démocraties libérales. Reste donc la nation, et l'affirmation de l'objectif de l'assimilation des migrants avec les modalités prudentes rappelées ci-dessus. Mais bien entendu, tous les intellectuels antiracistes ne voient pas les choses ainsi.

De fait, le même souci antiraciste peut engager vers des options politiques bien différentes. Par exemple, il existe sans doute un antiracisme « antifasciste », internationaliste, de solidarité avec les travailleurs migrants. Celui-ci ira contester les illusions supposées du

---

[174] « C'est d'abord contre la dépendance personnelle que se met en place la conception républicaine de l'État. On le voit particulièrement bien dans le cas de Rousseau. Le caractère central et presque obsessionnel que prend chez lui l'horreur de toute forme de dépendance personnelle se voit à l'évidence dans de nombreux passages des *Confessions*, où il relate les injustices de réciprocité et de confiance dont il a souffert (...) » (L. Boltanski, *Énigmes et complots : Une enquête à propos d'enquêtes*. Paris : Gallimard, 2012, p. 402, note 81).

fait national, mythe utile aux détenteurs du capital[175]. Ainsi, par exemple, « la question de l'identité, si on l'envisage de manière concrète, nous emmène en somme très loin de la nation et nous renvoie au cœur de la question sociale », vers « une multitude d'identités ouvrières, précaires et chômeuses, gays, lesbiennes et transsexuelles, arabes et musulmanes, noires et asiatiques, antiracistes et antisexistes, anticapitalistes et gauchistes... et pourquoi pas islamo-gauchistes » [176].

Certes P. Tevanian, auteur de ces lignes, peut aussi être qualifié de républicain, si on entend par là, d'une façon minimale, l'appel à une démocratie forte, de mobilisation de ses citoyens. Mais le peuple alors sera plutôt la plèbe que le *populus*, la plèbe soulevée contre le Capital. Un souci sincère, incontestable, de lutter contre les préjugés et les discriminations peut donc aboutir à des engagements politiques opposés. Dans les années 1930- 1960, les antiracistes partageaient sur le plan politique beaucoup de choses. C'est beaucoup moins vrai depuis les années 1990. Les antiracistes partagent le même problème, articuler les différences et l'universel, mais ils se divisent sur les solutions. L'antiracisme devient à la fois dominant et confus.

C'est finalement un incident, mais un incident qui a profondément marqué P-A. Taguieff, qui a précipité sa rupture avec une partie de la gauche antiraciste. Il s'agit de

---

[175] Pierre Tevanian, *Chronique du racisme républicain.* Paris : Syllepse, 2013 ; *idem. La haine de la religion. Comment l'athéisme est devenu l'opium du peuple de gauche.* Paris : La Découverte, 2013; P. Tevanian ; Sylvie Tissot, *Les mots sont importants 2000-2010.* Paris : Libertalia, 2010.

[176] Pierre Tevanian, *Chronique du racisme républicain, op. cit.,* 2013, p. 28-29.

deux articles publiés par le quotidien *Le Monde*, qui lient son travail avec l´extrême droite raciste.

UNE PROPOSITION RÉCUSÉE

P-A. Taguieff a certainement voulu influencer le débat français sur le racisme[177]. Mais sa proposition d´une approche républicaine n´a pas convaincu la gauche antiraciste *mainstream,* au contraire de la typologie universalisme - différentialisme qui s´est imposée. Malentendus, incompréhensions mais aussi et surtout réelles divergences politiques ont joué un rôle. Trois questions furent surtout importantes.

D´abord, le choix du débat plutôt que de la censure ou du mépris a été contesté, et on a reproché à P-A. Taguieff une complaisance vis-à-vis de la « Nouvelle Droite ». Ensuite, l´insistance sur la nation a également suscité le malaise car elle s´éloignait trop de la culture politique de beaucoup de militants, à qui, pour des raisons très compréhensibles, l´antinationalisme servait de boussole. Enfin la défense des étrangers en situation irrégulière lui a semblé un combat antiraciste malheureux. Mais c´était exactement celui-là que beaucoup de militants souhaitaient mener.

---

[177] L´avertissement qui ouvre chacun des deux volumes de *Face au racisme* se termine ainsi : « C´est un avis aux antiracistes de l´avenir : il faudra bien qu´un jour prochain l´intendance suive... », donc que le militantisme antiraciste prenne au sérieux la complexité du racisme. Au-delà des limites chronologiques de ce chapitre, le titre d´un article donné au livre collectif *Les enfants de la République,* publié par l´Union des Étudiants Juifs de France (UEJF), est « Communauté, communautaire, « communautarisme »: *perspectives républicaines* ». In : Yonathan Arfi *et al. Les enfants de la République. Y a-t-il un bon usage des communautés?* (Paris : La Martinière, 2004 ; nous soulignons). Il existe une version américaine publiée par la revue *Telos* (n° 128, 2004), « Community and « Communitarism » in France: Republican Perspectives ».

Une tentative d'expulsion du camp antiraciste

Le 13 juillet 1993 *Le Monde* publie deux articles relatifs, indirectement pour l'un et directement pour l'autre, aux recherches de P-A. Taguieff. Le premier est un *« appel à la vigilance lancé par quarante intellectuels »*. Ses initiateurs sont deux chercheurs liés à la revue *Le Genre humain*, Nadine Fresco et Maurice Olender. Il réunit des noms très importants, par exemple George Duby, Pierre Bourdieu, Jacques Derrida, Léon Poliakov, Yves Bonnefoy, Umberto Eco, autour d'un texte qui dénonce la banalisation du discours de l'extrême droite, sans, cependant, indiquer de nom, soit d'une organisation, soit d'un individu visé. Le texte affirme que ces idées circulent d'autant mieux qu'elles sont propagées par des intellectuels « de gauche », abusés ou ingénus[178].

À côté du texte de « l'appel » figure un article explicatif du philosophe Roger-Pol Droit, qui débute en première page. Sont visés d'une part Alain de Benoist, représentant l'extrême droite, d'autre part Paul Yonnet et Pierre-André Taguieff, dont l'article critique la complaisance avec l'extrême droite, et donc la complicité[179]. La réprobation concerne trois points.

Tout d'abord P-A. Taguieff aurait accepté un dialogue direct avec A. de Benoist, lui-même désireux de se « normaliser ». Il lui aurait donc offert sa caution de spécialiste du racisme. Ensuite, dans la revue *Esprit*, en

---

[178] « Le débat sur la résurgence de courants d'extrême droite dans les milieux intellectuels. L'appel à la vigilance lancé par quarante intellectuels », *Le Monde,* 13 juil. 1993.

[179] Roger-Pol Droit, « La confusion des idées. Quarante intellectuels appellent à une 'Europe de la vigilance' face à la banalisation de la pensée d'extrême droite », *Le Monde,* 13 juil. 1993.

1993, il aurait écrit que « racisme » aurait perdu sa valeur sémantique, et serait devenu un simple opérateur de stigmatisation de l'adversaire politique. Un adversaire sincère du racisme peut-il douter de son existence ? Enfin, troisième réprobation, la multiplication des critiques adressées aux organisations antiracistes déboucherait sur la paralysie et le dénigrement. Au bout du compte R-P. Droit établit un parallèle entre P. Yonnet et P-A. Taguieff d'une part, et les négationnistes, négateurs de la Shoah. Il dénonce « l'obsession de l'anticonformisme, l'acharnement au paradoxe, la volonté d'en découdre avec la 'vulgate', la manie de n'être jamais dupe des évidences partagées par le bon peuple conduisent certains auteurs à des chassés-croisés qui aggravent la confusion des idées »[180].

Cet article a provoqué des réactions significatives, parce qu'il mettait en cause des chercheurs reconnus, et deux revues (*Le Débat* et *Esprit*) fondamentales dans la vie des idées.

Le 27 du même mois, le quotidien publiait la réponse de P-A. Taguieff, et la réponse de R.P. Droit à cette réponse. Le premier précisait deux points factuels : il n'avait pas publié de livre de dialogue en Italie avec A. de Benoist ; il ne niait pas toute consistance à la notion de racisme, comme le prouvait la citation complète de l'article

---

[180] Par la suite Roger-Pol Droit est revenu sur les travaux de ce dernier, par exemple dans un compte rendu favorable de *La judéophobie des modernes*. Il salue « une œuvre imposante, au carrefour de l'histoire des idées, de la sociologie et de l'intervention politique. (…) il a contribué, en une trentaine de livres, à renouveler l'analyse du racisme dans la société contemporaine. Il a notamment souligné les insuffisances de l'antiracisme, montrant qu'on se trompe d'adversaire et de combat, si l'on croit vivre dans les années 1930 et n'avoir affaire qu'à des répétitions du nazisme ». (« Métamorphoses de la haine. Comment les discours 'anti-occidentaux' recyclent de vieux clichés judéophobes », *Le Monde,* 29 août 2008).

incriminé (« Il est néanmoins possible de ne point conclure aussi abruptement à la dissolution du concept de racisme, sur la base des mêmes analyses. Il suffit (...) de postuler que le racisme doit se dire en plusieurs sens. »)[181] Quant à la critique de l´antiracisme, il s´agissait d´une critique « réformiste », visant à l´améliorer. Enfin, P-A. Taguieff assumait le choix de publier un article critique du GRECE dans la revue *Éléments* (hiver 1985-1986), au nom de la liberté du débat. Sa conclusion indique que, à cette date, il se considérait encore comme engagé à gauche : « Comment peut-on se tromper à ce point d'ennemi ? Pendant cette campagne qui déchire la gauche, le Front national se réjouit et l'étatisation douce de la xénophobie se poursuit. À qui donc profite l'erreur de tir? ».

De son côté, dans sa réponse, R-P. Droit discutait la thèse d´un racisme nouveau, « différentialiste », qui risquait de sous-estimer la permanence du biologique dans les conceptions racistes, et jugeait excessives et « paralysantes » les critiques de l´antiracisme. Enfin il maintenait que le choix de publier dans *Éléments* était malheureux[182]. Un troisième et dernier texte de R-P. Droit concluait le débat à la fin de l´été 1993. Répondant à l´interpellation de Jacques Julliard, qui, dans le *Nouvel Observateur,* jugeait que la mise en cause de P-A. Taguieff était une « honte », R-P. Droit affirma qu´il n´existait pas de « cas Taguieff », « dont les analyses ont par ailleurs été plusieurs fois exposées dans nos colonnes ».[183]

Quelle est la signification de cette polémique, qui a profondément marqué P.-A. Taguieff ?

---

[181] « Les intellectuels et « la confusion des idées ». Une lourde erreur d'analyse », *Le Monde,* 27 juillet 1993. P.-A. Taguieff cite le texte publié par *Esprit,* en mars-avril 1993.

[182] *Éléments* est une publication du GRECE.

[183] *Le Monde,* 22 août 1993.

Tout d´abord, être accusé de complicité avec la diffusion d´idées racistes par le journal *Le Monde*, appuyé pour l´occasion de signatures très prestigieuses représentait certainement pour P-A. Taguieff un risque mortel, socialement et professionnellement. C´est précisément le sens de la lettre de soutien venue de différents collègues à l´initiative de l´historien Patrick Weil. Cette lettre (publiée par *Le Monde* le 27 juillet 1993, puis par *Esprit* en janvier 1994) soulignait le risque de conformisme si la recherche en sciences sociales était lue avec parti pris. L´appui des pairs confirmait que P-A. Taguieff appartenait bien au monde de la science et de la recherche. Le texte de soutien publié par *Le Monde* est signé par 28 chercheurs, dont Pierre Hassner, Gilles Kepel, René Gallissot, Gérard Noiriel, Denis Peschanski, Henry Rousso, Olivier Roy, Dominique Schnapper, Benjamin Stora, Emmanuel Todd, et Patrick Weil. 46 noms s´ajoutent dans la version publiée par *Esprit*, parmi lesquels Alain Caillé, François Dosse, Bruno Étienne, Pierre Rosanvallon, Michel Wieviorka et Michel Winock.

L´enjeu de la discussion apparaît dès la première phrase de « l´appel à la vigilance », où l´on peut lire : « Nous sommes préoccupés par la résurgence, dans la vie intellectuelle française et européenne, de courants antidémocratiques d'extrême droite ». Une grande partie des travaux de P.-A. Taguieff s´orientait vers la thèse selon laquelle le nouveau racisme n´était, précisément, pas une résurgence, mais une émergence. Or, s´il y a « résurgence », alors il faut remobiliser la culture antifasciste de la gauche, et d´abord retrouver le sens des clivages et des frontières ; mais s´il y a « émergence », il convient de reprendre le problème des succès de l´extrême droite (en fait du Front national, et non du GRECE, resté en 1993 ce qu´il était avant, un groupe marginal dans la société française) à nouveau frais. « L´appel à la vigilance » penche donc vers la première hypothèse, et regrette « la multiplication de dialogues et de débats autour, par exemple, de ce qu'on appelle pour le moins légèrement la fin des idéologies, de la disparition supposée de tout clivage politique entre la gauche et la droite, du renouveau présumé des idées de nation et d'identité culturelle ».

Donc sur une série de questions, il faut affirmer des frontières politiques et intellectuelles claires. Ce qui préoccupe les auteurs de l´appel est d´abord l´état de la gauche, son existence et son unité, dix ans après le « tournant de la rigueur » en 1983.

C´est une stratégie que P-A. Taguieff récuse. D´abord pour des raisons de probité intellectuelle, A. de Benoist n´étant pas en 1993 l´équivalent de ce qu´était dans les années 1930 le (petit) groupe des fascistes français. Selon lui, le GRECE ne fait peser sur la démocratie française aucune menace. Il n´existe pas, pour résumer, de menace de type fasciste susceptible d´affirmer une identité de gauche. Affirmer le contraire relèverait de l´usurpation. Refonder la gauche sur la base de l´antifascisme lui semble une démarche vouée à l´échec, et d´abord parce qu´il n´y a rien de commun entre, par exemple, les Croix-de-feu, mouvement de masse, et le GRECE.

Dans sa réponse au *Monde*, P-A. Taguieff assumait donc encore son appartenance à « la gauche ». La rupture intervient l´année suivante, avec la publication en 1994 du livre *Sur la Nouvelle Droite*[184]. Dans cet ouvrage il affirme que l´on ne peut pas se fabriquer sur mesure un adversaire parfait, « fasciste », pour renouer avec une époque héroïque, et donner un contenu à l´idée de « gauche ». Il

---

[184]« Esprit démocratique et loi du soupçon. Le sens du débat dans une démocratie pluraliste » (P.-A. Taguieff, *Sur la Nouvelle Droite.* Paris : Descartes et Cie., 1994, p. 339-391).

dénonce « le soupçon systématique », « l´obscurantisme », « l´intolérance cauteleuse, que nous voudrions, par cet ouvrage, rendre un peu honteuse d´elle-même. Ce serait une contribution non négligeable à la tâche collective, en principe indéfinie, de construction de cette communauté d´interlocution libre qui constitue l´esprit vivant d´une *République* ». [185]

C´est à ce moment qu´il rompt avec une partie de la gauche intellectuelle, jugée infidèle à ses valeurs et à son histoire – « 'Nains juchés sur les épaules de géants', les hérauts de la vigilance ont succédé aux héros de la Résistance ».[186] Il ajoute, premièrement, qu'« on ne pense ni « de gauche » ni « de droite ». Ces catégories politiques sont littéralement hors du sujet de la pensée »[187], et deuxièmement, que « la tolérance active se pratique par la vigilance discutante. C´est le contenu essentiel du libéralisme intellectuel, qui se pratique indépendamment du clivage droite / gauche ».[188] Il assumait ainsi une rupture confirmée dans un entretien publié par *Libération* en 1999 – « je sais qu'il y a une possible utilisation politiquement perverse de mon travail critique sur l'antiracisme, mais j'en prends le risque. Nous ne travaillons pas dans un monde idéologiquement pur avec des frontières reconnues et solides ».[189]

---

[185] P.-A. Taguieff, *Sur la Nouvelle Droite, op. cit.,* 1994, préface, p. XVI. Nous soulignons « République ».
[186] P.-A. Taguieff, *Sur la Nouvelle Droite, op. cit.,* 1994, p. 381-382.
[187] *Id., ibid.,* p. 385.
[188] P.-A. Taguieff, *Sur la Nouvelle Droite, op. cit.,* 1994, p. 390.
[189] Entretien avec Antoine de Gaudemar, « On choque toujours un Billancourt ou un Neuilly – Racisme, révisionnisme, eugénisme, antisémitisme : philosophe et historien, Pierre-André Taguieff s'explique sur son parcours d'explorateur des faces sombres de la modernité politique », *Libération,* 10 juin 1999.

Ainsi, au nom de l'antiracisme et (implicitement) de l'antifascisme, des chercheurs ont souhaité reconstituer un front uni rassemblant la gauche, pour faire barrage aux idées de la « Nouvelle Droite ». En ce qui concerne P-A. Taguieff, le désaccord s'est cristallisé sur trois points. Premièrement, Alain de Benoist avait évolué, il avait explicitement et clairement manifesté son opposition au Front national, et ne pas en tenir compte était une preuve de sectarisme et d'aveuglement. Deuxièmement, « conjurer n'est pas connaître », autrement dit on ne fait pas progresser la connaissance du racisme quand on maintient une équivalence illusoire entre des époques différentes. La décennie 1930 est passée, « ni le « fascisme » ni le « racisme » ne nous feront la grâce de revenir tels que nous puissions aisément les reconnaître ». [190] Enfin, il affirme une posture libérale proche de celle de Raymond Aron. Le pluralisme de la société est un bien, et « l'instauration d'un monopole de la parole légitime, au nom du « danger » représenté par certaines idées, instillerait le poison totalitaire dans les idéaux démocratiques ». [191]

On l'a vu ci-dessus, selon Mona Ozouf la pensée républicaine française privilégie la liberté au Bien. P-A. Taguieff s'inscrit ainsi dans une tradition – en France le libéralisme politique est équitablement partagé entre plusieurs familles politiques, les orléanistes à la manière de Tocqueville, les républicains fondateurs de la Troisième République, le socialisme à la manière de Jaurès et Blum. Préférer la liberté de penser à l'affirmation du Bien, même antifasciste, n'est pas si étonnant[192].

---

[190] P.-A. Taguieff, *Sur la Nouvelle droite, op. cit.*, 1994, p. 336.
[191] *Id., ibid.*, p. 389-390.
[192] M. Canto-Sperber. *Les règles de la liberté.* Paris : Plon, 2003.

La nation et l´identité nationale en débat

L´originalité d´une approche républicaine est de convoquer, contre les xénophobies identitaires, non la solidarité des classes laborieuses ou la défense de l´identité culturelle ou de l´autonomie politique de minorités discriminées, ou directement des principes universels, mais la communauté politique souveraine, donc la nation, même s´il convient de ne pas exagérer les oppositions (voir ci-dessus).

Il s´agit donc d´opposer au nationalisme et à sa définition ethnicisante de la nation, une autre définition de celle-ci, ouverte et civique. Peut-être l´idée d´un antiracisme républicain pose-t-elle à une gauche antiraciste réticente trois questions : la nation et l´identité nationale existent-elles ? Si elles existent, peuvent-elles être de gauche ? Si elles existent et peuvent l´être, peuvent-elles être un outil efficace pour lutter contre le racisme ?

« L´identité nationale » existe-t-elle?

La discussion sur la nation dans le contexte de l´antiracisme implique de s´interroger sur la notion d´ « identité nationale », puisqu´elle est au cœur du discours du Front national. Quelle est sa signification ? Sa validité est-elle nulle ? S´agit-il uniquement d´un mythe manipulé par l´extrême droite ? P-A. Taguieff, dès 1986, invite les antiracistes à se méfier d´un refus brutal[193].

Certes, la notion « d´identité » est obscure mais cette obscurité ne devrait pas être un motif de mépris et de

---

[193] P.-A. Taguieff, « L'identité nationale saisie par les logiques de racisation. Aspects, figures et problèmes du racisme différentialiste ». *Mots,* vol. 12, n° 12, 1986.

déni, surtout si ce sont ses prolongements politiques qui nous intéressent. Il serait bien ingénu de croire que les concepts, pour être efficaces, doivent être limpides. Ainsi, « l´illusion d´une identité (individuelle et/ou collective), une, homogène, unique (incomparable, originale, etc.), substantielle, l´illusion identitaire ne cesse de renaître ». [194] Dans cet article de 1986, P-A. Taguieff évoque ainsi le scepticisme de Claude Lévi-Strauss, pour qui l´identité, individuelle ou collective, est toujours un problème, et non, en aucune façon, une substance claire. Cependant, « le regard éloigné et le savoir distancié de l'ethnologue risquent ici de se confondre avec le point de vue de Sirius ».[195]

Afin de n´en pas rester au constat d´un « problème », P-A. Taguieff s´appuie sur le travail du philosophe américain Willard V. O. Quine (1908-2000). Celui-ci remarquait que l´énoncé « A est identique à B » est soit trivial (ce sont deux choses identiques), soit erroné (si elles sont différentes, elles ne sont pas identiques). Toutefois, Quine ajoutait que ce qui est identique, ce sont des phénomènes, pas des mots. Ces phénomènes sont composés de plusieurs éléments, et quelques-uns de ces éléments peuvent être « identiques ». Parler d´identité « brésilienne » ou « française » n´est pas absurde, s´il existe, parmi les Brésiliens ou les Français, effectivement, des points communs. Certes, la nébulosité persiste – tous les Français sont-ils sensibles, par exemple, à la musique de Maurice Jaubert, typiquement française pour le cinéaste Bertrand Tavernier[196]? Mais le chercheur doit accepter l´équivocité de la langue quotidienne, « le réformisme

[194] *Id., ibid.*, p. 92.
[195] P.-A. Taguieff, « L'identité nationale saisie par les logiques... », *op. cit.*, 1986, p. 92.
[196] Bertrand Tavernier, *Voyage à travers le cinéma français*, 2016.

touchant la langue, et singulièrement l'eugénisme lexical, paraissent à tous égards entreprises vaines [...] ».[197]

La notion d´identité nationale est donc insaisissable et manipulée par le nationalisme xénophobe. Mais la bonne méthode n´est pas de l´abandonner, car « dès lors qu'on pense patriotisme et nationalisme dans le cadre de ce que Georges Sorel appelait « mythes » modernes, en tant qu' « expressions de volontés », on mesure l'impuissance de principe du discours critique-démystificateur à en comprendre la réalité spécifique, dont l'efficace se manifeste dans l'ordre de l'imaginaire social (…) ». [198]

Ce qu´il ne faut pas faire, dans la perspective d´un antiracisme efficace, c´est par exemple, moquer et ridiculiser l´attachement à la nation, ou opposer aux identités nationales, l´identité individuelle de chaque être humain – ne sommes-nous pas tous *différents* ? Mais « un tel individualisme se réduit à un éloge de l'individu sans appartenances »[199], il laisse donc échapper la dimension collective de l´existence, donc la dimension politique.

Finalement, « on ne peut donc pas définir conceptuellement l´identité – elle est à la fois indicible et « inconceptible » – tout simplement parce qu´elle est une singularité. Et il n´y a pas de concept singulier. Si l´on ne peut pas définir une singularité, ce n´est pas qu´elle n´existe

---

[197] P.-A. Taguieff. « L'identité nationale saisie par les logiques... », *op. cit.,* 1986, p. 93-94. Il cite le livre de Willard V. O. Quine, *Méthodes de logique.* Paris : A. Colin, 1973, p. 236.
[198] *Id., ibid.,* p. 117. Georges Sorel, *Réflexions sur la violence,* Paris : M. Rivière, 1972 (1908), Introduction, p. 38.
[199] P.-A. Taguieff, « L'identité nationale saisie par les logiques... », op. cit., 1986, p. 107.

pas. Elle existe, mais nous ne savons pas ce qu'elle est véritablement, nous ne pouvons pas le savoir ». [200]

Bref, l'opposition frontale contre la notion trouble « d'identité nationale » ne mène pas l'antiracisme dans la bonne direction, et au contraire elle laisse aux nationaux-populistes et identitaires le champ libre pour dresser le contour du « nous » qui importe le plus[201].

La nation peut-elle être de gauche?[202]

En mobilisant la nation civique, P-A. Taguieff rompt avec la méfiance que celle-ci suscite dans la gauche des années 1980 et 1990, soit effet de la tradition marxiste, soit parce que le nationalisme, depuis qu'il a émergé à la fin du XIXe siècle, est son adversaire.

En affirmant que, contre le GRECE et le Front national, la gauche antiraciste doit se ressaisir de ce qui lui a appartenu – la patrie, la nation souveraine – P-A. Taguieff a donc suscité un malaise. Pourtant il n'est pas du tout seul à manifester de l'intérêt pour ce thème. En 1984 Pierre Nora publie le premier volume des *Lieux de mémoire*, consacré à la République, et complète immédiatement ce premier ouvrage par trois volumes sur la Nation, comme si République et Nation étaient indissociables.

---

[200] *Id., ibid.,* p. 84-85.

[201] De même le sociologue Luc Boltanski défend, contre l'individualisme méthodologique et les critiques de Karl Popper, l'usage de concepts collectifs, comme « classes dirigeantes », ou « groupes dominés », même placés comme sujets de verbes d'action - L. Boltanski. *Énigmes et complots..., op. cit.,* 2012, p. 334.

[202] P. Cabanel, « La gauche et l'idée nationale ». In : J.-J. Becker ; G. Candar (dir.), *Histoire des gauches en France.* Paris : La Découverte, 2005.

Significativement, certains, à gauche, ont reproché à Pierre Nora une dérive « nationaliste ».[203]

Bien sûr l'intérêt n'est pas seulement hexagonal, puisque les dissidents d'Europe centrale et orientale liaient nations et libertés. L'un des livres le plus importants sur le sujet est *Nations and Nationalism,* de l'anthropologue Ernst Gellner, publié en 1983. Il s'ouvre sur trois citations, dont l'une en tchèque, extraite d'un *samizdat: « our politics however was a rather less daring form of culture ».* Les intellectuels de l'Europe occidentale n'avaient pas de raison de se laisser séduire par les nationalismes basques ou irlandais ; mais la lutte des peuples polonais, hongrois ou tchèques contre le totalitarisme soviétique parlait à l'imagination. Elle rappelait que la nation avait été le cadre politique de la liberté depuis la Révolution française[204].

Dans *La République menacée,* ouvrage de conversation avec Philippe Petit, P.-A. Taguieff assume donc son choix, et regrette que « l'antiracisme, en tant qu'antilepénisme, se réduise à un antinationalisme, c'est-à-dire une inversion ou une négation de toutes les thèses ou positions prêtées au « nationalisme ». Cet antinationalisme s'est radicalisé, dans l'imaginaire antilepéniste, pour se transformer en « antinationisme », en récusation de l'idée d'État-nation comme idée mauvaise en elle-même ou « dangereuse ». [205]

---

[203] Le projet de Pierre Nora *Les lieux de mémoire* commence par un premier volume sur *La République* en 1984. Viendront ensuite des volumes sur *La Nation* (1986) et *Les France* (1992). L'historienne Lucette Valensi a critiqué l'entreprise dans un compte rendu (« Histoire nationale, histoire monumentale ») publié par les *Annales. Histoire, Sciences sociales.* Vol. 50, n° 6, pp. 1271-1277.

[204] I. Bibó, *Misère des petits États..., op. cit.,* 1993. E. Gellner. *Nations et nationalisme.* Paris : Payot, 1989.

[205] P.-A. Taguieff, *La République menacée, op. cit.,* 1996, p. 59.

Le contraste avec d'autres approches de l'antiracisme ne fait pas de doute. Par exemple l'historienne Sophie Wahnich, pour sa part, évoque les crimes de la colonisation et de la Guerre d'Algérie, qui ont marqué particulièrement les populations immigrées en France. Dès lors, « vouloir fabriquer aujourd'hui des communautés affectives unifiées ne peut passer par des nations qui ont failli, mais nécessite de refonder des peuples comme communautés politiques délibérantes », dans la perspective du « patriotisme de Jürgen Habermas qui repose sur ce rapport critique à l'histoire et sur ce qu'il appelle une « adhésion ressentie » aux principes constituants qui préservent des oppressions ». [206]

Les deux approches, celle de Sophie Wahnich et celle de P-A. Taguieff, s'opposent frontalement. En passant de la « race » à l' « l'identité », le racisme a donc provoqué la pagaille dans l'antiracisme.

Une nation au service de l'antiracisme ?

Une partie des intellectuels est restée ferme dans sa méfiance envers la nation. On verra au chapitre IV que le débat à ce sujet n'a pas évolué après 2001, bien au contraire. Comme il s'agit d'un point fondamental, peut-être peut-on y revenir. Selon P-A. Taguieff, la nation civique a le grand mérite d'offrir une articulation possible entre différentialisme et universalisme, alors même que les alternatives pécheraient toutes par utopisme. Sans doute les

---

[206] S. Wahnich, *L'impossible citoyen. L'étranger dans le discours de la Révolution française.* Paris : Albin Michel, 2010, p. XXI.

guerres en ancienne Yougoslavie influencent-elles également son approche. La destruction de la nation yougoslave, dont il est toujours facile, après-coup, mais peut-être trop facile, de soutenir qu'elle était « artificielle » – elle l'était peut-être en 1990, plus que la Pologne ; mais aurait-elle été toujours aussi artificielle en 2090, si elle n'avait pas été détruite ? – peut plaider en faveur de la nation intermédiaire entre les individus, les identités « communautaires » et l'universel comme perspective ou horizon. Sa position est clairement exprimée ci-dessous : on ne défend pas l'antiracisme quand « la récusation du nationalisme et du « nationisme » se déploie sur deux voies distinctes : l'une conduisant vers l'unité supranationale de l'humanité, l'autre vers la pluralité infranationale des communautés culturelles ». [207]

Antiracisme et *reductio ad Hitlerum*

P-A. Taguieff a souvent attiré l'attention sur une confusion possible. Être résolument hostile à la xénophobie nationaliste n'implique pas nécessairement de contredire tout ce qu'affirme le Front national. Le philosophe Leo Strauss avait du reste, donné à ce pli de la pensée le nom de *reductio ad Hitlerum.* Elle a l'inconvénient de limiter la liberté de penser des antiracistes, ou de faire de l'antiracisme le parti de la censure du débat. Dans sa perspective, l'antiracisme n'implique nul « angélisme ». Par exemple, un État républicain peut « contrôler le plus rigoureusement possible les flux migratoires provoqués par les guerres et la misère. En évitant à tout prix que le droit d'asile soit pour autant subrepticement entamé ».[208] Il doit

---

[207] P.-A. Taguieff, *Les fins de l'antiracisme, op. cit.,* 1995, p. 205.

[208] P-A. Taguieff, avec Michèle Tribalat, *Face au Front national. Arguments...*, op. cit., p. 136.

combattre le terrorisme islamiste et la « délinquance urbaine fortement ethnicisée (dans l´imaginaire de tous les acteurs sociaux) », précisément afin d´éviter qu´ils « ne viennent renforcer les ethnotypes négatifs du « Musulman », du « Maghrébin » ou de l´ »Arabe », en paraissant confirmer les amalgames ordinaires de la xénophobie anti-immigrés ». [209]

Un tel positionnement pouvait indisposer à gauche et être jugé suspect. Peut-être que la démarche visant à rapatrier la nation dans une perspective antiraciste était en soi porteuse de « dérives »? Après tout, dans un autre contexte, le sociologue Luc Boltanski souligne que, souvent, quand nous nous employons à saisir pour le « retourner » l´argument de l´adversaire, nous prenons le risque d´être au contraire retourné par lui.[210]

Cependant cette critique doit elle-même être modérée. Un détour par le Brésil aide à voir combien la nation peut, en effet, servir les causes antiracistes, et particulièrement les discriminations implicites visant les Afro-Brésiliens. La mesure la plus récente, la plus efficace et la plus controversée contre celles-ci, a été l´adoption d´une politique de quotas à l´entrée des universités publiques, favorisant les étudiants afro-brésiliens, dont l´immense majorité est issue de l´enseignement public. Or cette mesure s´appuie sur une vision de l´histoire de la nation, dans un pays qui n´a aboli l´esclavage qu´en 1888. Les argumentations en faveur des quotas mobilisent

[209] *Id., ibid.*, p. 136-137.
[210] L. Boltanski. *Énigmes et complots..., op. cit.,* 2012, p. 336. Le sociologue commente une tentative de rénover le marxisme de l´intérieur, dite « marxisme analytique » : « Ainsi, comme c'est souvent le cas lorsque l'on cherche à utiliser les armes de l'adversaire pour se défendre, le renouvellement analytique du marxisme finira par se retourner progressivement en procès du marxisme ».

presque toujours le thème de la dette historique de la nation brésilienne.

Le film brésilien *Casa Grande* (Fellipe Gamarano Barbosa, 2014), propose une scène que l'on peut juger significative. Une jeune fille, lycéenne de l'école publique, *mestiça* ou *negra*, issue d'un milieu populaire, est invitée à participer au traditionnel déjeuner dominical d'une riche famille *carioca*, blanche, car elle s'est liée depuis peu au fils de la famille, lycéen comme elle, mais dans un établissement d'élite privé. Elle plaide contre le père de famille en faveur des quotas, et rapidement la discussion évolue vers la nation : ce qu'est le Brésil, le poids du passé. C'est la puissance du lien national qui cristallise un « nous » entre ces gens si différents, et c'est une vision de ce « nous » qui informe la défense des quotas.

Mais l'affaire est complexe, puisque, dans le débat public, les adversaires des quotas mobilisent également des arguments antiracistes (le risque d'une « racialisation »), également fondés sur une vision de la nation. P-A. Taguieff nous aide à saisir les raisons de leur antiracisme : il est universaliste, et, dans le contexte particulier du Brésil, aboutit à l'idée selon laquelle, l'abolition de l'esclavage déclarée, et l'égalité devant la loi confirmée, l'essentiel a été fait – point vigoureusement contesté, bien entendu et avec de solides motifs, par les mouvements afro-brésiliens[211]. Par ailleurs, il existe de faux antiracistes, qui argumentent contre les quotas au nom de l'universalité de la loi, mais qui ne se soucient pas du tout, en fait, de faire reculer discriminations et préjugés.

[211] Voir par exemple: A. Kamel, *Não somos racistas. Uma reação aos que querem nos transformar em uma nação bicolor*. Rio de Janeiro: Nova Fronteira, 2006; P. Fry, *A persistência da raça..., op. cit.*, 2005.

À la fin des années 1990, une rupture était consommée. Son évolution l´éloignait d´une gauche dominante parmi les chercheurs intéressés par les questions de racisme et d´antiracisme, et cet éloignement pouvait être suspect. Peut-on expliquer cette évolution par des catégories sociologiques, par exemple la génération, la place dans le « champ académique », l´appartenance à tel laboratoire de recherches ? Ou est-il préférable de ne pas trop solliciter la sociologie des intellectuels, et se convaincre qu´il a suivi l´évolution de ses idées ? Cette seconde option est peut-être plus éclairante. Incarnerait-il par exemple un « antiracisme de droite », très isolé en cela ? Provisoirement, on dira qu´il s´est libéré des dénominations politiques. Après tout, elles ne sont pas indispensables pour penser et chercher.

Dans les années 2000-2004, P-A. Taguieff se consacre à une recherche érudite sur l´Histoire de l´idée de Progrès. Sans doute est-elle suggérée par son évolution – quand on a rompu avec « la gauche », avec quoi exactement a-t-on rompu ? Que faut-il conserver, que faut-il rejeter dans l´idée de progrès, quand on a rompu avec ce qu´il est convenu de nommer le « progressisme » ? C´est l´occasion pour lui de réaffirmer ses positions : ni nationalisme, ni « bougisme » (abandon de toute perspective politique au profit de l´alliage individualisme, marché, globalisation), ni politique minoritaire ou identitaire dépourvue de perspective universaliste. Poussés dans leurs extrémités, les deux antiracismes, l´universaliste et le différentialiste, sont en effet compatibles avec la globalisation libérale. Le Marché en effet, a peu à craindre du « métissage » comme idéologie, des minoritaires – identitaires divisés –, des tenants du cosmopolitisme, puisqu´il peut arguer en être lui-même une incarnation possible. En revanche, un antiracisme républicain pourrait constituer un pôle de résistance[212].

Il y avait sans doute dans une approche républicaine de l'antiracisme quelque chose de trop exigeant, de décevant et de paradoxal. L'exigence est relative à l'anonymat du travail de terrain, loin des médias, des luttes politiques et des intérêts de carrière des personnalités célèbres. La déception est qu'il n'invite pas à une grande confrontation contre le fascisme. Enfin le paradoxe réside dans l'usage du concept de nation contre les xénophobies. De toute façon, il s'agissait de pistes à approfondir et à explorer, non d'un modèle proposé « clé en main », et, sur certains points, proches de ce que faisaient au quotidien, déjà, les organisations antiracistes. Après tout, ce qui l'intéressait le plus, c'était la critique des extrêmes politiques, ce « grand oublié du discours politique, le *polemos* », l'étude des « formes plus ou moins voilées de récusation de la démocratie libérale pluraliste ».[213]

Puis vint, dans les années 2000-2001, une soudaine hausse des violences anti-juives en France.

---

[212] *L'effacement de l'avenir*, Paris : Galilée, Coll. Débats, 2000 ; *Du progrès. Biographie d'une utopie moderne*. Paris : EJL, Coll. Librio, 2001; *Résister au bougisme*, op. cit., 2002. *Le sens du progrès : Une approche historique et philosophique*. Paris : Flammarion, 2004.

[213] Entretien avec A. de Gaudemar, *Libération,* 10 juin 1999, *op. cit.*

CHAPITRE III : LE CHOIX DE L'HÉTÉRODOXIE (I) : LA QUERELLE DE LA JUDÉOPHOBIE (2001-2018)

« *La nouvelle judéophobie ainsi définie n'est donc pas un néo-antisémitisme, mais bien un post-antisémitisme* ».[214]

Dans le chapitre II, nous avons abordé les étapes et les motifs d'une prise de distance. Ce chapitre III et le suivant abordent un moment où la rupture avec la gauche antiraciste est consommée, et s'amplifie beaucoup. Elle est consommée et amplifiée d'abord à propos de l'antisémitisme, thème de ce chapitre, puis à propos d'une série de débats contemporains impliquant le racisme et l'antiracisme, des questions séparées mais connectées, dont le fil directeur est l'articulation entre les différences et l'universalisme (chapitre IV).

Ce qui est en jeu à propos de l'antisémitisme est une définition du racisme, soit l'affirmation que la haine des juifs ne doit pas être exclue du champ de l'antiracisme, ni trivialisée, ou sous-estimée. Contre une partie de l'opinion publique et des intellectuels, P-A. Taguieff défend vers 2001 une thèse articulée selon nous autour de quatre propositions liées : en France aussi et de plus en plus, des

---

214 P.-A. Taguieff, *Prêcheurs de haine. Traversée de la judéophobie planétaire*. Paris : Fayard, 2004, p. 102.

citoyens juifs sont l´objet de haine, donc victimes du racisme, essentialisés négativement ; ce racisme n´a rien à voir avec le vieil antisémitisme de Drumont et de Céline, il n´est pas articulé à une représentation de la race, mais à une vision diabolisée du sionisme ; les auteurs des paroles ou des actes sont pour l´essentiel *des* jeunes – mais en aucune façon *les* jeunes – d´origine ou de culture arabe et musulmane, motivés par une identification avec la cause palestinienne, et par la diffusion sur internet de la propagande islamiste ; les organisations de gauche et les mouvements antiracistes, sauf exception, non seulement refusent de voir le problème ou sous-estiment son importance, mais en plus, parce qu´elles sont elles-mêmes engagées en faveur de la cause palestinienne, créent les conditions d´une incapacité collective à réagir. Elles participent du problème, et non de sa solution.[215]

Toutes ces propositions ont été contestées, non par des mouvements racistes et anti-juifs, mais par des auteurs également et sincèrement antiracistes. Ainsi s´est cristallisée une querelle. Les adversaires de P-A. Taguieff ont dénoncé un racisme imaginaire, et ont attaqué chacune d´entre elles. Lui-même a répondu en dénonçant l´aveuglement devant l´émergence de l'un des grands phénomènes politiques de la fin du XXe siècle, l´affirmation d´un totalitarisme islamiste dont les premières victimes sont les populations qui tombent sous sa coupe, et donc, d´abord, les populations arabes et musulmanes.[216]

---

[215] P.-A. Taguieff, *La nouvelle judéophobie*. Paris : Mille et une nuits, 2002. Le livre a été écrit en 2001. Les ouvrages et articles postérieurs précisent, nuancent, enrichissent une thèse ici affirmée pour la première fois.

[216] B. Bruneteau, « L'islamisme est-il un nouveau totalitarisme? » *Commentaire,* n° 152, 2015-2016, p. 795-799. B. Bruneteau répond positivement, avec nuances.

P.-A. Taguieff a proposé d'appeler « nouvelle judéophobie » la haine des juifs motivée par l'*antisionisme* et inscrite dans un *espace transnational*. Avant 2000, donc avant la hausse des actes anti-juifs en France, il n'avait rien écrit de semblable. Comme on l'a vu dans le chapitre I, la « nouvelle judéophobie » dont il était question dans un long article publié par *Les Temps modernes* en 1989 était l'œuvre de l'extrême droite française, pour l'essentiel, auquel il fallait ajouter quelques marginaux issus de l'ultragauche, l'ensemble constituant le noyau des négationnistes français.[217] Sauf erreur, il n'utilisait pas cette expression dans son ouvrage de 1992 sur les *Protocoles des sages de Sion*.

Étant à l'origine de l'expression « nouvelle judéophobie » et de sa conceptualisation, P-A. Taguieff se place au cœur d'un vaste sujet, celui de l'histoire des haines contre les juifs en France au début du XXIe siècle. C'est une histoire ample et complexe, qui fait intervenir bien entendu de très nombreux acteurs. Nous ne pouvons prétendre en offrir une vision globale, qui nous éloignerait par trop de notre propos. Celui-ci reste précis et limité. Nous voulons savoir quels sont les arguments qui permettent à P-A. Taguieff de parler dès 2001 de « nouvelle judéophobie », pourquoi il met en cause non seulement une partie de la gauche, mais une partie de la gauche antiraciste, comment il lui fut répondu, comment il a répondu à ces réponses.

---

[217] Les études de référence sont : P. Vidal-Naquet, *Les assassins de la mémoire. « Un Eichmann de papier » et autres essais sur le révisionnisme*. Paris : La Découverte, 2005 ; F. Brayart, *Comment l'idée vient à M. Rassinier. Naissance du révisionnisme.* Paris : Fayard, 1996 ; N. Fresco, *Fabrication d'un antisémite.* Paris : Le Seuil, 1999; V. Igounet, *Histoire du négationnisme en France.* Paris : Le Seuil, 2000.

Il ne fait pas de doute que *La nouvelle judéophobie* (écrit en 2001, et publié en janvier 2002) a beaucoup fait pour isoler P.-A. Taguieff de la majorité de la gauche antiraciste. On l´a réprouvé pour trois raisons : il se faisait le porte-parole d´une mauvaise nouvelle, la permanence d´un problème de haine contre les juifs, mais un problème nouveau, pas le résidu d´une vieille histoire, pas les confettis de la haine comme il y a les confettis de l´Empire ; il désignait une partie de la population elle-même victime de discrimination raciste, ce qui a suscité un malaise ; il attaquait frontalement la gauche, en particulier les mouvements situés à la gauche du Parti socialiste, une démarche qui, dans la culture d´un homme de gauche, même, et surtout, modéré – puisque, entre militants de l´extrême gauche, on ne s´épargne pas – ne s´entreprend pas – pas d´ennemi à gauche !

On s´intéressera d´abord à la thèse de P-A. Taguieff. Puis nous présenterons quelques réactions hostiles, la plus significative à nos yeux étant celle de l´historien Michel Dreyfus. Un troisième moment est consacré à un engagement de plus en plus affirmé en faveur de l´État d´Israël – y a-t-il compatibilité entre les valeurs du savant et celles du militant engagé ? Enfin on se demandera si, et dans quelle mesure, les attentats terroristes des années 2012 – 2015 ont modifié la teneur de cette querelle ?

UNE NOUVELLE CONFIGURATION ANTIJUIVE[218]

Dans cette partie, nous analysons chacun des éléments identifiés ci-dessus qui constituent la thèse d´une « nouvelle judéophobie », et nous concluons par une observation sur les motivations de P-A. Taguieff.

L´ancien et le neuf

Avant 2001 P-A. Taguieff n´avait pas écrit de textes concernant l´antisémitisme en France en milieu de culture arabe et musulmane. Ce sont les événements de 2000-2001 qui l´amènent à s´emparer d´un sujet qui n´était pas le sien auparavant. C´est parce que le moteur des actes et des paroles hostiles aux juifs est le sionisme, donc ni le judaïsme, ni l´idée de « race juive », qu´il propose d´abandonner « antisémitisme », afin d´éviter les confusions. Avec d´autres, par exemple Alain Finkielkraut, Shmuel Trigano et Éric Marty, il a été accusé

---

[218] Les actes judéophobes sont recensés par le *Service de protection de la communauté juive* (SPCJ). Cet organisme n´est informé que des actes qui lui sont communiqués. Il existe depuis 1980. Les actes peuvent être physiques (agressions) ou symboliques (menaces, insultes, agressions). En 1999, ont été notés 80 actes, et en 1998, 81. Mais 744 en 2000. Par la suite, l´oscillation balance entre des minima (397 en 2008, 389 en 2011) et des maxima (936 en 2002, 974 en 2004, 851 en 2014). On peut proposer trois observations. La corrélation avec les épisodes de crises en Israël et Palestine est certaine. Ces actes sont très concentrés géographiquement, dans certains quartiers populaires. Les agressions répertoriées furent par exemple 56 en 2010, 57 en 2011, 96 en 2012, 49 en 2013, 108 en 2014. Enfin « la communauté juive » représente moins de 1% des citoyens, mais concentre un nombre très supérieur de victimes, ainsi en 2014 la moitié, selon le SCJP, cité p. 26 dans le premier chapitre, « 2000-2014 : une explosion des actes antisémites », de l´ouvrage de Jérôme Fourquet et Sylvain Manternach, *L´an prochain à Jérusalem? Les Juifs de France face à l´antisémitisme*. Préf. de M. Wieviorka. Paris : Éditions de l'Aube/Fondation Jean-Jaurès, 2016.

d´ « hypocrisie et de mauvaise foi [219] ». Mais ces auteurs ont voulu surtout penser ce qui arrivait dans certains quartiers en France autour de 2000-2001, c´est-à-dire un changement, une évolution, qui demandaient d´abord à être énoncés puis compris : l´augmentation des faits anti-juifs à ce moment n´est guère contestable, ni le contexte et le sens politique de ces actes[220]. L´étude récente de J. Fourquet et S. Manternach a souligné l´impact, parmi les populations juives des *quartiers populaires*, de la montée des actes hostiles aux juifs à ce moment : diffusion de la peur, déménagement hors du quartier, ou de la ville, voire même vers l´étranger. En revanche les quartiers centraux des grandes villes, particulièrement Paris, ou les quartiers bourgeois, n´ont en rien été concernés, ce qui peut expliquer des décalages dans l´appréciation des faits chez les observateurs, et dans une partie de l´opinion[221].

L´enjeu en 2002 pour P.-A. Taguieff est donc d´imposer une discussion dans le débat public français sur « l´apparition d´une vague de judéophobie qui n´a pas de précédent dans la période post-nazie » [222]. En effet, « une

[219] A. Badiou; É. Hazan, *L'antisémitisme partout. Aujourd'hui en France*. Paris : La Fabrique, 2011. On lit sur la quatrième de couverture, bien sûr beaucoup lue : Une « vague d´antisémitisme en France » ? Pourquoi la dénonciation de cette « vague » a-t-elle commencé en 2002, quand a été lancée la guerre contre l´axe du Mal, en Afghanistan, en Irak, en Palestine ? Qu´en est-il de l´antisémitisme en France aujourd´hui ? Est-il, comme le soutiennent certains, la tâche qui stigmatise la jeunesse arabe des quartiers populaires ? ». Un problème est donc nié et délégitimé, renvoyé à la géopolitique (le Moyen-Orient), à l´Histoire (allemande) et au racisme de ceux qui, supposément, auraient des difficultés avec la « jeunesse arabe ».

[220] M. Knobel, *Haine et violences antisémites. Une rétrospective 2000-2013*. Paris: Berg International, 2013. Ce livre propose de nombreuses indications chiffrées concernant les violences contre les juifs.

[221] J. Fourquet ; S. Manternach, *L'an prochain à Jérusalem? Les Juifs de France face à l'antisémitisme, op. cit.*

[222] P.-A. Taguieff, *La nouvelle judéophobie, op. cit.*, 2002, p. 19.

profonde réforme intellectuelle et morale de la « lutte contre le racisme et la xénophobie » s'impose. Il est simplement faux de soutenir que le « racisme anti-arabe » ou « anti-immigré » a historiquement succédé à l'antisémitisme, qui se serait évanoui comme tel ». Ainsi, « il n'est pas moins faux de juger corrélativement qu'il y aurait eu déplacement des modes de stigmatisation, de ségrégation et de discrimination, de l'antisémitisme vers le « racisme anti-arabe ». Que cette vision fausse soit très répandue ne la transforme pas en idée vraie ». Donc, « (...) il n'y a pas eu succession, il y a coexistence entre la xénophobie anti-maghrébine – visant certaines catégories d'immigrés et leurs enfants, petits-enfants, etc. – et la judéophobie [...]. Ces deux formes d'hétérophobies ne peuvent être hiérarchisées (selon une échelle de « gravité ») sans parti pris », ceci étant posé dans une « perspective universaliste ». [223]

L'existence de menaces pesant sur les individus juifs et les institutions juives n'était pas du tout évidente vers 2001, et la dimension anti-juive des islamismes, mais aussi de certains discours nationalistes arabe et palestinien, était sous-estimée. Cependant, ayant travaillé sur la diffusion des *Protocoles des sages de Sion*, P-A. Taguieff avait dix ans plus tôt rencontré ce discours.

Un nouveau racisme

Nous abordons maintenant le second point de la thèse. Même en admettant la gravité d'actes criminels ou de discours visant les Français juifs, ces actes relèvent-ils du

---

[223] *Id., ibid.*, p. 215-216 (nous soulignons).

racisme ? Quand les juifs ne sont plus pris à partie pour leur « race », mais parce qu'on abhorre en eux les « sionistes », sommes-nous en présence de « racisme » ? Après tout, les critiques très vives suscitées par la politique israélienne, particulièrement en Cisjordanie, sont largement partagées dans la société française.

Pour P.-A. Taguieff cet argument sous-estime que l'essentialisation négative est bien la marque du racisme depuis le recul de la croyance en la division de l'humanité en « races ». Cette essentialisation négative opère ici à travers la diabolisation du sionisme, qui, de nationalisme, se transforme en idéologie néfaste et puissante, en un projet global de domination des autres par les juifs. Émerge ainsi « une vision antijuive du monde dans la seconde moitié du XXe siècle »[224] qui est la source des actes anti-juifs, et qu'il n'y a pas de motif de refuser de nommer un « racisme ». D'autant que, selon cette « vision du monde », les « sionistes » complotent et sont eux-mêmes racistes, assimilés aux nazis, et ceci vaut pour la grande majorité des juifs – cristallisation d'une « haine absolue des Juifs fantasmés comme les représentants d'une seule et même entité intrinsèquement négative ».[225]

Certains, nationalistes palestiniens, islamistes, militants d'extrême gauche, ont en commun de voir dans le sionisme essentiellement un impérialisme mâtiné de racisme. S'adressant surtout à ces derniers, qu'il a fréquentés et avec qui il a rompu, P-A. Taguieff lance une mise en garde : depuis 2000, votre antiracisme est le foyer, non pas théorique, mais en actes, d'un virulent racisme anti-juif. Vous devriez vous méfier.

---

[224] P.-A. Taguieff, *La nouvelle judéophobie, op. cit.*, 2002, p. 12.
[225] P.-A. Taguieff, *La nouvelle judéophobie, op. cit.*, 2002, p. 12-13.

Comment nommer les responsables ?

En majorité à notre connaissance, les actes anti-juifs ont été commis par *des* jeunes issus de culture arabo-musulmane et en liaison avec une solidarité imaginée avec la cause palestinienne (au sens où ils ne résident pas en Palestine, et ne sont pas palestiniens). Or, selon P-A. Taguieff, une grande partie de la gauche antiraciste a le plus grand mal à dénoncer le racisme qui les motive. « Un néo-rousseauisme doucereux tient lieu, dans l´univers protégé des élites, d´explication psychologique de ces phénomènes irritants, si contraire à leur vision angélique. La culture de la haine dans les banlieues est jugée normale, elle est pour ainsi dire naturalisée en tant que symptôme global des 'dysfonctionnements' de la République française », vue comme « jacobine » et « raciste ». [226]

Le propos est vigoureux et clair, mais est-il juste ? On reprochera à P-A. Taguieff d´avoir exagéré dans le sens d´un supposé aveuglement.

Une gauche antiraciste complaisante

C´est le cœur de la querelle. P-A. Taguieff dénonce un scandale politique et moral, c´est-à-dire la trahison de l´antiracisme par ceux ou une partie de ceux dont c´était la raison d´être, d´en être les acteurs et les animateurs. Comme il s´agit d´une accusation grave, dont il peut anticiper les conséquences, il prend certaines précautions, afin de tenter de cadrer les limites de la querelle. D´une part il lui faut préciser ses positions sur le conflit israélo-palestinien, et il

---

[226] *Id., ibid.*, p. 204-205.

s'affirme « partisan d'une solution négociée au conflit israélo-palestinien, plus précisément d'une solution politique fondée sur le principe de la coexistence de deux États indépendants » [227] et respectueux de « toutes les croyances religieuses ».[228] D'autre part, invoquant Hannah Arendt qui avait écrit que « ce que j'écris pourra choquer des gens de bonne volonté et être mal exploité par ceux qui, animés par de mauvaises intentions », il affirme s'adresser « à des esprits sensibles à l'argumentation rationnelle et ouverts à la critique de leurs propres certitudes ».[229] Il tente donc de délimiter un périmètre à la querelle qu'il choisit de déclencher.

Pourquoi y aurait-il complaisance, donc complicité avec le racisme, et par conséquent trahison d'un idéal ? D'abord à cause d'une réaction molle et tardive de la part de toutes les élites françaises, alors que « jamais, dans la France d'après-guerre, les amalgames antijuifs n'ont circulé dans autant de milieux sociaux ». [230] Or « il est en effet devenu dangereux de se dire juif, voire de paraître juif dans certaines banlieues des grandes villes françaises, dans certains quartiers dits « sensibles ». Même en France, la judéophobie est de retour ». [231]

---

[227] P.-A. Taguieff, *La nouvelle judéophobie, op. cit.*, 2002, p. 23.
[228] *Id. ibid.*, p. 24.
[229] *Id., ibid.*, p. 21. H. Arendt, « Reflexions on Little Rock », *Dissent*, 6/1, 1959. Ce texte a suscité beaucoup de réticences et d'hostilités parmi le mouvement noir américain, et au-delà, donc un débat interne aux antiracistes. La biographie d'H. Arendt par Elisabeth Young-Bruehl rend compte de cette discussion. H. Arendt défendait le droit des États fédérés, et surtout craignait que le *busing*, le transport d'enfants noirs, minoritaires dans un milieu scolaire blanc, favorise l'émergence en milieu afro-américain de l'équivalent du *parvenu* juif, l'individu toléré, vaguement méprisé, non désiré, toujours porté à s'excuser d'exister.
[230] P.-A. Taguieff, *La nouvelle judéophobie, op. cit.*, 2002, p. 11.
[231] *Id., ibid.*, p. 11-12.

Bien sûr les mouvements et organisations antiracistes auraient particulièrement dû se mobiliser. Il dénonce – en 2001-2002 donc – un « singulier antiracisme, qui sélectionne soigneusement, parmi les victimes de la stigmatisation et de la discrimination, les bonnes et les mauvaises »[232], un « antiracisme sélectif et compassionnel ».[233]

Au contraire, la gauche antiraciste aurait contribué à un climat favorable à la diffusion des stéréotypes judéophobes à cause de son appui sans restriction à la cause palestinienne - « Un pro-palestinisme compassionnel », un « motif de propagande [qui] s´articule à des amalgames polémiques en rafales, dont on peut reconstruire ainsi la logique : Juifs = sionistes (= Israéliens) ; sionisme = colonialisme, impérialisme et racisme ; Sharon = Hitler (fasciste) » et donc « Israéliens = nazis (ou fascistes) ».[234]

Plus spécifiquement, « Israël incarne le diable, le « sionisme » représente l´ennemi absolu, et, derrière ces figures visibles et ces dénonciations dicibles, les Juifs sont perçus comme des êtres inquiétants, malfaisants, redoutables ».[235] Ce point est sans doute décisif. Une chose est d´interroger la fixation anti-israélienne de la gauche radicale, puisqu'après tout, les figures du mal en politique sont très nombreuses, y compris et surtout au Moyen-Orient ; autre chose est d´écrire que, pour cette gauche radicale, les juifs représenteraient « des êtres inquiétants, malfaisants, redoutables », accusation grave qui n´est pas soutenue par des exemples. C´est là, pensons-nous, sous-estimer le poids d´une indéniable culture antiraciste, anti-antisémite. Les adversaires de P-A. Taguieff auront beau

---

[232] P.-A. Taguieff, *La nouvelle judéophobie, op. cit.*, 2002, p. 89.
[233] *Id., ibid.*, p. 91.
[234] *Id., ibid.*, p. 92-93.
[235] P.-A. Taguieff, *La nouvelle judéophobie, op. cit.*, 2002, p. 20.

jeu de parler d´un racisme imaginaire, inventé pour les besoins de la cause. Car, où et quand a-t-on lu dans les textes issus de la gauche ou de l´extrême gauche, des juifs représentés comme « inquiétants, malfaisants et redoutables » ? Ou des textes suggérant ce genre de représentations judéophobes ?

Toutefois l´affaire est complexe, et P-A. Taguieff a pu aller trop loin dans une démonstration qui, cependant, soulevait un vrai problème. En prenant le parti de la cause palestinienne, une partie majoritaire de la gauche radicale se serait enfermée dans un cadre conceptuel, d´où elle ne peut sortir sans se démentir ou se contredire, et dans lequel la cause palestinienne étant juste, ses militants le sont aussi. Mais cet univers de justice, ce « bloc » comme la Révolution française l´est pour certains, a beaucoup de mal à identifier ce qui devait être visible en 2001-2002, donc un islamisme dangereux pour la démocratie, et judéophobe. Dans la suite du texte, c´est surtout dans ce sens qu´il évoque une gauche complaisante. Elle n´est pas hostile aux juifs, mais elle crée les conditions pour que la nouvelle hostilité aux juifs soit sous-estimée. Le problème n´est pas neuf, puisque Léon Poliakov par exemple l´avait perçu dès 1969, mais il prend une nouvelle proportion dans les années 2000-2001[236].

Bien entendu on peut reprocher à P-A. Taguieff de ne pas faire les distinctions nécessaires entre les nombreux partis, associations, groupements, composant l´extrême gauche.

---

[236] L. Poliakov, *De l'antisionisme à l'antisémitisme*. Paris : Calmann-Lévy, 1969.

Le rôle de l´intellectuel

On trouve également dans *La nouvelle judéophobie* une réflexion sur l´intellectuel. Celui-ci doit « contribuer à la nécessaire désacralisation des conflits, à la démythisation de leurs raisons et de leurs enjeux, à leur retraduction dans le langage du politique ». [237] Or précisément le bât blesse. De nombreux penseurs ne sont pas guidés par la défense des libertés. P-A. Taguieff vise explicitement ainsi « ces sociologues britanniques [qui] contribuent ainsi, en « idiots utiles », au nom du dogme multiculturaliste (ou plus exactement multi-communautariste), à interdire toute critique des multiples formes de l´islamisme qui ont trouvé en Grande-Bretagne un lieu d´accueil privilégié ». [238] Le ton est polémique parce qu´il s´agit d´un livre d´intervention, qui veut susciter une discussion. Mais il s´inscrit dans une tradition, puisque la critique de la trahison de la liberté par ceux qui auraient le plus intérêt à sa défense est ancienne : en 1930 Julien Benda dénonçait la *trahison des clercs,* et Raymond Aron déplorait en 1954 l´*opium des intellectuels.* Les islamismes posent des problèmes qui ne sont donc pas inédits. P-A. Taguieff à son tour se désole du manque de courage face à « un Islam et une islamophilie qui impressionnent et intimident beaucoup de monde, depuis l´affaire Rushdie, notamment dans les sociétés occidentales où triomphent les valeurs de l´individualisme hédoniste qu´accompagne un pacifisme diffus de principe ». [239] George Orwell l´avait écrit : « les intellectuels sont portés au totalitarisme bien plus que les gens ordinaires » et « ce qui est sinistre, c´est que les

---

[237] P.-A. Taguieff, *La nouvelle judéophobie, op. cit.,* 2002, p. 25.
[238] P.-A. Taguieff, *La nouvelle judéophobie, op. cit.,* 2002, p. 139.
[239] *Id., ibid.,* p. 149-150.

ennemis conscients de la liberté sont ceux pour qui la liberté devrait signifier le plus ».[240]

C´est donc au nom d´une certaine éthique du rôle de l´intellectuel que P-A. Taguieff a opté pour le conflit. Il aurait pu adopter un ton beaucoup plus amical avec ces cibles, par exemple le ton d´un désaccord entre chercheurs proches sur l´essentiel. Ce n´est pas du tout cette voie qu´il a suivie. Au contraire, il a voulu critiquer *de l´extérieur* la gauche radicale antiraciste, laissant clairement percevoir qu´il ne s´agissait pas d´une autocritique – par exemple il n´écrit pas « nous, à gauche, n´avons-nous pas eu tendance à… ».

Divers intellectuels ont répondu, tous antiracistes comme P-A. Taguieff. Ils se sont déclarés stupéfiés par le manque d´exemples précis de son livre. La plupart des textes cités viennent du Moyen-Orient, et non de France,

---

[240] P.-A. Taguieff, *La nouvelle judéophobie, op. cit.*, 2002, p. 230-231. Ces citations proviennent de S. Leys, *Orwell ou l'horreur de la politique*. Paris : Hermann, 1984, p. 70. Simon Leys cite G. Orwell dans *The Collected Essays*. New York : Harcourt, Brace & World, 1968, vol. III, p. 148. La seconde phrase est extraite de la même édition vol. IV, p. 70 : « *Secondly there is the fact that the intellectuals are more totalitarian in outlook than the common people* » ; « *But what is sinister, as I said at the beginning of this essay, is that the conscious enemies of liberty are those to whom liberty ought to mean most* ». Elisabeth Young-Bruehl signale la déception d´H. Arendt face à l´attitude passive ou complaisante de beaucoup d´intellectuels en 1933 : « Je vivais dans un milieu d´intellectuels, mais je connaissais également un tas d´autres personnes : je finis par en arriver à la conclusion que suivre le mouvement était pour ainsi dire la règle pour les intellectuels, alors que ce n´était pas le cas pour d´autres milieux » (H. Arendt en 1964, citée par E. Young-Bruehl. *Hannah Arendt, op. cit.*, 2011, p. 138). Le romancier algérien Boualem Sansal propose des observations proches dans *Gouverner au nom d'Allah. Islamisation et soif du pouvoir dans le monde arabe*. Paris : Gallimard, 2013, p. 94-95.

beaucoup sont anciens, et donc ne renvoient pas aux années 2000-2001, beaucoup peuvent être lus comme une critique des politiques israéliennes, et non comme l'expression d'une haine des juifs répandue dans la gauche française. Le fait nous semble incontestable, et un malentendu s'est cristallisé à ce sujet, dont P-A. Taguieff est, pensons-nous, responsable, ainsi qu'on l'a vu plus haut. S'il s'agit de mettre en cause des militants ou des intellectuels, par exemple trotskystes, pour leur « haine des juifs », alors le dossier rassemblé par lui est certainement très insuffisant ; mais, s'il s'agit de constater, avec une certaine consternation, qu'Israël et le sionisme occupent une place démesurée dans l'imaginaire politique de cette fraction du champ politique (démesurée car il existe bien d'autres incarnations du mal en politique, et parce qu'il y a bien des raisons de contester que le sionisme puisse être réduit à un mal), et que cette place très négative ne prépare pas du tout les militants, sincèrement antiracistes, à la réalité de l'émergence d'une haine des juifs *parce que « sionistes »*, alors P-A. Taguieff a posé dès ces années 2001-2002 une question forte et juste, pertinente, et il l'a fait *relativement* isolé.

Naturellement, il lui a été répondu.

LES CONTRADICTEURS

Différents auteurs ont écrit depuis 2002 contre la thèse d´une « nouvelle judéophobie ». Ils nient son existence, ou expriment leur perplexité (s´agit-il de racisme?), ou demandent que son importance soit beaucoup diminuée. Presque tous soupçonnent le chercheur P-A. Taguieff de s´être laissé guider par un biais favorable à la cause sioniste. A. Badiou et E. Hazan se sont désolés que la « jeunesse arabe et noire » soit mise en cause. I. Segrée a dénoncé en P-A. Taguieff un auteur « occidentaliste », E. Balibar l´a jugé complotiste, et D. Bensaïd confus[241]. Aucune de ces réponses n´emporte la conviction. Soit les auteurs nient le problème soulevé et l´imputent à la défense de l´ordre politique et social en France (A. Badiou et E. Hazan) ou dans le monde (I. Segrée) ; soit ils dissolvent le problème dans la généralité d´un racisme également anti-juif et anti-arabe (E. Balibar) ; soit ils renvoient à la responsabilité imminente des dirigeants de la « communauté juive », alignés sur les positions du gouvernement israélien (D. Bensaïd, A. Badiou et E. Hazan). Dans tous les cas, les mises en garde de P-A. Taguieff sont balayées. Elles seraient l´écho du parti de l´ordre contre le parti de la Révolution ou de l´émancipation. Elles sont en somme « de droite », en tous cas réactionnaires, l´expression d´un moment – « *When*

---

[241] E. Balibar, « Un nouvel antisémitisme ? », in *Antisémitisme : l'intolérable chantage. Israël-Palestine, une affaire française ?* Paris : La Découverte, 2003 (divers auteurs) ; D. Bensaïd. *Fragments mécréants : sur les mythes identitaires et la république imaginaire*. Paris : Léo Scheer, 2005 ; I. Segré, *La réaction philosémite*. Paris : Nouvelles Éditions Lignes, 2009. A. Badiou ; É. Hazan, *L'anti-sémitisme partout. Aujourd'hui en France*. Paris : La Fabrique, 2011.

Jews turn Right » s'inquiète la même année 2002, l'historien des idées Daniel Lindenberg.[242]

Parmi les contradicteurs, on retiendra d'abord la réflexion de Michel Dreyfus, la plus riche nous semble-t-il, puis celles des divers auteurs cités ci-dessus.

Michel Dreyfus, la défense de la gauche

Michel Dreyfus est un historien éminent et reconnu dont l'œuvre est surtout consacrée à différents aspects de l'histoire du mouvement ouvrier[243]. Il a publié en 2009 *L'antisémitisme à gauche. Histoire d'un paradoxe, de 1830 à nos jours*, un livre présenté avec grande clarté – « Nous n'avons manifesté aucune complaisance pour la gauche, mais nous affirmons qu'en matière d'antisémitisme elle a eu depuis ses origines, une responsabilité infiniment moindre que la droite et surtout l'extrême droite ». [244]

De fait, P.-A. Taguieff est l'une des cibles de M. Dreyfus. La critique, formulée dans un style courtois et modéré, s'organise autour de trois questions, et vise les différents livres publiés par P-A. Taguieff sur le sujet entre 2002 et 2008.

Tout d'abord, le poids de la gauche radicale dans la diffusion de thèmes hostiles aux juifs serait grossièrement exagéré, et au contraire, le Front national serait oublié dans ses travaux des années 2000. Ensuite, le moment actuel, les

---

[242] D. Lindenberg, *Le Rappel à l'ordre : Enquête sur les nouveaux réactionnaires*. Paris : Le Seuil, 2002.
[243] M. Dreyfus, *Liberté, égalité, mutualité. Mutualisme et syndicalisme en France (1852-1967).* Paris : Éditions de l'Atelier, 2001.
[244] M. Dreyfus, *L'antisémitisme à gauche. Histoire d'un paradoxe, de 1830 à nos jours.* Paris : La Découverte, 2009, p.18.

années 2000, ne serait pas caractérisé par une situation si grave – rien de commun en intensité avec les épisodes historiques précédents. Enfin l´hypothèse d´un nouveau racisme, fondé sur la diabolisation du sionisme, lui semble faible, puisqu'en général les exemples sollicités relèvent plutôt de la critique sévère de la politique israélienne. L´ensemble de la thèse de P-A. Taguieff est donc réfutée. Elle traduirait « une inquiétude réelle »[245], mais très exagérée, liée à deux causes, d´une part divers facteurs internes dont les transformations de la communauté juive, engagée dans une « communautarisation croissante », d´autre part « la montée de la peur de l´islam en France ».[246]

Au terme d´une discussion pondérée et argumentée, M. Dreyfus aboutit à des conclusions très défavorables à P-A. Taguieff. Celui-ci aurait surinterprété les sources à sa disposition. Celles-ci n´indiquent pas que les dirigeants ou militants de gauche mis en cause soient antisémites.

Dans le cadre de notre enquête, nous nous limiterons à un exemple. Il nous semble significatif du malentendu qui s´est noué dans ce débat, et qui a mené M. Dreyfus à formuler des conclusions aussi sévères – à notre sens trop sévères.

Michel Dreyfus cite, après P-A. Taguieff, une déclaration du leader écologiste José Bové. Selon M. Dreyfus, elle n´est en aucune façon antisémite, et par conséquent, P-A. Taguieff se serait égaré quand il l´a prise comme illustration dans son ouvrage *La Judéophobie des modernes* (2008)[247]. En fait, dans ce livre, elle est précédée d´un rappel par P-A. Taguieff de son hypothèse de travail.

---

[245] *Id., ibid.*, p. 263.
[246] *Ibid.*, p. 273.
[247] *Id., ibid.*, p. 263. M. Dreyfus cite *La judéophobie des modernes. Des Lumières au Jihad mondial*. Paris : Odile Jacob, 2008, p. 415.

« C'est dans l'absolu rejet du « sionisme », d'un « sionisme » mythifié », que convergent islamismes et extrême gauche, dans une « vision du monde manichéenne qui nous plonge dans le mythe et dépolitise l'approche des conflits, lesquels deviennent ainsi des problèmes insolubles ».[248] Or voici les propos tenus par José Bové le 6 octobre 2001 : « Israël est une sentinelle avancée de la colonisation libérale. Ce combat doit s'inscrire dans la grande lutte contre la domination du monde par l'idéologie libérale. (...) La lutte pour les droits du peuple palestinien s'inscrit dans la lutte contre la mondialisation financière, dans la mesure où il s'agit d'instaurer un principe : celui d'un véritable partage des richesses économiques entre les Israéliens et les Palestiniens ».[249]

Selon P.-A. Taguieff, « il y a là une manière de faire renaître le mythe répulsif des « dynasties financières », de la domination du monde par la « haute finance », celui des « véritables maîtres du monde ». Renaissance du mythe Rothschild, à travers certaines transformations : Israël remplace la famille Rothschild, et la « mondialisation financière » joue le rôle de la « fortune anonyme et vagabonde ». On n'est pas très loin de la vision des « Sages de Sion » régnant sur la planète ». Au contraire, pour M. Dreyfus, « cette assimilation n'est nullement démontrée et Pierre-André Taguieff ne fournit aucune formulation antisémite de l'extrême gauche française à l'égard de la mondialisation financière ».[250]

---

[248] P.-A. Taguieff, *La judéophobie des modernes..., op. cit.*, 2008, p. 414.
[249] José Bové cité par *idem. La judéophobie des modernes..., op. cit.*, 2008, p. 415.
[250] M. Dreyfus, *L'antisémitisme à gauche..., op. cit.*, 2009, p. 263. Le discours de J. Bové n'est cité intégralement ni par P-A. Taguieff ni par M. Dreyfus. Ce qui nous intéresse n'est pas proprement dit le positionnement de J. Bové, mais le débat à son sujet. C'est pourquoi

Toutefois, le propos de P-A. Taguieff n´était pas d´affirmer « l´antisémitisme » de José Bové, à la manière de Drumont ou de Céline. Il est de réprouver une gauche radicale qui dresse un portrait manichéen de la situation au Proche-Orient, pour laquelle l´État d´Israël est le mal (« une sentinelle avancée de la colonisation libérale »), et donc, implicitement, les Palestiniens, le Bien.

Précisément, la vision de J. Bové mérite d´être questionnée. Il existe en Israël des syndicats, un mouvement ouvrier, une législation sociale. Il s´agit d´une réalité complexe. Pourquoi la réduire à l´état de « *sentinelle avancée de la colonisation libérale* » ? De la même façon, le mouvement national palestinien est complexe. Est-il essentiellement anti-néo-libéral ? Par exemple, le mouvement Hamas peut-il s´inscrire dans la tradition des gauches arabes et européennes ? Le lien entre, d´une part, la lutte nationale des Palestiniens, devenue au fil du temps, dans certaines de ses composantes, de plus en plus religieuse, et, d´autre part, le combat des gauches européennes contre la globalisation, est nébuleux. J. Bové et les personnes à qui il s´adresse ne sont certainement pas antisémites au sens « historique » du terme. Mais le propos de P-A. Taguieff est précisément de saisir une émergence, et non une répétition. Une disposition au manichéisme est aussi une disposition à l´aveuglement, et une prédisposition à la complaisance. Ce sont cette disposition et cette prédisposition qu´il questionne.

Il existe naturellement des zones grises, douteuses. P-A. Taguieff a-t-il raison de comparer Israël et la famille Rothschild, jouent-ils des rôles analogues de stigmatisation des juifs ? On peut le contester, comme on peut aussi être

---

nous n´avons pas poursuivi l´enquête sur les prises de position de J. Bové.

frappé par la facilité avec lequel les discours antisionistes « radicaux » (manichéens) circulent dans une certaine extrême gauche, sans susciter beaucoup de critiques.

Selon M. Dreyfus, le propos relève du délire interprétatif. Celui-ci s'expliquerait par un engagement total et aveugle, par une « relation passionnelle » avec Israël[251]. Cependant M. Dreyfus a lui-même choisi l'exemple de l'intervention de José Bové. Or ce dernier critique bien le sionisme en tant que tel, et non telle ou telle politique israélienne. Il présente le complexe conflit israélo-palestinien en un affrontement opposant le Mal (la globalisation, le capital) et le Bien. L'interprétation de P-A. Taguieff est peut-être erronée, mais elle n'est pas absurde, portée par un aveuglement pro-israélien : si l'objectif est la destruction de l'économie de marché, et si Israël en constitue un avant-poste, la conclusion coule de suite. Peut-on compter sur ce militantisme pour combattre un racisme anti-juif fondé sur l'antisionisme circulant dans *certains* milieux de culture arabe et musulmane ? C'est la question soulevée par P-A. Taguieff.

Pour approfondir le sujet, il faudrait reprendre l'ensemble des déclarations du leader écologiste sur le sujet. Nous ne le ferons pas, puisque notre propos n'est pas celui-là. Mais nous ne partageons pas la conclusion de Michel Dreyfus : « le procès en antisémitisme fait par Pierre-André Taguieff et d'autres à la gauche et l'extrême gauche ne semble donc pas fondé ».[252] Cela, pour trois motifs :

1. La question n'est pas exactement de savoir si J. Bové et d'autres sont « antisémites » au sens traditionnel du mot. La

---

[251] M. Dreyfus, *L'antisémitisme à gauche..., op. cit.,* 2009, p. 265. L'historien évoque différents intellectuels, par exemple A. Finkielkraut.
[252] M. Dreyfus, *L'antisémitisme à gauche..., op. cit.,* 2009, p. 269.

discussion soulevée est le manichéisme d'un discours anti-israélien qui a de fortes chances de confluer et de résonner avec des discours de haine venus du Moyen-Orient.

2. Le problème du manque d'empathie, ou de l'indifférence, vis-à-vis de Français juifs attaqués comme « sionistes », chez des militants en toute bonne conscience antiraciste, est un vrai problème.

3. Le problème posé par les islamismes est contourné par M. Dreyfus. Or il est capital, et il au cœur du livre *La nouvelle judéophobie*. D'une part quand M. Dreyfus évoque les actes anti-juifs de la décennie 2000, il est très discret sur les auteurs de ces actes, ils n'apparaissent que de façon allusive et indirecte (p. 260-262). D'autre part, les islamismes ne sont vus qu'à travers « la peur » qu'ils suscitent chez certains, comme P-A. Taguieff ou Caroline Fourrest, désignés comme des « intégristes de la République ». La peur est le contraire de la lucidité dans ce contexte. Toutefois, alerter sur un danger n'est pas nécessairement manquer de lucidité, si ce danger est réel.

Le débat M. Dreyfus / P-A. Taguieff est éclairant. L'antisémitisme historique fait écran au phénomène nouveau que P-A. Taguieff veut saisir et par ailleurs, P-A. Taguieff a eu *une* formule maladroite, mais stratégiquement située dans son livre, à la fin de l'introduction, au moment où il présente sa thèse – il n'aurait pas dû écrire que l'extrême gauche française risquait de verser dans l'antisémitisme. La conjugaison d'un écran et d'une maladresse contribue à expliquer que *La nouvelle judéophobie*, livre écrit certainement pas de la gauche, mais pour la gauche, n'a pas été bien reçu par ses destinataires. Pourtant, la réflexion stimulante de l'économiste et philosophe marxiste Moishe Postone suggère qu'aux problèmes soulevés par P-A. Taguieff, il aurait pu être répondu différemment[253].

Ivan Segré : contre la défense de l'Occident

Ivan Segré est philosophe, et a consacré un livre à « *La réaction philosémite* ».[254] La thèse du livre est la suivante : un groupe d'intellectuels français juifs trahit la vocation juive à exprimer une voix critique et contestatrice de l'ordre social. Ils forment un groupe « d'intellectuels communautaires », mais en fait, derrière le prétexte d'une défense du sionisme, se trouve un discours réactionnaire, défendant l'occident et le capitalisme, et sa principale incarnation, les États-Unis. Au contraire, le « particularisme juif » consiste à critiquer les puissants au nom de la Justice. Bien que P-A. Taguieff ne soit pas juif, il est intégré par l'auteur au groupe des intellectuels visés (par exemple Shmuel Trigano ou Raphaël Draï), faussement « communautaires » et vraiment « réactionnaires », donc surtout des défenseurs de l'ordre social et géopolitique[255].

Le problème posé par P-A. Taguieff – l'émergence d'une configuration judéophobe assimilant le sionisme au Mal, et les juifs au sionisme – est simplement renvoyé à une supposée défense de la *pax americana*, de

---

[253] M. Postone, *Critique du fétiche capital. Le capitalisme, l'antisémitisme et la gauche*. Paris : Puf, 2013.

[254] I. Segré, *La réaction philosémite.* Paris : Nouvelles Éditions Lignes, 2009, pp. 9-12.

[255] Les autres auteurs visés sont Raphaël Draï, Shmuel Trigano, Alexandre Adler, Alain Finkielkraut, André Kaspi, Emmanuel Brenner (Georges Bensoussan) et Orianna Fallaci. Le chapitre III s'intitule « Anti-Taguieff. Pierre-André Taguieff bouleverse la science ».

« l´Occident » [256], et même du Vatican[257]. Ainsi, selon I. Segré, « dans la perspective qui est celle de Taguieff (…), l´Occident est un bienfaiteur universel en proie à l´ingratitude ».[258] P-A. Taguieff ne serait pas un chercheur antiraciste, mais un défenseur de l´Occident. « Défendre le sionisme, lutter contre l´antisémitisme, ou reconquérir les territoires perdus de la République française, c´est en effet précisément la même chose, dès lors que défendre Israël, c´est défendre le signifié d´Israël, autrement dit l´Occident (Israël compris), et par conséquent l´Algérie française : ses méthodes, ses fantasmes, sa mystique. »[259]

Donc P-A. Taguieff aurait tout confondu, et serait devenu un défenseur de la « vocation universelle de la civilisation occidentale » [260], et implicitement de la torture en Algérie. Pourtant, dès son livre sur *Les Protocoles des Sages de Sion*, il a essayé de distinguer sous forme d´idéaux types les discours antisionistes (voir chapitre 1). Par ailleurs, la notion « d´universalisable » implique adaptation et traduction, il ne s´agit pas d´imposer au monde un « modèle occidental », d´autant plus que celui-ci, s´il existe, est largement critiqué par P-A. Taguieff, par exemple dans *Résister au bougisme*.

---

[256] E. Traverso, *Le totalitarisme : Le XXe siècle en débat.* Paris : Le Seuil, 2001.

[257] I. Segré vise un chapitre du livre Les *fins de l'antiracisme* (1995), « Les variations de l'antiracisme chrétien », p. 83-122. Ce chapitre s´intéresse en particulier à la richesse de l´œuvre de J. Maritain. Il anticipe les travaux postérieurs de François Azouvi sur *Le mythe du grand silence. Auschwitz, les Français, la mémoire*. Paris : Fayard, 2012.

[258] I. Segré, *La réaction philosémite. op. cit.,* 2009, p. 160.

[259] *Id., ibid.*, p. 166. G. Bensoussan (dir.). *Les territoires perdus de la République : Milieu scolaire, antisémitisme, sexisme.* Paris : Mille et une nuits, 2002.

[260] *Id., ibid.*, p. 155.

I. Segré a donc construit sur mesure un intellectuel « occidentaliste » qui n'existe pas. L'admiration pour un certain antiracisme catholique, celui de Jacques Maritain, ne fait pas de P-A. Taguieff un « homme du Vatican ». Il n'a jamais défendu la « *vocation* universaliste de l'Occident », une formule qui implique une posture impérialiste, mais la possibilité, pour les peuples qui le souhaitent, de se saisir de conceptualisations favorables à la liberté, et nées en Occident. Bien sûr, il est possible de lui reprocher de négliger les pensées de la liberté non occidentale, mais c'est une autre critique, plus juste, différente de celle formulée par I. Segré[261].

Alain Badiou et Éric Hazan : « pour ou contre les révolutions populaires ? »[262]

Alain Badiou et Éric Hazan sont célèbres respectivement pour leurs travaux de philosophe et d'éditeur. Le petit livre publié en 2011 (60 pages) nie qu'il existe quoi que ce soit comme un nouvel antisémitisme ou une « nouvelle judéophobie ». Il existe plutôt selon eux un malentendu politique, dont la responsabilité incombe à la communauté juive, ou plus exactement à ceux qui se prétendent ses représentants, singulièrement le CRIF. Des faits racistes ont donc été exagérés dans la décennie 2000, cela pour incriminer la « jeunesse française noire et

261 Observation de l'anthropologue Kabengele Munanga, lors de notre soutenance de thèse.

262 A. Badiou ; É. Hazan, *L'antisémitisme partout..., op. cit.*, 2011, p. 60. « Pour ou contre les révolutions populaires », tel est l'enjeu de la querelle de la judéophobie.

arabe ».[263] P-A. Taguieff et d´autres devraient savoir qu´il n´est pas si difficile d´expliquer les actes hostiles contre les juifs, il provient de l´amalgame, malheureux mais compréhensible, entre une population identifiée comme juive, le CRIF et les Israéliens[264]. Les auteurs évoquent une « hostilité politique mal politisée », et ajoutent ceci : « choisir le mot « antisémite » pour qualifier le sentiment politique de cette jeunesse, prétendre que cet antisémitisme est en « montée » n´est aucunement la description d´une situation réelle mais une *opération de stigmatisation* ». [265]

L´enjeu de la réplique est donc d´une part de nier qu´il existe un phénomène de recrudescence du racisme antijuif, d´autre part de réaffirmer que les véritables victimes du racisme restent « la jeunesse noire et arabe ».[266] Évoquer une « nouvelle judéophobie », ce serait cacher un racisme réel au moyen d´un racisme imaginaire, écrivent en somme A. Badiou et E. Hazan.

Pourtant, si l´on revient aux écrits de P-A. Taguieff, il est difficile de suivre les deux auteurs : « Cette complaisance [des élites politiques et médiatiques envers la délinquance des jeunes] a pour conséquence de frapper d´inexistence tous les autres « jeunes » des « cités », malgré tout fort nombreux, qui ne sont ni délinquants, ni islamistes ! Ces jeunes gens qui, en dépit du cumul des handicaps, respectent les lois et les institutions de leur pays,

---

[263] A. Badiou ; É. Hazan, *L'antisémitisme partout..., op. cit.,* 2011, p. 18.

[264] A. Badiou ; É. Hazan, *L'antisémitisme partout..., op. cit.,* 2011, p. 18-19.

[265] *Id., ibid.,* p. 20-21.

[266] *Id., ibid.*, p. 21.

travaillent dans des conditions souvent difficiles, et ne méprisent pas l'école de la République », écrit-il en effet.[267]

Les perspectives politiques opposées se sont donc déplacées sur le terrain de l'antiracisme. Dans une perspective « révolutionnaire », il n'est pas impossible que « les jeunes des quartiers populaires » – un groupe très divers en réalité – soient les acteurs principaux d'un futur mouvement politique de contestation de l'ordre social. Groupe opprimé par essence, toute critique qui viserait certains des individus qui le composent est suspecte. Le livre *La nouvelle judéophobie* dissimule donc une agression de la réaction. Le titre « *L'antisémitisme partout* » est une antiphrase, et il doit être lu correctement : il n'y a pas d'antisémitisme, le problème soulevé n'existe pas. Il n'existe qu'une oppression israélienne, et une oppression capitaliste. Le problème est dissous.

Étienne Balibar et Guillaume Weill-Raynal : complots et sophismes

Un article du philosophe Étienne Balibar publié en 2003 conteste la thèse de la « nouvelle judéophobie », de même qu'un livre publié en 2005 par le journaliste Guillaume Weill-Raynal[268].

Le propos d'Étienne Balibar consiste à affirmer que la meilleure méthode, pour comprendre la situation du

---

[267] P.-A. Taguieff, *La nouvelle judéophobie..., op. cit.*, 2002, p. 208.

[268] É. Balibar, « Un nouvel antisémitisme? » in : *Antisémitisme : l'intolérable chantage. Israël-Palestine, une affaire française ?* Paris : La Découverte, 2003, livre collectif avec les contributions d'Étienne Balibar, Rony Brauman, Judith Butler, Sylvain Cypel, Éric Hazan, Daniel Lindenberg, Marc Saint-Upéry, Denis Sieffert, Michel Warschawski.

racisme et de l´antisémitisme et pour agir sur elle, est de considérer « la judéophobie et l´arabophobie dans un même complexe antisémite », afin d´éviter « la cristallisation des préjugés dans la situation actuelle, et notamment en Europe. Elle désigne une redoutable machine de capture mentale à laquelle il est d´autant plus vital de résister qu´elle est susceptible de tourner les fronts établis de l´antiracisme (Le Pen, on le sait, ne fera aucune difficulté à se déclarer admirateur de Saddam Hussein aussi bien que d´Ariel Sharon) ». En effet la situation actuelle « est en mesure d´exploiter au plus profond de chacun de nous le sentiment de justice ou de solidarité qui porte à s´engager en faveur de causes dans lesquelles les rôles historiques de victimes et de bourreaux s´échangent ou s´inversent ». [269]

Une bonne méthode antiraciste consisterait ainsi à envisager ensemble tous les préjugés visant les Arabes et les juifs, également « sémites », en particulier pour éviter que des sympathisants ou militants hostiles à Israël succombent à l´antisémitisme. É. Balibar souhaite donc modifier le sens habituel du mot « antisémitisme », ceci en s´appuyant sur Hannah Arendt, qui « demandait à juste raison que l´antiracisme se fonde sur une conception active, évolutive, autocritique de l´ennemi même qu´il combat, au lieu d´en rester à la dénonciation du mal et à l´identification aux persécutés. » [270]

Une telle proposition pouvait-elle réconcilier des chercheurs également antiracistes ? C´est très douteux pour au moins trois raisons. La première est que pour P-A. Taguieff, Shmuel Trigano ou Éric Marty, le phénomène majeur est la cristallisation de la haine du juif « sioniste », un point qui est perdu par la référence à une commune

---

[269] É. Balibar, « Un nouvel antisémitisme ? ». In: É. Balibar *et al.* *Antisémitisme..., op. cit.,* 2003, p. 96

[270] É. Balibar, « Un nouvel antisémitisme? » p. 96.

identité « sémite ». Par ailleurs, évoquer une *inversion*, l´ancienne victime devenant bourreau, participe précisément d´une rhétorique qui diffuse la haine contre les juifs - sionistes - israéliens - nazis.

Enfin, une note consacrée à P-A. Taguieff constitue la troisième raison, puisque É. Balibar accuse le premier de complotisme : « Il est très frappant de voir surgir en France (...) des discours mimétiques transposant du « complot juif » au « complot arabe » et/ou « antisémite » (résultant de la collusion des nationalistes arabes, de l´islamisme militant, de l´anticolonialisme « tiers-mondiste » dans les pays occidentaux), par exemple chez Pierre-André Taguieff (*La Nouvelle Judéophobie*, Mille et une nuits, Paris, 2002) » - pourtant « P.A. Taguieff est lui-même l´auteur d´une édition commentée du *Protocole des Sages de Sion* ». [271]

Le propos n´est pas plus convaincant. P-A. Taguieff n´évoque jamais dans *La nouvelle judéophobie* un complot arabe, il rend compte dans cet ouvrage (et surtout dans son livre précédent sur les *Protocoles des Sages de Sion*) du complotisme antisioniste diffusé dans le monde arabe – les deux choses sont bien différentes, et rien n´autorise à voir dans *La nouvelle judéophobie* un ouvrage complotiste.

La condamnation du travail de P.-A. Taguieff est également très forte chez Guillaume Weill-Raynal, qui évoque des « sophismes ». [272] Par exemple, à lire P-A. Taguieff, toute critique d´Ariel Sharon relèverait de l´assimilation des Israéliens aux nazis, et participerait donc à une forme de judéophobie[273].

---

[271] *Id., ibid.,* p. 96.
[272] G. Weill-Raynal, *Une haine imaginaire?,... op. cit.,* 2005, p. 33.
[273] *Id., ibid.,* p. 50.

Cet exemple est précis, et permet donc d´engager une discussion. En fait, P-A. Taguieff n´écrit nulle part que la simple évocation du nom de Sharon suffit à attester une volonté de le « nazifier », et à travers lui, l´État d´Israël. Il écrit « dans le discours « antisioniste » de propagande », ce qui implique que tout discours « antisioniste » n´appartient pas à cette catégorie, et que, souvent, « Ariel Sharon » ne joue pas le rôle d´opérateur de nazification qu´il peut jouer, par ailleurs, dans certains contextes textuels. Son hypothèse est que dans certains contextes discursifs à identifier, une nazification implicite a lieu. Il s´agit d´une hypothèse critiquable, elle doit être soumise à examen, mais Guillaume Weill-Raynal lui accorde une amplitude très large qui en fausse le sens.

En revanche, comme on l´a dit plus haut, G. Weill-Raynal a certainement raison de souligner l´absence d´exemple précis, dans *La nouvelle judéophobie*, de militants de gauche « judéophobes ». Nous donnerons ci-dessous un exemple, concernant Edgard Morin et deux autres auteurs, d´une accusation à notre avis infondée de « judéophobie ».

Daniel Bensaïd : le rôle des institutions communautaires[274]

La position du philosophe Daniel Bensaïd, dont l´engagement dans le mouvement trotskyste est connu, mérite d´être considérée. Il concède à P-A. Taguieff l´existence d´un problème de diffusion, dans une partie de la population de culture arabe et musulmane en France, de

[274] D. Bensaïd, *Fragments mécréants. Sur les mythes identitaires et la république imaginaire.* Paris : Lignes, 2005, p. 87.

préjugés hostiles aux juifs. Il existe donc une « actualité inédite » des préjugés contre les juifs[275].

Toutefois, immédiatement après cette concession, celle-ci est en quelque sorte annulée. L'hostilité est imputée à différents facteurs, mais pas à la montée des islamismes et à l'impact de leur propagande. D. Bensaïd évoque ainsi le rôle des médias dans l'incitation aux « antagonismes communautaires » et il dénonce l'instrumentalisation de la judéophobie par les « institutions communautaires ». Finalement la notion de « judéophobie » lui semble confuse, car mêlant trois dynamiques : l'antisémitisme racial traditionnel, l'antisémitisme religieux, un antisionisme politique légitime[276].

La stratégie argumentative de D. Bensaïd nous semble fonctionner ainsi : reconnaître la réalité d'un problème, mais immédiatement après en limiter l'amplitude, et dresser une liste restrictive des responsables, pour l'essentiel les institutions de la communauté juive et la politique des gouvernements israéliens. L'allusion aux « résurgences possibles de l'antisémitisme religieux » n'est guère explicite. Si elle vise les mouvements islamistes, ce qui n'est pas certain, elle est en décalage avec les faits, puisque leur combat est « antisioniste » avant tout, ce n'est pas d'abord le judaïsme qu'ils visent. Mais c'est précisément ce problème, la montée en puissance d'un discours de haine des juifs assimilés à des sionistes, issu des mouvances islamiques, que P-A. Taguieff souhaitait soulever. C'est celui-là que D. Bensaïd ne souhaite pas voir.

---

[275] D. Bensaïd, *Fragments mécréants..., op. cit.,* 2005, p. 87.
[276] *Id., ibid.,* p. 87-88.

Nous avons donc choisi quelques exemples, sans prétendre en aucune façon proposer un panorama exhaustif. Mais ces exemples suggèrent que la thèse d´une nouvelle judéophobie ne pouvait pas être bien reçue justement dans cette gauche intellectuelle et radicale pour qui l´antiracisme est une valeur fondamentale. La déchirure des antiracistes se constate aisément. Le livre de P-A. Taguieff ne l´a bien entendu, pas inventée ou créée, mais il constitue un test intéressant, un révélateur de ce qui est en jeu. Notre interprétation est que dans l´ensemble, et sauf sur un point important, il est vrai, les réactions hostiles ne sont pas convaincantes. Elles relativisent ou nient, elles confondent l´antisémitisme historique avec le phénomène nouveau que P-A. Taguieff prétend saisir, et de façon générale elles ne considèrent pas du tout crédible l´idée d´un troisième totalitarisme, islamiste, émergent. Elles ont en fait beaucoup de mal à identifier exactement ce dont parle P-A. Taguieff, et préfèrent imputer ses mises en garde à des motifs assez bas, du type alignement sur des positions « sionistes » ou « réactionnaires ». Mais, encore une fois, nous pensons que P-A. Taguieff a eu *une* formule maladroite, mais stratégiquement située dans son livre, à la fin de l´introduction, au moment où il présente sa thèse. Il n´aurait pas dû écrire que l´extrême gauche française risquait de verser dans l´antisémitisme.

Accusé en somme d´être un suppôt du parti de l´ordre, de l´État israélien (A. Badiou et E. Hazan), voire de la police (I. Segré), et de manquer à l´éthique du chercheur (E. Balibar), ou encore de sous-estimer les « tensions intercommunautaires » (D. Bensaïd), et peut-être d´être « fasciné » par l´expérience israélienne (M. Dreyfus), P-A. Taguieff a poursuivi après 2002 ses travaux sur *la nouvelle judéophobie*. Lui-même ne s´est parfois pas embarrassé de scrupules, et il lui est arrivé de mettre en cause de façon excessive dans la forme ou injuste sur le fond des intellectuels ou des commentateurs qui divergeaient d´avec lui. Ainsi particulièrement dans *Prêcheurs de haine. Traversée de la judéophobie planétaire* (2004), il prend à partie divers intellectuels pour leurs engagements communistes ou trotskystes. Pourtant en démocratie le débat devrait se concentrer sur les arguments, indépendamment des parcours de vie, d´où le malaise que suscite cet ouvrage.

ALIMENTER UNE GRANDE QUERELLE

Entre 2002 et 2018, P-A. Taguieff a écrit six livres sur la « nouvelle judéophobie », et beaucoup d´articles. Tous ces textes développent, nuancent, précisent, approfondissent les hypothèses du livre publié en janvier 2002.

D´un côté donc, il revient régulièrement sur son propos : un discours hostile aux juifs, identifiés comme « sionistes », s´est cristallisé, non malgré l´antiracisme, mais *en son nom*, en écho avec lui, parce que les « sionistes » seraient des racistes, des impérialistes et des colonialistes. Voilà pourquoi la « nouvelle judéophobie » est aussi un *post-antisémitisme*, elle se déploie dans un univers qui a vaincu l´antisémitisme, qui fait profession de le détester, et pour qui il est un horizon permanent. C´est en tout « anti-antisémitisme » que l´on peut être à gauche indifférent à la judéophobie.

Mais, d´un autre côté, au nom de ce qu´il considère un antiracisme non corrompu, parce qu´en France les plus grands ennemis du sionisme sont animés par l´antiracisme, il s´engage dans une défense toujours plus déterminée non pas exactement des politiques israéliennes, mais du *sionisme*. C´est la mise en cause du sionisme, un nationalisme parmi d´autres, transformé en racisme-impérialisme-colonialisme, qui le meut, et l´amène à s´engager. Une évolution se produit donc entre 2000 et 2015, que nous devrons comprendre. Il n´est pas certain que l´on puisse facilement être un chercheur et un militant.

Depuis 2002, P-A. Taguieff est simultanément un chercheur hétérodoxe et stimulant, et un intellectuel engagé dans des causes parfois douteuses.

La haine post-antisémite des juifs

Dans les années 2000, l´opinion publique voyait encore, en général, l´antisémitisme comme une vieille idéologie raciste centrée sur l´idée de « race juive », et elle se satisfaisait de son recul en Europe. C´est dans ce contexte, contre l´opinion majoritaire, que P-A. Taguieff argumente dans les années 2002-2015 en faveur d´une thèse différente, donc l´émergence d´un phénomène nouveau, post-antisémite. L´expression souligne, comme on l´a dit rapidement, que l´hostilité aux juifs pouvait se répandre dans des sociétés pourtant très marquées par la Shoah et le refus de « tout antisémitisme ». Elle se développe en harmonie avec la mémoire de la Seconde Guerre mondiale : la comparaison implicite ou explicite devient banale entre les bons juifs du passé – des victimes – et les douteux du présent, qui ne rompent pas avec Israël et ses crimes.

Le propos de P-A. Taguieff est qu´envisagé ainsi, l´antiracisme crée une atmosphère défavorable aux juifs, immanquablement suspects, sauf s´ils manifestent leur antisionisme. Une telle atmosphère ruine les possibilités d´empathie avec les juifs, alors même que les messages antisionistes venus des sites islamistes se diffusent de plus en plus et de mieux en mieux, en particulier dans les quartiers populaires, et ailleurs. Là, les citoyens identifiés ou identifiables comme « juifs » peuvent être confrontés à divers types de stigmatisations de plus en plus désagréables, allant jusqu´aux actes de violence.

Dans le monde du début du XXIe siècle caractérisé par l´émergence et l´affirmation d´un totalitarisme islamiste selon diverses modalités, l´antiracisme, donc une partie significative des organisations et des militants « antiracistes », risque ainsi d´être aveugle aux enjeux réels de l´époque. C´est le fil conducteur de ses interventions –

« le grand partage se fera entre ceux qui, suivant la ligne de pente de la peur, se soumettront aux fanatiques criminels porteurs du troisième totalitarisme, et ceux qui décideront de s´insurger, de résister aux nouveaux barbares et de combattre pour la liberté de tous ». [277] La clé de lecture proposée par P-A. Taguieff est donc celle de l´aveuglement d´une partie de la gauche européenne. Il se propose de contribuer à un réveil des consciences de gauche. Quatre types de textes peuvent être distingués.

Premièrement, nous trouvons des études consacrées au Moyen-Orient. P-A. Taguieff ne parle ni hébreu ni arabe, et, d´un point de vue académique, il n´est pas un « spécialiste » de la région. Il utilise des sources traduites en français, en anglais ou en allemand, pour suivre l´évolution de la judéophobie dans les discours et les faits, donc un discours transnational, dont l´importance est insaisissable si l´on en reste au cadre national français. Il étudie ainsi les avatars des mythes anti-juifs, la plupart nés en Europe, transposés dans le monde arabe, par exemple le mythe du complot sioniste, ou la stigmatisation négative « du juif » – menteur, assassin d´enfants, empoisonneur (dans le cas, par exemple, du supposé empoisonnement de Yasser Arafat[278]). La voix de P-A. Taguieff est ainsi originale. Il possède une solide réputation d´historien et philosophe du racisme, ses travaux extrêmement érudits ne sont pas si simples à écarter[279].

---

[277] P-A. Taguieff cite J.-P. Sartre, *Réflexions sur la question juive*. Paris : Éditions Morihien, 1946, p. 198. Ce sont les dernières lignes *Prêcheurs de haine. Traversée de la judéophobie planétaire*.

[278] *La nouvelle propagande antijuive. Du symbole al-Dura aux rumeurs de Gaza*. Paris : Puf, 2010, en particulier le chapitre II « Usages des stéréotypes antijuifs. Mythes politiques, propagande, démagogie ».

[279] R. S. Wistrich, *A Lethal Obsession. Anti-Semitism from Antiquity to the Global Jihad*. New York : Random House, 2010. Le philosophe Shmuel Trigano a également beaucoup écrit sur le sujet. P.-A. Taguieff.

Nous trouvons ensuite des textes analysant la situation contemporaine française. Ils concernent par exemple des agitateurs anti-juifs comme l´artiste comique Dieudonné ou l´essayiste Alain Soral. Ces textes analysent l´évolution de l´opinion ou des moments importants, comme l´assassinat d'Ilan Halimi en 2006. Ils visent à convaincre du sérieux du problème tout particulièrement ses collègues chercheurs, et de façon générale les intellectuels. Au contraire, « depuis le début d´avril 2002, les grands leaders politiques de droite et de gauche ont commencé à prendre la mesure de la gravité et de l´ampleur du phénomène ».[280]

Les polémiques dirigées contre la gauche ou une partie de la gauche, intellectuelle, politique ou médiatique, constituent un troisième type. Dans le livre *Prêcheurs de haine* en particulier, les mises en cause peuvent susciter une gêne chez le lecteur, car P-A. Taguieff n´hésite pas à attaquer les personnes autant que les idées, un choix qui ne le sert nullement. Surtout la plupart de ces mises en cause souffrent de l´ambiguïté que l´on a relevée plus haut : s´agit-il de critiquer une fixation sur Israël, qui rend une partie de la gauche aveugle face au discours judéophobe islamiste, ou s´agit-il de poursuivre des traces de judéophobie chez chacune des personnes visées, engagées dans une démarche de solidarité avec la cause palestinienne ? Est-ce la même démarche ? Sans doute pas, et la première est plus convaincante que la seconde. Une chose est de critiquer un manichéisme, celui qui impute l´ensemble du mal dont souffre le Proche-Orient au sionisme ; autre chose est de suspecter tout engagement en

---

La judéophobie des modernes..., op. cit., 2008 ; *idem. La nouvelle propagande antijuive. Du symbole al-Dura aux rumeurs de Gaza.* Paris : Puf, 2010.

[280] P.-A. Taguieff, *Prêcheurs de haine..., op. cit.,* 2004, p. 256.

faveur des Palestiniens. En fait, dans ce domaine, les zones grises et ambiguës sont nombreuses.

Par exemple c'est bien seulement la complaisance de Stéphane Hessel qu'il a attaquée, complaisance vis-à-vis d'une organisation, le Hamas palestinien, manifestement judéophobe. D'une façon courageuse vu l'atmosphère de sanctification créée autour de Stéphane Hessel dans certains médias, il s'est élevé contre le manichéisme d'un diplomate qui a mis sa réputation au service d'un discours de haine[281].

Cette catégorie inclut aussi des textes de philosophie politique « appliquée ». Dans le livre *La judéophobie des modernes*, il répond à un essai du philosophe Alain Badiou publié en 2005, *Circonstances, 3. Portées du mot « juif »*. Dans ce livre, A. Badiou argumente qu'être progressiste aujourd'hui, c'est être « universaliste », et être universaliste quand on est juif signifierait rompre avec le sionisme[282]. Dans son commentaire, P-A. Taguieff plaide au contraire en faveur d'une articulation entre la différence et l'universel, dans une optique informée par ses travaux depuis les années 1980. En effet, « le bon geste universaliste est, pour Badiou, de « rompre » avec le judaïsme naguère ou le sionisme aujourd'hui. L'ennui, c'est que dans l'histoire de l'Occident, chacune desdites « ruptures » a donné naissance à une forme spécifique de judéophobie : l'antijudaïsme

---

[281] P.-A. Taguieff, *Israël et la question juive*. Saint-Victor de Mor : Les Provinciales, 2011. Aux pages 67-95 l'auteur explicite ses désaccords avec Stéphane Hessel. Une polémique s'est développée en 2010, car le MRAP a profité d'une formule ironique laissée quelques heures par P-A. Taguieff, sur sa page Facebook, pour lancer contre lui une campagne de dénigrement, allant jusqu'à demander son exclusion du CNRS. Une contre-pétition a été lancée pour le défendre, et les institutions concernées n'ont pas suivi les injonctions du MRAP.

[282] E. Marty, *Une querelle avec Alain Badiou, philosophe*. Paris : Gallimard, 2007.

chrétien, la judéophobie des Lumières, l´antisémitisme socialiste, l´antisionisme radical ou absolu ». Dans ces conditions, « le nouveau grand récit proposé par Badiou constitue une justification spéculative des principales configurations antijuives, à l´exception de la nationaliste. À la fin du récit édifiant, on découvre qu´un bon juif ne peut qu'être étranger au judaïsme et ennemi du sionisme ». [283]

Enfin, quatrième catégorie, P-A. Taguieff a poursuivi ses travaux d´historien des idées, autour de l´interrogation classique des historiens à propos des ruptures et des continuités du discours anti-juif. Par exemple on trouve dans *La Judéophobie des Modernes* (2008) un essai d´anthropologie historique, afin de ramener la profusion des discours antisémites à quelques grands thèmes, quelques grands récits. Ce sont la haine du genre humain, le crime rituel, le déicide, l´usure et la spéculation financière, le complot et le racisme. Cette proposition est originale, et permet d´avancer des pistes sur le problème de la permanence et des transformations de l´antisémitisme[284]. D´autres travaux historiques concernent Richard Wagner et son ouvrage de 1850 *Das Judenthum in der Musik*[285], un *Que sais-je ?* sur *L´Antisémitisme*[286], ou un monumental ouvrage de plus de 1100 pages écrit avec Annick Duraffour,

---

[283] P.-A. Taguieff, *La judéophobie des modernes, op. cit.*, 2008, p. 347-348.

[284] Il s´agit de la quatrième partie de *La judéophobie des modernes, op. cit.*, p. 247-350.

[285] P-A. Taguieff, *Wagner contre les juifs. Aux origines de l'antisémitisme culturel moderne.* Paris: Berg international, 2012. Voir aussi de J.-J. Nattiez. *Wagner antisémite.* Paris : Christian Bourgois, 2015. J-J Nattiez reçu par France-Musique explique ses différences avec P.-A. Taguieff dans l´émission « Sous la couverture », nov. 2015, <http://www.francemusique.fr/emission/sous-la-couverture/2015-2016/sous-la-couverture-jean-jacques-nattiez-musicologue-semiologue-wagner-anti-semite-editions>.

[286] *L´Antisémitisme*, Paris : Puf, que sais-je ?, 2015.

dans lequel il a entrepris de préciser exactement l´identité politique de Louis-Ferdinand Céline[287]. Nullement un « anarchiste de droite », nullement un nationaliste, nullement un pacifiste, nullement un « fasciste », l´écrivain est à partir de 1936 un raciste et un antisémite hitlérien, non dans le sens d´une adhésion fanatique à la personne d'Adolf Hitler, mais dans le sens d´une convergence de vue totale avec le racisme hitlérien. Céline offre au groupuscule des antisémites racistes, à distinguer soigneusement des antisémites nationalistes façon Action française, ou littéraires et mondains façon Paul Morand, le renfort d´un très grand écrivain. *Céline, la Race, le Juif. Légende littéraire et vérité historique* a été mal reçu par certains spécialistes de l´auteur de *Voyage au bout de la nuit*. Ils n´ont pas voulu reconnaître l´intérêt de la contribution de P-A. Taguieff quant à l´histoire des idées politiques de Céline.

Les travaux de P-A. Taguieff entre 2002 et 2018 sont donc extrêmement nombreux, et tous très érudits. On pourrait penser qu´il est un auteur reconnu et consacré. C´est vrai sans doute pour un petit groupe de personnes, qui suit son travail. Mais son engagement politique en faveur du sionisme, au contraire, l´isole d´un milieu intellectuel généralement très critique vis-à-vis d´un État israélien dont la politique ne tient pas les promesses de la paix envisagée en 1993.

Dans la guerre des idées

P-A. Taguieff a choisi de ne pas se limiter à la position de l´historien ou du philosophe. Convaincu à partir du début des années 2000 qu´une « guerre idéologique »

---

[287] *Céline, la Race, le Juif. Légende littéraire et vérité historique*, Paris : Fayard, 2017.

était en cours contre l´État d´Israël, menée par des groupes islamistes dont le projet est totalitaire, il a opté pour la participation à cette guerre. Pour un chercheur, la démarche est risquée, puisqu'il peut perdre sur le terrain politique la crédibilité qu´il a accumulée sur le terrain de la recherche. De fait le problème se pose : ayant proposé une définition de la « nouvelle judéophobie », l´essentialisation négative du juif et des juifs assimilés au mal, le sionisme, n´est-il pas allé lui-même au-delà de cette définition, mettant en cause des individus qui ne partageaient pas son analyse, en les soupçonnant indûment de « judéophobie » ?

Le quotidien *Le Monde* a publié en 2002 un article d'Edgard Morin, Danielle Sallenave et Sami Naïr hostile à la politique israélienne[288]. Le texte a suscité des réactions et même une plainte en justice. En 2005 les auteurs ont été condamnés pour « diffamation raciale », puis cette décision a été cassée en appel l´année suivante. Dans *La Judéophobie des Modernes,* P-A. Taguieff approuve la condamnation en justice, motivée en particulier par un passage de l´article : « [...] Les Juifs d'Israël, descendants des victimes d'un apartheid nommé ghetto, ghettoïsent les Palestiniens. Les Juifs qui furent humiliés, méprisés, persécutés humilient, méprisent, persécutent les Palestiniens. Les Juifs qui furent victimes d'un ordre impitoyable imposent leur ordre impitoyable aux Palestiniens. Les Juifs victimes de l'inhumanité montrent une terrible inhumanité ».

P.-A. Taguieff a vu dans cet extrait un exemple de « nouvelle judéophobie », car ce passage considère globalement « les juifs », et non spécifiquement « les juifs

[288] Edgard Morin, Danièle Sallenave et Sami Naïr, article publié par *Le Monde le* 4 juin 2002, « Israël-Palestine : le cancer ». Cet article est analysé sévèrement dans *La judéophobie des modernes, op. cit.*, 2008, p. 365 à 367.

d´Israël ». Il écrit dans son livre: « On a bien lu : la cible, ce sont « les Juifs », qui seraient passés du statut sympathique de « nation de fugitifs » et de persécutés au statut maudit de « peuple méprisant » et persécuteur ».[289]

L´interprétation ne nous convainc pas pour trois raisons. D´abord si les mots « d´Israël » ne sont pas répétés dans les trois dernières phrases, c´est pour éviter une répétition qui serait inélégante. Ensuite, P-A. Taguieff identifie « l´admirable minorité » dont il est question dans le texte aux « juifs anti-israéliens », des juifs antisionistes, qui souhaitent la disparition du caractère juif de l´État d´Israël[290]. Mais, au contraire, le contexte suggère plutôt que le groupe visé n´est pas composé de juifs antisionistes, mais simplement de citoyens israéliens, qu´il n´y a pas de raison de décrire comme antisionistes, citoyens critiques des politiques menées par les gouvernements de leur pays. Ainsi l´article prend en considération la complexité des choses, la diversité de l´opinion, il n´est pas manichéen. Enfin le sionisme dont il est question est bien un nationalisme, un parmi d´autres, et non un projet intrinsèquement diabolique et révélateur de la dangerosité des juifs. Le texte se réfère à une « nation de fugitifs », à un

---

[289] P.-A. Taguieff, *La judéophobie des modernes,* op. cit., 2008, p. 365-366.

[290] On lit dans l´article qu´ « on a peine à imaginer qu'une nation de fugitifs, issue du peuple le plus longtemps persécuté dans l'histoire de l'humanité, ayant subi les pires humiliations et le pire mépris, soit capable de se transformer en deux générations en « peuple dominateur et sûr de lui » et, à l'exception d'une admirable minorité, en peuple méprisant ayant satisfaction à humilier ». P-A. Taguieff y voit « une nazification explicite d´Israël et implicite des Juifs en général (à l´exception des Juifs anti-israéliens), [qui] illustrent l´antisionisme radical ou absolu, soit la nouvelle forme idéologique prise par la haine des Juifs. Ces passages, impliquant des généralisations abusives, ne sauraient être considérés comme relevant simplement d´une critique de la politique du gouvernement israélien de l´époque » *(id., ibid.,* p. 367).

« peuple le plus longtemps persécuté », la problématique est donc bien celle du nationalisme. D´ailleurs le « chapeau » de l´article le dit en toute clarté : « Le cancer israélo-palestinien s'est formé à partir d'une pathologie territoriale : la formation de deux nations sur une même contrée, source de deux pathologies politiques, l'une née de la domination, l'autre de la privation ». La lecture de l´article en entier montre qu´il ne diabolise pas l´État d´Israël, il n´essentialise pas négativement ni les citoyens de ce pays, ni les juifs, il n´appelle pas à la destruction de cet État. Il est en revanche très virulent contre la politique menée par son gouvernement. C´est un article d´opinion, de facture polémique, mais qui appelle, le cas échéant, une réplique, pas un procès. Du reste les auteurs incluent dans leur critique les autorités palestiniennes.

Il est donc permis de diverger avec les auteurs, et, dans le même journal, Françoise Giroud s´y est employée avec un texte de haute tenue. Mais l´article signé par E. Morin et ses deux co-auteurs n´est pas judéophobe au sens où il n´impute pas tous les malheurs des hommes, ou la plus grande partie de ces malheurs, au sionisme envisagé comme un programme criminel, mixte de racisme, de colonialisme et d´impérialisme[291].

De fait après 2004 la situation en Cisjordanie disparaît des textes nombreux que P-A. Taguieff publie sur le Moyen-Orient. Au contraire, il manifeste son grand scepticisme devant ce qu´on appelle « le camp de la paix », représenté par les courants situés à la gauche du Parti travailliste israélien. Il prend ainsi position contre le mouvement JCall, qui appelait à une pression des Américains et des Européens sur l´État d´Israël pour qu´il

---

[291] Françoise Giroud, « Cette Shoah qui ne passe pas », *Le Monde*, 12 juin 2002.

engage de vraies négociations avec les Palestiniens, au motif que nul ne doit faire pression sur cet État[292]. À propos des juifs européens qui soutiennent « l´appel à la raison » lancé en mai 2010 par JCall, il écrit d´une part « qu´il n´y a pas à suspecter de mauvaise de foi ni à accuser de haine à l´égard d´Israël les initiateurs de l´ 'Appel à la raison'[293] », mais, d´autre part, qu´ils incarnent « le Juif risquant de devenir antijuif malgré lui, à force de vouloir être accepté par ses ennemis, voire aimé de ces derniers ». [294] Le propos est certainement forcé. Les signataires de JCall n´ont aucune illusion de ce genre, ils sont simplement angoissés par un processus de colonisation de la Cisjordanie qui contribue à rendre la paix impossible.

Pour sa part, P-A. Taguieff, dans un de ses derniers livres, désigne la Cisjordanie par l´expression « Judée et Samarie [295] », et reprend à son compte un mot fameux, « si les Arabes palestiniens déposaient les armes, il n´y aurait plus de conflit. Si les Israéliens déposaient les armes, il n´y aurait plus d´Israël ». [296] Cela peut se dire, mais en poursuivant une politique de construction de logements en Cisjordanie, le gouvernement israélien manifeste qu´il n´est pas orienté par la solution de deux États, décrédibilisant d´autant la voie et les voix de la paix.

---

[292] Il signe en 2010 la réplique à l´appel de JCall, « Raison garder », dont les points principaux sont que les Palestiniens ne sont pas sincèrement intéressés par un compromis territorial, et que, par conséquent, il n´y a pas lieu de faire pression sur le gouvernement israélien, qui n´est pas responsable de la situation de blocage du processus de paix.

[293] *Israël et la question juive*, sans mention de lieu de publication, 2011, p. 65.

[294] *Israël et.* Ibid. p. 204.

[295] *Israël et.* Ibid. p. 143.

[296] *Israël et.* Ibid., p. 205.

Pourquoi s'être à ce point engagé dans une guerre idéologique où, après tout, il avait plus à perdre, en termes de réputation, de reconnaissance ou d'amitiés, qu'à gagner ? Une position plus modérée n'aurait-elle pas été, d'ailleurs, plus efficace ? Sans doute n'a-t-il pas choisi entre deux nationalismes. À ses yeux de philosophe politique, la nation n'est pas le mal et par conséquent, il n'y pas lieu de criminaliser le nationalisme palestinien. Du reste, avant 2000, le Moyen-Orient n'était pas son domaine de recherche.

Mais autour de 2001, non sans lien avec les attentats de New York et Washington, il se convainc de la menace sérieuse représentée pour les libertés par l'affirmation du totalitarisme islamiste. Il est frappé par la montée des violences anti-juives en France, par la nouveauté de leur caractère, par la relative indifférence d'une grande partie de la gauche antiraciste. Son engagement est moins un engagement en faveur des politiques israéliennes – encore que, par son silence sur les aspects les plus critiquables de ces politiques, il s'expose à être ainsi interprété – qu'un engagement en faveur du sionisme, puisque celui-ci est le nouveau pivot de la haine des juifs. Il a considéré que son devoir de chercheur et de citoyen était de ne pas rester neutre, et de montrer l'inanité et la platitude de tous ceux, nombreux, qui se contentaient d'affirmer qu'il convenait de ne pas confondre antisémitisme et antisionisme. De la même manière, au début de la Guerre froide, Raymond Aron également avait opté pour une relative marginalisation, car la probité du chercheur n'implique pas mécaniquement la neutralité du citoyen confronté au totalitarisme.

Son objet est moins le Moyen-Orient en tant que tel – il n'est pas un « orientaliste », et ne prétend pas l'être – que le débat français et européen. Sa colère se tourne vers les raccourcis, les clichés, les bons sentiments. Pour l´exprimer, il a opté pour une ligne contestable, car elle écarte de l´horizon les politiques israéliennes, particulièrement dans les territoires occupés. Il n´en fait pas l´éloge, il les ignore. Son projet est de mettre en lumière les sentiments négatifs (ressentiment, haine) de certains des adversaires de l´État d´Israël, puisque peu de gens osent le faire. Mais la haine en politique n´est pas d´un seul côté, et pour cette raison on lit *Israël et la question juive* (2011) avec un sentiment mitigé. La critique de l´idéologisation de la cause palestinienne est solide, mais une critique symétrique du discours de certains « défenseurs d´Israël » est possible et nécessaire.

Les événements qui se sont déroulés en région parisienne en 2015 ont naturellement modifié le contexte de la querelle. Jusqu´à quel point ?

UNE QUERELLE SANS FIN PRÉVISIBLE

La rédaction de l'hebdomadaire *Charlie Hebdo* a été massacrée le 7 janvier 2015. Le 9, un individu lié aux terroristes assassinait quatre personnes parce qu'il les suspectait d'être juives, dans un supermarché *kasher*. Avant janvier 2015, divers événements étaient survenus qui confirmaient en partie ou en totalité la thèse de la « nouvelle judéophobie ». Le jeune Ilan Halimi a été assassiné au début de l'année 2006. À Toulouse, en mars 2012, Jonathan Sandeler et ses deux fils de 5 et 4 ans Arieh et Gabriel, et Myriam Monsonego, 7 ans, sont assassinés dans une école juive. Un attentat fait quatre morts à Bruxelles en mai 2014. Dans un autre registre, la manifestation dite « jour de colère », le 26 janvier 2014, à Paris, est marquée par la tenue de slogans anti-juifs assumés hautement[297]. P-A. Taguieff écrivait en substance en 2002 dans *La nouvelle judéophobie* qu'*une* gauche antiraciste était *la plus mal placée* pour voir le racisme anti-juif émergent au grand jour, toujours articulé à la figure diabolisée du « sioniste ». Les réactions aux événements de 2015 confirment-elles ce jugement sévère ?

D'une certaine façon, la réponse est positive, car certains à gauche, ont confondu ceux qui prenaient au sérieux l'islamisme, et des racistes antimusulmans. Ainsi, l'éditorial publié dans *Libération* par Laurent Joffrin le 8 janvier, donc avant les crimes judéophobes du lendemain, vise curieusement « ceux qui ne cessent de crier au loup islamiste », donc « Houellebecq, Finkielkraut et tous les identitaires » confondus[298]. Mais il y a bien des manières de

---

[297] P. Birnbaum, *Sur un nouveau moment antisémite : « Jour de colère »*. Paris : Fayard, 2015.

[298] P. Nora. « Le retour de l'événement ». In : P. Nora ; J. Le Goff. (dir.). *Faire de l'histoire,* 1: *Nouveaux problèmes.* Paris : Gallimard, 1974. La

« crier au loup », tout ne relève pas, bien au contraire, de l´hostilité envers les musulmans.

On a pu ainsi lire que, puisque l´état du monde était commandé par la dynamique du capitalisme, c´était celle-ci qu´il fallait interroger, le fanatisme religieux étant une réaction ou un phénomène périphérique de médiocre importance. Un long article du philosophe Alain Badiou publié par *Le Monde* illustre bien cette approche[299], et une approche similaire se rencontre dans des textes publiés par l´essayiste Tariq Ali dans la *London Review of Books*[300]. Les islamismes sont des sous-produits de la politique des États-Unis au Moyen-Orient, et la haine des juifs n´apparaît pas dans le *tour d'horizon* de la situation mondiale proposée par cet auteur britannique, sauf à titre d´avertissement – « *As for Israel, the blind support it gets from the US is an old story. And to question it, nowadays, is to be labelled an anti-Semite* ». Mais la politique américaine au Moyen-Orient est l´un des sujets les plus discutés qui soit. En revanche, l´antisionisme comme pivot de la haine des juifs ne semble pas intéresser cet auteur.

L´exemple du démographe Emmanuel Todd est également intéressant. Il a proposé d´interpréter les grandes manifestations du 11 janvier 2015, mobilisation de masse contre le fanatisme et pour la liberté d´expression, comme une mobilisation raciste, islamophobe, qui n´osait assumer son nom[301]. Des collègues ont contesté son travail[302]. E.

---

réflexion de P. Nora avait été précédée par Georges Duby, *Le dimanche de Bouvines*. Paris : Gallimard, 1973.

[299] Alain Badiou, « Le Rouge et le Tricolore », *Le Monde,* 28 janvier 2013, p. 13.

[300] Tariq Ali, « The New World Disorder ». *London Review of Books,* v. 37, n. 7, 9 avr. 2015, p. 19-22.

[301] E. Todd, *Qui est Charlie?* Paris : Le Seuil, 2015.

[302] T. Joliveau, « Où était Charlie? Ce que montrent réellement les cartes d'Emmanuel Todd ». *SlateFr*, 22 mai. 2015.

Todd souligne certes le danger représenté par l´antisémitisme diffusé dans certains milieux de culture arabe et musulmane, mais sa source se trouverait dans une crise religieuse de la société française, autrefois catholique. Ainsi l´homme de gauche « retombe sur ses pieds », et retrouve un adversaire, l´Église catholique, qu´il a déjà vaincu dans le passé.

Le journaliste Edwy Plenel, dans une préface inédite ajoutée en 2015 après les attentats de janvier à son livre *Pour les musulmans,* publié en 2014, explique sa démarche. Ce livre souhaite « énoncer cette simple vérité : l´islam appartient à la France (...) ». Il explore donc les différentes dimensions d´une France pluraliste, dont les musulmans forment l´une des composantes. Toutefois le livre et sa préface ignorent aussi bien les islamismes que les discours et actes judéophobes.

L´intrigue élaborée par E. Plenel attire l´attention, car, précisément, les islamismes étaient l´objet du propos du philosophe Alain Finkielkraut, quand celui-ci, au micro d´une radio, a prononcé ces mots : « Il y a un problème de l'islam en France ». Or ces mots sont le point de départ de l´essai d´Edwy Plenel. Il les juge racistes et conformes à « l´agenda du parti d´extrême droite ». [303] Toutefois, en écoutant l´intégralité de l´intervention de A. Finkielkraut, on découvre que le problème en question est uniquement celui du fanatisme religieux, et de son impact en France.

<http://www.slate.fr/story/101827/ou-est-charlie-cartes-emmanuel-todd>. T. Joliveau conclut ainsi: « *ma piste d'explication est moins originale, moins anthropologique et fracassante, mais plus pragmatique et peut-être plus juste. Les aires urbaines qui ont le moins manifesté sont celles qui sont les plus ouvrières, les moins diplômées, où le chômage est le plus élevé et où l'on vote le plus pour le Front National, tous ces critères ayant tendance à être associés entre eux* ».

[303] *Id., ibid.,* p. 25

Pour avoir posé ce problème, A. Finkielkraut est pris à parti. Il serait devenu « la respectable caution de la plus ordinaire des vulgates racistes, accompagnant une aveugle réduction de la vigilance antiraciste au seul antisémitisme, dont l´abandon apparent suffirait à transformer l´extrême droite en parti fréquentable ». [304]

Notre propos n´est pas de dresser un panorama global d´un débat qui se prolonge, et qui divise essentiellement la gauche antiraciste. Mais ces exemples suggèrent qu'en rompant relativement tôt avec une certaine gauche antiraciste, dès le milieu des années 1990, P-A. Taguieff s´est épargné une rupture qui se serait sans doute produite plus tard[305]. Lui-même a commenté la situation française « post-Charlie » dans un long article publié sur le site du *Huffington Post,* et dans un livre publié en 2015[306].

---

[304] *Id., ibid.,* p. 27. Edwy Plenel n´indique pas la source, mais on peut la retrouver facilement. Le philosophe était invité le 9 juin 2014 par France-Inter : « *Il y a un problème de l'islam en France. Gilles Kepel, dans une tribune du Monde, disait qu'un tueur comme celui de Bruxelles était endoctriné par des textes qui expliquaient qu'il fallait mener des actions notamment contre les lieux communautaires juifs pour solidariser les musulmans, et comme il y a des lieux où ceux-ci sont majoritaires, eh bien, cela pourrait former des enclaves musulmanes en Europe. Ce n'est pas le discours du CFCM [Conseil Français du Culte Musulman], il faut le dire, mais ce discours existe, ces majorités existent, il ne faut pas, si vous voulez, se cacher derrière son petit doigt, et nous devons avoir une réponse appropriée et ferme dans le cadre républicain. Si la réponse est faible, le Front National prospèrera* ». Dans son livre *Pour les musulmans* E. Plenel n´aborde pas les islamismes.

[305] N. Cohen, *What's Left? How Liberals Lost their Way.* Londres : Fourth Estate, 2007.

[306] P.-A. Taguieff, « Après les attentats de janvier 2015. Retour sur la vague antijuive contemporaine ». *Huffington Post,* mai 2015, disponible : <http://www.huffingtonpost.fr/ pierreandre-taguieff/apres-les-attentats-de-ja_b_7290206.html>. *Idem. Une France antijuive?..., op. cit.,* 2015. N. Weill. « L'antisémitisme en tête de Méduse », *Le Monde,* 11 juin 2015, disponible :

Ces textes n´apportent pas de nouveautés majeures par rapport à ce qu´il écrivait depuis une quinzaine d´années. Cependant le compte rendu critique de *Une France antijuive?* par le journaliste Nicolas Weill dans *Le Monde* est intrigant.

N. Weill observe en effet qu'« une partie du constat est difficilement contestable : oui l'antisémitisme, malgré les dénis ou l'aveuglement des uns et des autres, est bien en croissance exponentielle depuis une quinzaine d'années ». Autrement dit, une dimension essentielle de *La nouvelle judéophobie*, l´affirmation de l´existence d´une haine antijuive en France, est reconnue. Ce point suggère non la fin de la querelle, mais son évolution. Cette haine est-elle du *racisme*, ce racisme est-il *important*, et est-il porté par *l´antisionisme* ?

C´est ce que P-A. Taguieff réaffirme avec détermination dans son dernier ouvrage publié sur le sujet[307]. Un nouvel âge de la judéophobie s´est formé puis cristallisé, une judéophobie pour l´essentiel portée par les islamismes et la d´Israël, même si à l´extrême droite un discours hostile aux juifs perdure (Alain Soral). Une partie de la gauche radicale persiste dans son déni : elle ne veut pas voir ni entendre le discours de haine venu de nombreuses et diverses sources moyen-orientales, elle est antisioniste parce qu´antiraciste. En effet l´antisionisme dans certains milieux est devenu un « code culturel » partagé, un langage qui permet de se reconnaître et de l´identifier, ce que n´est pas l´antiracisme, trop largement partagé. Or cette haine d´Israël doit alerter : « on a ainsi de bonnes raisons de considérer que l´israélicide, en tant

<http://www.lemonde.fr/idees/article/2015/06/11/l-antisemitisme-en-tete-de-meduse_4651989_3232.html?>.

[307] P-A. Taguieff, *Judéophobie. La dernière vague*. Paris : Fayard, 2018.

qu´objectif d´une pratique militante relevant de l´antisionisme radical, est une forme particulière de racisme ethnocidaire et génocidaire ». [308]

Le livre sera-t-il lu, emportera-t-il la conviction, peut-il contribuer à une « paix des antiracistes » ? C´est douteux pour des raisons qui ne sont pas imputables à l´auteur, mais aussi pour des raisons qui tiennent à son style d´écriture, mêlant recherches du savant et engagement dans un combat politique. « Je répète donc que je juge légitime la critique démocratique d´une politique (…) » – certes, et depuis longtemps P-A. Taguieff reprend ce problème de la distinction entre les hostilités au sionisme[309]. Prétendre qu´il « confond tout » est lui faire un mauvais procès. En revanche, cette critique légitime des politiques israéliennes, il ne la pratique pas. Il s´interdit absolument toute observation publique contre les politiques israéliennes. Or, que vaut un droit de critiquer affirmé, mais jamais mobilisé ? Sans doute pas grand-chose.

La Nouvelle Judéophobie était une interpellation et une mise en garde, lancées par un intellectuel qui n´était pas encore, à cette date, engagé publiquement en faveur du sionisme. Le temps lui a donné raison, non pas sur tout, mais sur l´essentiel. La discussion se poursuit à l´extrême gauche, comme en témoigne un livre récent qui renouvelle, dans une autre perspective, révolutionnaire et internationaliste, la même interpellation et la même mise en garde. L´ « islamo-gauchisme » est une impasse (la formule est de P-A. Taguieff), et « il faut n´avoir décidément aucun espoir dans l´humanité pour soutenir les tenants de l´obscurantisme dont la « résistance », ici ou ailleurs, se

[308] Ib., p. 272.
[309] Id., p. 269.

poursuit avec la chasse aux esprits libres ». [310] Voilà l'esquisse, peut-être, d'une timide convergence.

[310] Nedjib Sidi Moussa, *La Fabrique du Musulman. Essai sur la confessionnalisation et la racialisation de la question sociale*. Paris : Libertalia, 2017, p. 143.

CHAPITRE IV : LE CHOIX DE L´HÉTÉRODOXIE (II) : L´ANTIRACISME EST UN CHAMP DE BATAILLE[311]

La souveraineté de gauche, beaucoup plus difficile à définir, est celle qui relève d'un mouvement social, c'est le pouvoir que peut s'approprier dans des circonstances données un peuple qui lui n'est pas défini, ou alors qui est défini le plus largement possible [...][312].

Peut-on réinventer la démocratie à l'écart des mythes mobilisateurs et des utopies aveuglantes qui n'ont cessé d'attirer ses défenseurs déclarés vers des chemins contredisant ses idéaux fondateurs?[313]

Dans ce chapitre IV, on se propose de visiter quelques exemples de débats entre antiracistes, donc quelques manifestations de la division des antiracistes, dans lesquels P-A. Taguieff est intervenu. « Entre antiracistes » signifie que directement ou indirectement, le problème du

---

[311] E. Traverso, *L'histoire comme champ de bataille.* Paris : La Découverte, 2011.

[312] L´expression est de l´historien François Cusset, lors de l´émission *Dimanche, et après?* France-Culture, 10 octobre 2015.

[313] P.-A. Taguieff, *La revanche du nationalisme. Néopopulistes et xénophobes à l'assaut de l'Europe*. Paris : Puf, 2015, p. 237. C´est la dernière phrase du livre.

racisme est présent dans la discussion, et que ceux qui y participent sont mobilisés contre le racisme, explicitement et ostensiblement. Leur désaccord est patent et récurrent, il nourrit l´actualité.

Depuis ses travaux des années 1980, il dispose d´un cadre conceptuel solide, qui lui permet de jeter un regard en partie original sur l´état du racisme et de l´antiracisme en France – en partie, car bien sûr, aucun chercheur ne travaille seul, sans les idées des autres, et sans leur emprunter beaucoup (P-A. Taguieff est lui-même scrupuleux sur les citations des travaux qu´il emprunte). Au risque de simplifier, rappelons-le. L´antiracisme qui défend les groupes minoritaires ou dominés, « différentialiste », est légitime[314]. Cependant, s´il rompt tout lien avec une perspective universaliste, il risque de se dégrader en dictature du groupe sur l´individu, et à rendre impossible tout monde commun. L´antiracisme qui défend l´égalité et l´égale dignité de tous les individus, dans une perspective « individuo-universaliste », est également légitime[315]. Mais il court le risque d´ignorer que les êtres humains réels appartiennent à des groupes ou des collectivités, par naissance ou par choix, et que pour atteindre l´égalité et le respect de l´égale dignité, il faut prendre en considération ces groupes intermédiaires entre les individus et l´universel.

---

314 Par exemple lutter contre la discrimination subie par une minorité, ou la sous-représentation d´une minorité dans tel secteur.

315 Un texte récent, signé, entre autres, par les présidents de la LICRA et de SOS Racisme (*Libération*, 10 décembre 2015) propose d´articuler les deux perspectives au moyen de l´empathie : « Vivre en société démocratique ne nécessite pas simplement des mécanismes institutionnels. Car la démocratie ne peut être que la loi de la majorité. Vivre en société nécessite la capacité de chaque citoyen à faire preuve d'empathie vis-à-vis de la souffrance de l'Autre et de volonté de faire cesser cette dernière».

Le meilleur outil pour contourner les limites de chacun de ces deux racismes serait la nation républicaine ou civique.

De nombreux intellectuels de gauche préfèrent analyser le temps présent à partir d´une perspective plus universaliste, par exemple en termes d´une guerre de classes menée par les dominants contre les dominés, et/ou, car les options s´articulent, en termes d´oppression des groupes minoritaires, définis par leur identité « ethnique », religieuse ou sexuelle, par le bloc majoritaire. Dans ce cadre d´interprétation, l´action de « l´État républicain » est douteuse dans le meilleur des cas et souvent, la cible de la réflexion des militants (le « racisme d´État »). La « nation » est une dimension écartée de la politique, ou elle est laissée aux adversaires, ou aux naïfs.

L´antiracisme n´est donc plus un espace consensuel, il est devenu un champ de bataille. P-A. Taguieff argumente en faveur de la nation civique, qui a pour elle d´être l´objet d´un investissement émotionnel chez la grande majorité des citoyens, donc d´être une réalité en quelque sorte psychique et sociale avant d´être une réalité juridique, et de pouvoir être orientée vers des valeurs universelles, par exemple celles de la Déclaration universelle des droits de l´homme de 1948. Comme il l´écrivait en 1995 dans un chapitre fouillé des *Fins de l´Antiracisme*, il existe une alternative, l´antiracisme chrétien illustré par l´œuvre de Jacques Maritain, mais elle ne vaut rien sans la foi.

« Antiracisme de droite ! » répondent d´autres antiracistes, ce qui signifie souvent « faux antiracisme », ou même « racisme dissimulé », dérive en tous cas.

Voici cinq exemples[316]. Pour la psychanalyste Élisabeth Roudinesco, il incarne un « intellectuel de droite ». Selon l´anthropologue Jean-Loup Amselle, l´objet critiqué par le *Dictionnaire critique et historique du racisme* publié en 2013 est beaucoup moins le racisme que l´antiracisme, et la lecture proposée de l´antiracisme est « une lecture désormais typique de la droite ». L´anthropologue souligne également « l´anti-antiracisme » de P-A. Taguieff [317]. Selon l'historien des idées Enzo Traverso, il est « aujourd'hui passé avec armes et bagages à la droite néo-conservatrice ». La journaliste Aude Lancelin évoque « le basculement d'un Pierre-André Taguieff », transformé par le 11 Septembre. « Une matinée de feu pour Taguieff, qui réinvestit sur-le-champ sa compulsion documentaire dans la dénonciation agressive d'un complot 'islamo-gauchiste' ». L´historien Gérard Noiriel considère qu´il « n´a cessé de critiquer l´antiracisme pour discréditer ceux qui luttent aujourd´hui contre les discriminations et la stigmatisation des jeunes issus de l´immigration ». [318] Dans le numéro 2 (octobre 2015) de la revue *Le Crieur*, il apparaît comme une des « figures tutélaires » d´un mouvement républicain liant le Parti

---

[316] É. Roudinesco, *Retour sur la question juive*. Paris : Albin Michel, 2009 ; l´article de Jean-Loup Amselle provient de l´hebdomadaire *Marianne,* 22 mai 2013, E. Traverso. « La fabrique de la haine : xénophobie et racisme en Europe ». *Contretemps,* 17 avr. 2011, <http://www.contretemps.eu/interventions/fabrique-haine-x%C3%A9nophobie-racisme-en-europe>, A. Lancelin. « Finkielkraut, Taguieff, Adler et les autres... », *Le Nouvel Observateur,* 1er déc. 2005. L´idée d´une évolution ou d´une dérive à droite se retrouve chez Éric Fassin et Gérard Noiriel.

[317] J.-L. Amselle, *L'ethnicisation de la France*. Paris : Lignes, 2011, p. 53-54.

[318] G. Noiriel, *Racisme : la responsabilité des élites*. Paris : Textuel, 2007, p. 23 (dialogue avec Bertrand Richard).

socialiste, les Républicains et le Front national[319]. Affaire classée donc, surtout si l´on prend en considération la défense du sionisme et la critique de la gauche sioniste[320].

Bien sûr, les étiquettes politiques sont librement distribuées. Mais souvent, l´enjeu véritable est la disqualification totale du chercheur considéré. Or la division idéologique des antiracismes est notre sujet. Les antiracismes s´opposent dans l´espace public, et cette division *contribue* peut-être à expliquer la situation évoquée ci-dessus – xénophobes, islamistes, identitaires, populistes progressent, et les discours antiracistes ne semblent pas si efficaces. Encore une fois, c´est étrange : l´antiracisme n´est-il pas dominant ? Ou l´a-t-il été jusqu´à une certaine époque, révolue ? Mais que s´est-il passé alors, et quand cela s´est-il passé, quand a-t-il cessé d´être dominant ? Ou, peut-être, ce que signifie « antiraciste » est-il devenu aujourd´hui terriblement confus sur le terrain des idées politiques ?

Malgré les apparences – ostensiblement, P-A. Taguieff a rompu avec « la gauche »[321] – la « querelle de l´antiracisme » est largement interne à la gauche intellectuelle et politique. Des intellectuels formés par l´antitotalitarisme des années 1960 et 1970 ont redécouvert des notions comme celles de République ou de monde commun. Beaucoup ont lu avec attention et admiration Hannah Arendt et ont poursuivi sa recherche d´un monde

---

319 J. Confavreux ; M. Turchi. « Aux sources de la nouvelle pensée unique », *Le Crieur,* 2, oct. 2015.

320 L´historien Shlomo Sand se désole de l´évolution de P-A. Taguieff dans un texte récent, « Lettre ouverte à un ex-ami », publié par le site Mediapart en 2015 (https://blogs.mediapart.fr/edition/les-invites-de-mediapart/article/290915/lettre-ouverte-un-ex-ami).

321 « Pierre-André Taguieff dénonce les chasses aux sorcières de la 'gauche divine' ». *Le Figaro,* 23 oct. 2015.

commun qui ne serait pas la nation, mais autre chose, pourquoi pas par exemple, l´expérience des conseils ouvriers hongrois de 1956 ? Ainsi l´historien Martin Breaugh propose que « la plèbe est le nom d´une expérience, celle de l´accession à la dignité politique humaine ». [322] Cette tradition valorise des expériences discontinues, des moments, comme la Commune de Paris ou la mobilisation des Brigades internationales en Espagne, ou les journées du Paris révolutionnaire (E. Hazan dans un ouvrage récent), elle est internationaliste, et regrette que la critique du totalitarisme ait servi de « prétexte » à l´annihilation de tout projet révolutionnaire[323]. Elle peut devenir mélancolique ou tenter une histoire de la mélancolie parmi elle[324]. L´urgence de l´heure est-elle de partir des recherches de Hannah Arendt sur un monde commun radicalement neuf, ou, au contraire, d´approfondir le modèle de la nation républicaine hérité des Lumières ? Voilà les antiracistes divisés, et mobilisés par leurs divisions.

Ci-dessous, nous abordons sept controverses illustrant des conceptions différentes de l´antiracisme.

---

[322] C´est la première phrase de M. Breaugh, *L´expérience plébéienne. Une histoire discontinue de la liberté politique*. Paris : Payot, 2007.

[323] P. Anderson, *La pensée tiède. Un regard critique sur la culture française*. Paris : Le Seuil, 2005 ; M. Christofferson, *Les intellectuels contre la gauche. L´idéologie antitotalitaire en France (1968-1981)*. Marseille : Agone, 2014 ; E. Hazan, *Une traversée de Paris*. Paris : Le Seuil (coll. « Fiction et Cie »), 2016

[324] Enzo Traverso, *Mélancolie de gauche. La force d´une tradition cachée (XIXe-XXe siècle)*. Paris : La Découverte, 2016.

L´ANTIRACISME, LA NATION ET LE COMMUNAUTARISME

Deux stratégies étaient possibles pour des chercheurs impliqués dans la lutte contre la xénophobie des « identitaires ».

La première consiste à investir les notions liées de nation et de république, à leur donner un contenu fort, mais pas trop fort, et à montrer que les différences peuvent parfaitement s´épanouir dans leur cadre. Cette stratégie invite à prendre au sérieux « l´identité » politique principale, le plus souvent la nation souveraine – « contenu fort » donc. « Pas trop fort » signifie que rien de tout cela n´est naturel et figé. On ne « découvre » pas en soi l´identité nationale, elle se construit historiquement, y compris avec l´apport des migrations. Par ailleurs, elle n´est pas exclusive, elle accepte tout à fait les emboîtements des multiples identités de toute nature, un point fondamental pour éviter le glissement de l´identité à la violence[325]. Les antiracistes devraient promouvoir une *identité nationale* civique, ouverte, démocratique.

Mais une seconde option exprime ses réserves vis-à-vis de l´idée d´identité, si elle est dite « nationale », car elle y voit surtout un récit idéalement conçu pour cacher les injustices du monde social. On évoquera alors une mythologie, un artifice, un produit de l´Histoire, et les « traditions inventées » des historiens britanniques Éric Hobsbawm et Terence Ranger. Dans cette perspective, le rôle de l´intellectuel antiraciste est surtout d´une part de déconstruire, et de plaider pour la plasticité, l´entrecroisement, l´hybridation ; d´autre part de dénoncer

---

[325] Amartya Sem, *Identity and violence. The illusion of destiny*. New York et Londres : Norton paperback, 2007 (2006).

la domination des minorités dominées car différentes, dont il convient d'articuler les luttes.

D'un côté le géographe Christophe Guilluy, le politiste Laurent Bouvet, l'historien Jacques Julliard, le sociologue Jean-Pierre Le Goff, partagent (avec des différences) le constat d'une « ethnicisation » des relations sociales. De plus en plus, celles-ci seraient pensées et vécues par les citoyens en termes de différences entre des groupes « ethniques » différents, mélangeant phénotypes, culture, religion. Les « identitaires » profiteraient donc d'une situation favorable qu'ils n'auraient pas inventée[326]. Le sentiment pénible de devenir le membre d'une minorité « chez soi », dans son quartier, manifesterait une réaction banale, une « insécurité culturelle » propose le politiste Laurent Bouvet, qui ne ressortirait pas de grandes idéologies xénophobes répertoriées. Christophe Guilluy ledit d'une formule, « personne au monde ne veut être minoritaire dans son village ». [327]

Au contraire, d'autres chercheurs, comme les sociologues Arnaud Esquerre et Luc Boltanski, le politiste Philippe Corcuff, le sociologue Éric Fassin, l'anthropologue J.-L. Amselle, appellent à la vigilance[328]. Pour eux, le problème « culturel » ou « ethnique » est une

---

[326] C. Guilluy, *Fractures françaises*. Paris : Bourin Éditeur, 2010 ; J.-P. Le Goff. *La gauche à l'épreuve 1968-2011*. Paris : Perrin, 2011.

[327] « *Personne au monde ne veut être minoritaire dans son village* » observe Christophe Guilluy, invité par France-Culture http://www.franceculture.fr/emissions/linvite-des-matins-2eme-partie/linvite-des-matins-2eme-partie-mardi-13-septembre-2016. L. Bouvet. « L'insécurité culturelle est réelle », *Le Monde,* 6 fév. 2015.

[328] J.-L. Amselle, *Les nouveaux rouges-bruns : le racisme qui vient*. Paris : Lignes, 2014, L. Boltanski ; A. Esquerre, *Vers l'extrême : extension des domaines de la droite*. Paris : Éditions Dehors, 2014 ; P. Corcuff, *Les années 30 reviennent et la gauche est dans le brouillard*. Paris : Textuel, 2014.

construction idéologique née à l´extrême droite (rôle du GRECE), elle manifesterait l´abandon des valeurs humanistes et universalistes, donc une dérive « essentialiste et différentialiste ». Au contraire « la population française n'est ni cohésive ni porteuse d'un destin prédéfini, mais traversée de multiples fractures ». Donc, à propos de la France et dans une perspective antiraciste, on rappellera qu´ « il n'existe pas une unique identité française », et on ne se trompera pas d´ennemis – « d'un côté des différentialistes opposant l'islam aux « vrais Français » de l'autre des antisémites, tels Dieudonné et Alain Soral, voyant « les juifs » à l'origine d'un complot mondial ». [329]

Dépasser le « mythe de la nation » est donc l´objectif que se donne une partie de la gauche antiraciste. La citation de l´historien François Cusset placée au début de ce chapitre l´illustre. Dans cette optique, la nation française n´est pas cohésive, elle n´a pas de destin, elle est fracturée et elle est faite en grande partie par des apports étrangers. La partie adverse pourra observer que rien de tout cela n´est totalement faux, mais l´absence de contenu positif est frappante – au mieux, un rôle subalterne lui est réservé, elle n´est pas une catégorie utile pour penser le temps présent. Or, comme souvent en politique, le moment important est celui où l´on définit ses ennemis. Les islamismes n´en font pas partie. Ils apparaissent deux fois, mais « en creux ». La gauche antiraciste doit d´abord défendre « l´islam » contre les différentialistes, sans précision ni distinction ; elle doit lutter contre les antisémites, qui ne sont pas les islamistes. Bien entendu, dans la perspective d´un antiracisme républicain, une objection vient à l´esprit : à force de mettre de côté, pour de

[329] « Gare à ne pas attiser une fictive guerre des identités », *Le Monde,* 6 février 2015, texte signé par Sylvain Bourmeau, et différents auteurs, souvent historiens ou sociologues.

bonnes raisons, la nation, ne risque-t-on pas de passer à côté de la réalité du moment ?

Dans l´optique de P-A. Taguieff, il y a là une erreur majeure. Pour s´y opposer, il n´a pas hésité à utiliser positivement un mot tabou, « nationalisme », sans doute pour marquer les différences, et par goût de la provocation. Selon lui, « il s´agit donc de définir un nationalisme moralement acceptable, répondant au besoin d´appartenance et d´identification sans sombrer dans le chauvinisme, l´autoritarisme et la xénophobie (…). » [330] Il a plaidé récemment en faveur d´un « nationalisme civique, qu´il faut défendre non seulement contre les xénophobes qui se travestissent en 'patriotes', mais aussi contre les antinationalistes frénétiques ». Après tout, « tel qu´il est observable dans les démocraties pluralistes occidentales, le nationalisme civique, libéral ou républicain est, en règle générale, respectueux des libertés individuelles et des droits fondamentaux ». [331] Un antiracisme réaliste devrait reconnaître la « centralité du nationalisme [332] », et admettre que « l´idée d´une citoyenneté européenne et, *a fortiori*, celle d´une citoyenneté cosmopolite sont en train de rejoindre l´idée d´une internationale prolétarienne dans le tombeau des idées mortes. » [333]

En somme, dans une perspective antiraciste, que faire de la nation ? Pour les uns, l´invoquer uniquement pour dire qu´elle est artificielle, construite et venue de l´étranger, c´est s´engager à n´en rien faire du tout ; inversement, pour d´autres, « en règle générale » devrait susciter au minimum la vigilance, car c´est bien au nom

---

330 P.-A. Taguieff, *La revanche du nationalisme. Néopopulistes et xénophobes à l'assaut de l'Europe*. Paris: Puf, 2015, p. 216.
331 *Id., ibid.*, p. 217.
332 *Id., ibid.* Il s´agit du titre d´une partie du chapitre III, p. 66.
333 *Id., ibid.*, p. 23-24.

d´une certaine idée (ethnique ou ethnicisante) de la nation que des Français noirs, d´origine arabe ou étrangère sont, dans la vie quotidienne, discriminés. Dans ces conditions, aucune précaution n´est inutile quand il s´agit de mobiliser une notion comme « l´insécurité culturelle », et mieux vaudrait ne pas la mobiliser.

LA NOTION DE « COMMUNAUTARISME »

Le sociologue Fabrice Dhume s´inscrit dans une perspective opposée à celle de P-A. Taguieff[334]. Ce chercheur a étudié la récurrence du terme « communautarisme » dans le discours social (médias, intellectuels, hommes politiques). Il observe l´indéfinition du terme, et son usage croissant, d´une part après 1994 (l´affaire Khaled Kelkal), d´autre part après le 11 Septembre. Pour lui, « 'Communautarisme' est une fiction qui ne peut pas se comprendre indépendamment de sa jumelle, 'l'intégration'. C'est un contre-modèle fabriqué alors que l'on cherchait à imposer un consensus national sur le 'modèle français' ». Ainsi la peur du « communautarisme » est l´expression d´un nationalisme. Celui-ci exige « le maintien d'un monopole national sur la production d'identité légitime ». Concrètement, c´est l´État qui assurerait une hiérarchie des sentiments d´appartenance, c´est lui qui garantirait que l´identité nationale domine. Ce faisant, l´État est un opérateur de « racisation ». C´est seulement en réaction que s´observent des logiques de fermeture. Elles sont compréhensibles, puisque le républicanisme ne parvient pas « à construire sur d'autres bases des manières d'être-en-commun à visée universaliste ».

La divergence des antiracismes est encore une fois patente, d´autant que P-A. Taguieff a consacré à la même

---

334 Fabrice Dhume-Sonzogni. *Communautarisme. Enquête sur une chimère du nationalisme français*. Paris : Demopolis, 2016. Nous citons ci-dessous « l'imaginaire nationaliste entre catégorisation ethnique et prescription identitaire. Remarques critiques sur la notion de communautarisme et ses usages sociaux », article paru en ligne en 2007 sur le site *Les mots sont importants* : http://lmsi.net/Communautarisme,681.

question un de ses meilleurs ouvrages[335]. Pour lui, la critique nécessaire de la notion de « communautarisme », effectivement complexe, n'implique pas d'écarter du débat la réalité du projet politique islamiste, et de désigner dans l' « État républicain » la cible du combat antiraciste, puisqu'au total il serait le principal responsable d'une dynamique de fermeture des identités. Au contraire, pour fonder, précisément, un « être-en-commun à visée universaliste », la tradition républicaine française, tout particulièrement la laïcité, s'avèrerait la base la moins mauvaise. Elle reconnaît à « chaque individu le droit d'assumer une appartenance ou une identité groupale donnée, en même temps que le droit de s'en défaire et celui de choisir n'importe quelle autre identité ou appartenance ». [336] C'est donc dans la perspective d'une défense des libertés individuelles qu'il convient de se placer, car « les démagogues identitaires ne manquent pas », et ils ont « appris à parler la langue de miel de l'appel à la tolérance et du respect des différences culturelles et autres ». [337]

Mais la laïcité divise les antiracistes depuis le début de « l'affaire du voile » (1989). En effet, selon certains la laïcité signifie la neutralité religieuse de l'État, mais nullement le confinement du religieux à la sphère privée. Ils en concluent que la sphère publique est ouverte au religieux, et que l'État républicain, neutre, aurait tort de s'y opposer, comme il le fait, par exemple, en prohibant les signes religieux ostentatoires à l'intérieur des établissements scolaires publics. Une telle interdiction appliquée aux élèves et non aux seuls agents de l'Éducation

---

[335] *La République enlisée. Pluralisme, communautarisme et citoyenneté*, Paris : Éditions des Syrtes, 2005.
[336] *Id., ibid.*, p. 27.
[337] *La République enlisée, op. cit.*, p. 323.

nationale relèverait de la discrimination, et donc du racisme. C´est par exemple la position de l´historienne américaine Joan Scott, dont les travaux portant sur l´Histoire sociale du dix-neuvième siècle français sont célèbres[338].

Donc le sociologue fait un travail utile quand il démonte les chimères contemporaines, à la manière de l´historienne Susanna Barrows, qui a étudié le mythe des foules criminelles dans la France de la fin du dix-neuvième siècle ; mais est-on dans la même situation ? La communauté de plus en plus fermée est-elle un mythe comme la « foule criminelle » [339] ? Dans un contexte différent, à propos du Royaume-Uni, l´économiste et philosophe Amartya Sen n´a pas de difficulté à articuler l´éloge de la société multiculturelle britannique (le véritable *multiculturalism*) et une mise en garde contre les entrepreneurs identitaires dont l´objectif est un *plural monoculturalism.* Enfant, il a vu les massacres de 1947 au Bengale. Il prend au sérieux le communautarisme, et rappelle le combat de Gandhi contre lui[340]. Selon lui, « *The Priority of Reason* » exige une école délivrée des communautés religieuses, puisque « *education is not just about getting children, even very young ones, immersed in an old, inherited ethos. It is also about helping children to develop the ability to reason about new decisions any grown-up person will have to take* ».[341]

---

[338] Joan Scott. *La politique du voile*. Paris : Éditions Amsterdam, 2017 (traduction par Joëlle Marelli et Idith Fontaine de *The Politics of the Veil*, 2007).

[339] *Id., Ibid.*, p. 301. Susanna Barrows. *Miroirs déformants : Réflexions sur la foule en France à la fin du XIXe siècle*. Paris: Aubier, 1992.

[340] Amartya Sem. *Identity and violence. The illusion of destiny*, op. cit.

[341] A. Sem, op. cit., p. 160-161.

Pour certains, combattre le racisme identitaire et xénophobe doit mener à dépasser la nation, soit en retrouvant le chemin de l´utopie (le mot peut être revendiqué positivement) et de la contestation de l´ordre social au nom de « la plèbe » (M. Breaught), soit en s´engageant aux côtés de toutes minorités victimes de discriminations, les deux optiques pouvant peut-être se combiner, même si ce n'est pas facile. De toute façon, la République en France est soit l´ennemi, soit l´objet d´une grande méfiance. Dans cette optique, l´*antifascisme* est-il une ressource mobilisable ?

L'ANTIFASCISME AU XXIe SIÈCLE

Souvent, les mêmes auteurs hostiles, méfiants ou désabusés vis-à-vis de la nation, catégorie à abandonner, à subvertir ou à solliciter le moins possible, sont au contraire très attachés à l'*antifascisme*. Au contraire, les auteurs sensibles au rôle que peut jouer la nation civique contre les discriminations sont bien plus perplexes devant un antifascisme auquel ils reprochent d'être anachronique. Une gauche radicale espère-t-elle faire de la mobilisation antifasciste un levier pour son projet d'une autre souveraineté ? En tout cas, c'est dans une tout autre perspective que s'inscrit P-A. Taguieff, au nom du réalisme dans l'analyse politique[342].

Un parti fasciste mobilise ses militants dans un style militaire, prépare le coup de force qui l'amènera au pouvoir, méprise ostensiblement la démocratie et espère la régénération de la nation par la guerre. Or il ne fait pas de doute que rien de tout cela ne s'applique au Front national, tout particulièrement depuis que Marine Le Pen en est devenue la présidente. *Du diable en politique* (2014) expose les inconvénients d'une « fascisation » indue de ce parti[343].

Le premier est que la dynamique ou la logique de l'antifascisme peut amener à oublier une leçon stimulante de l'antitotalitarisme – mieux vaut penser par 3 que par 2. Autrement dit, la fixation sur un danger fasciste, « d'extrême droite », implique l'oubli que le mal en

---

[342] P.-A. Taguieff, *Du diable en politique. Réflexions sur l'antilepénisme ordinaire*. Paris : Éditions du CNRS, 2014.

[343] Cette description ne s'applique pas totalement à la principale des ligues de la France des années 1930, les Croix-de-feux, qui suscite à cause de ses ambiguïtés des interprétations historiques divergentes, et de vives controverses. Voir par exemple Albert Kéchichian, *Les Croix-de-feu à l'âge des fascismes : travail, famille, patrie*. Seyssel : Champ Vallon, 2006.

politique – essentiellement l'abolition de la liberté, dans cette perspective – a fort bien pu, dans le passé, émerger et se développer à gauche. Le remède est l'assimilation par cette gauche des valeurs du libéralisme politique[344]. Il est dans une certaine modération, qui sans doute éloigne des chemins de la Révolution et de l'utopie. Plus précisément la mobilisation antifasciste a l'inconvénient de ne pas savoir que faire des islamismes, et donc de « manquer » le phénomène. Ce n'est pas rien si l'on pense, mais tout le monde ne le pense pas, qu'il s'agit de l'un des grands événements politiques de notre temps.

Par ailleurs l'antifascisme est amené à « diaboliser » son adversaire. La diabolisation est « un acte de discours à visée polémique consistant à transformer en diable, ou en représentant du Mal, un adversaire, individuel ou collectif, traité en ennemi absolu ». [345] Or, par un effet en retour, elle favoriserait au contraire le Front national. En son temps, Jean-Marie Le Pen en a joué, pour attirer sur lui l'attention des médias, et P-A. Taguieff rappelle que « l'auto-diabolisation volontaire par la provocation systémique aura ainsi représenté un outil tactique pour percer le mur du silence ou de l'indifférence, l'un des stratagèmes utilisés par un Le Pen en quête de visibilité médiatique ». [346] Pour sa part, Marine Le Pen n'a pas de mal à montrer l'écart entre le fasciste idéal et la réalité de ce qu'est son parti. Comme celui-ci a intégré des thèmes de gauche (défense des services publics et des libertés, particulièrement des femmes et des homosexuels), l'antifascisme ne servirait au fond qu'à mettre en valeur, par un effet de contraste, le « vrai » Front national (devenu Rassemblement national). Il est facile pour lui de montrer qu'il n'est pas du côté du

---

[344] Monique Canto-Sperber, *Les règles de la liberté*. Paris : Plon, 2003.
[345] P.-A. Taguieff, *Du diable en politique..., op. cit.,* 2014, p. 89.
[346] *Id., ibid.,* p. 111-112.

« rejet, du mépris de la femme, du sexisme, de l´homophobie, de la persécution des minorités religieuses, etc. » [347] Les résultats électoraux *prouveraient* l´échec de la diabolisation antifasciste – pourquoi s´obstiner ?[348]

Enfin, non seulement le « fascisme » est largement imaginaire, mais même « l´extrême droite » diabolisée par l´antifascisme est un mot mal formé. Le concept est lui-même douteux. En effet, « ce qu´on appelle 'l´extrême droite', dans la nuit médiatique où toutes les vaches sont noires, n´est pas le produit d´une droitisation de la droite, ni d´une extrémisation de l´esprit droitier. Ladite 'extrême droite' est aussi étrangère à la droite libérale qu´à la gauche socialiste réformiste. » Donc « elle ne se situe pas 'à droite de la droite', selon l´expression convenue, dont l´intention polémique est aussi claire que la vacuité sémantique ». [349]

P-A. Taguieff rejoint ainsi Emmanuel Terray, dont le livre *Penser à droite* excluait « l´extrême droite ». Le propos n´est pas de dire qu´elle n´existe pas, mais qu´elle est complexe et que le mot est malheureux, car à l´analyse « l´extrême droite apparaît au contraire comme un produit de synthèse instable, né du mélange, selon divers dosages, de thèmes empruntés aux droites non libérales (dérivées du conservatisme traditionaliste ou contre-révolutionnaire) et

---

[347] *Id., ibid.,* p. 207. P-A. Taguieff évoque le discours de Geert Wilders, mais le propos vaut pour le Front National de Marine Le Pen.

[348] Les candidats du Front National depuis 2011 ont obtenu de très bons scores : 6,4 millions de voix en 2012 (élections présidentielles), 4,7 millions en 2014 (élections européennes), 5,2 millions et 6,8 millions en 2015 (élections départementales et régionales – second tour). Voir: J.-M. Pottier ; J.-L. Cassely. « De 1973 à 2015, quarante ans d'évolution des scores du FN en un graphique ». 23 mar. 2015, <http://www.slate.fr/story/99391/ graphique-evolution-scores-fn>. Enfin le 7 mai 2017, Marine Le Pen a obtenu plus de 10,6 millions de voix.

[349] P.-A. Taguieff, *Du diable en politique..., op. cit.,* 2014, p. 189.

ce qu'il est convenu d'appeler l'extrême gauche, qui n'est pas non plus une gauche gauchisée ou extrémisée, mais une pseudo-gauche antidémocratique ». Son « horizon n'est autre que la Révolution – destruction pratique et construction utopique. L'extrême droite mêle les contraires et les contradictions : le conservatisme à l'esprit révolutionnaire, le nationalisme au racisme ou au socialisme, l'esprit grégaire au culte de l'individualité, le conformisme et le dogmatisme à l'esprit subversif ».[350]

Dans ces conditions, et parce qu'il faut tout de même combattre la démagogie du parti de Marine Le Pen, que faut-il faire ? Sur ce point, P-A. Taguieff n'est guère précis, et il propose de « substituer l'image de l' « estomac » à celle du « front » [351] ». Il faudrait « digérer » le Front national. La métaphore de l'estomac implique-t-elle, par exemple, des alliances électorales entre ce parti et les partis modérés de droite ou « républicains » ? Ou seulement de « banaliser » le parti de Marine le Pen, de débattre avec lui, sans lui faire un procès en « fascisme » ? Mais n'est-ce pas sous-estimer les continuités entre le parti « néo-fasciste » né en 1972, et le parti actuel, éléments de continuités qui existent aussi, en particulier au niveau des militants, de ce qui se dit entre militants, et sur lesquels insistent les politistes contemporains [352]? Par exemple, dans le nouveau contexte politique français post-2017, un rapprochement Républicains-Rassemblement national « adoucirait-il » le second ?

Pour Jean Birnbaum réagissant dans *Le Monde*, P-A. Taguieff a franchi une ligne rouge, car il est

---

[350] P.-A. Taguieff, *Du diable en politique..., op. cit.*, 2014, p. 196-197.
[351] P.-A. Taguieff, *Du diable en politique..., op. cit.*, 2014, p. 285-286.
[352] Sylvain Crépon, Alexandre Dézé, Nonna Mayer (dir.), *Les faux-semblants du Front national. Sociologie d'un parti politique*. Paris : Presses de Sciences Po, 2015.

incompréhensible de critiquer la tradition antifasciste alors que l´extrême droite obtient d´excellents résultats en France et en Autriche, et que le comédien Dieudonné triomphe. « Comment cet homme à la mémoire longue s'est-il mis à prêcher l'oubli, au prétexte que le ressassement du passé « encombre » notre conscience ? Comment ce fin politologue a-t-il bientôt déployé des trésors de rhétorique pour convaincre que le Front national avait radicalement changé, et qu'il n'y avait plus de fascistes, en France, que dans la tête des antifascistes ? »[353]

P-A. Taguieff aurait été happé par la logique de sa critique de l´antiracisme, et cette critique, d´abord constructive et utile, se serait dégradée, serait devenue « obsessionnelle », jusqu´à faire de l´antiracisme et de l´antifascisme des « fléaux ». Les éléments d´un « dialogue de sourds » sont ainsi en place. La critique des mythes de l´antifascisme est-elle utile, comme l´est la critique de toutes les mythologies politiques ? Est-elle néfaste vu les circonstances?

Certains antiracistes se mobilisent contre l´ « extrême droite » raciste et dans la même dynamique, contre le fascisme, puisque les fascismes historiques ont été les incarnations les plus fortes de l´extrême droite. P-A. Taguieff rétorque que l´affaire est bien plus complexe. D´une part parce que les ressorts du national-populisme sont à chercher du côté des *extrémismes en politique*, Marat autant que Doriot – le populisme est un style (identification entre le leader, son parti et le peuple, mobilisés contre les ennemis du peuple), bien plus qu´un contenu idéologique, la preuve étant que les arguments mobilisés par Marine Le

---

[353] « Ces intellectuels qui dédiabolisent le FN », *Le Monde*, 29 mai 2014.

Pen appartiennent autant à la droite qu'à la gauche. D'autre part, parce que le fascisme historique, celui de Mussolini en 1919, venait pour partie de la gauche, et détestait la droite libérale « bourgeoise ». Enfin il met en garde contre un certain *goût de l'antifascisme* – culte de la violence, tendance à la fascisation indue des adversaires vite tous complices des fascistes, mépris des institutions républicaines, d'abord de la justice et de la police – caractéristique d'une gauche illibérale. Par exemple, des « antifascistes » mettent le feu à une voiture de police à Paris, quai de Valmy, le 18 mai 2016. Quel rapport avec le fascisme ?

On peut cependant être sensible à l'argument avancé par J. Birnbaum. Les cultures politiques sont faites de mémoires partagées de génération en génération. À partir du moment où une partie du Front national reste fidèle à l'esprit de sa naissance en 1972, ce parti reste un héritier des extrêmes droites françaises, dont l'adversaire prioritaire a toujours été la République. Les abus de la « fascisation » sont une chose, mais Boulanger, Pétain et Poujade ont-ils été seulement « digérés » ?

CONTROVERSES SUR LE MOT « ISLAMOPHOBIE »

Elles sont bien connues. Nous n´y reviendrions pas, si ce n´est que P-A. Taguieff a été accusé d´être « islamophobe », par des confrères – d´autres chercheurs antiracistes. Pourtant il ne devrait pas y avoir d´espace pour un désaccord entre antiracistes. Il va de soi que tout préjugé, toute discrimination visant des musulmans, doit être dénoncé et combattu. Et pour désigner les paroles et les actes visant des personnes, il a parfois utilisé « islamophobie » comme un synonyme de « racisme antimusulman ». Ainsi, à propos de la situation du racisme en 2012, il écrivait, qu´il « convient de reconnaître comme des formes émergentes de « racisme », même si le terme semble mal convenir aux phénomènes désignés, les passions idéologiquement organisées que sont l'islamophobie, la judéophobie et la christianophobie, qui s'opposent ou se combinent diversement ». [354] Mais déjà en 2002, il observait que les attentats de septembre avaient déclenché « une islamophobie croissante ». [355]

Cependant dans un livre publié en 2013, deux sociologues l´accusent « d´islamophobie », donc d´être raciste[356]. Cette accusation est intéressante, dans la perspective d´une histoire de l´antiracisme. Quels sont en sont les motifs ? Comment l´interpréter ? Qu´indique-t-elle sur la situation de l´antiracisme ?

---

[354] P.-A. Taguieff. « Le racisme aujourd'hui, une vue d'ensemble », *Huffington Post France,* 27 sept. 2012.

[355] *Idem. L'illusion populiste..., op. cit.,* 2007, p. 40.

[356] A. Hajjat ; M. Mohammed, *Islamophobie. Comment les élites françaises fabriquent le « problème musulman ».* Paris : La Découverte, 2013.

Les motifs d´une accusation

C´est dans l´introduction que se trouve l´attaque contre P-A. Taguieff. Les auteurs présentent divers extraits de déclarations ou de textes racistes, parmi lesquels une intervention orale de celui-ci. Celle-ci apparaît entre une déclaration de Jacques Chirac, maire de Paris en 1991, et une autre de Michel Houellebecq. Le premier aurait dit que « avoir des Polonais, des Italiens, des Portugais travaillant chez nous, ça pose moins de problèmes que d´avoir des musulmans ou des Noirs ». Le second s´exprime ainsi : « la religion la plus con, c´est quand même l´islam. Quand on lit le Coran, on est effondré », et la citation se poursuit sur un mode encore plus violent.[357]

Or, intercalée entre les phrases de J. Chirac et de M. Houellebecq, P-A. Taguieff aurait déclaré que « deux millions de musulmans en France, ce sont deux millions d´intégristes potentiels ». Dans le contexte du montage du livre, le propos peut choquer – les musulmans auraient-ils par nature une vocation au fanatisme ? Mais, sorti de ce contexte, le propos relève de la simple mise en garde. Si l´objectif des islamistes est la conquête des esprits musulmans, il va de soi que les deux millions de musulmans français représentent une cible pour leur propagande. Les auteurs auraient donc dû écouter l´émission de radio au cours de laquelle la phrase a été prononcée. Mais la citation renvoie à un livre de P. Tevanian et S. Tissot[358]. Il est

---

[357] A. Hajjat ; M. Mohammed, *Islamophobie. Comment les élites…*, op. cit., 2013, p. 13. « La plainte du MRAP contre M. Chirac. Le procès des 'odeurs' ». *Le Monde,* 31 janv. 1992. Cet article cite des déclarations de J. Chirac le 19 juin 1991. Les propos de Michel Houellebecq renvoient à un entretien donné à *Lire,* 1er septembre 2001. J. Chirac a donné par ailleurs diverses preuves de son engagement personnel contre le racisme.

[358] Voir : P. Tevanian ; S. Tissot, *Mots à maux. Dictionnaire de la lepénisation des esprits.* Paris : Dagorno, 1998, p. 114 ; *Actualité Juive,*

possible sur internet de rencontrer de nombreuses références à cette phrase, « prouvant » le racisme de P-A. Taguieff, mais jamais une transcription longue, qui pourrait éclairer le contexte. Celui-ci demeure donc inconnu.

À la page 14 de *Islamophobie,* toujours dans l´introduction, une autre phrase l´accuse. P-A. Taguieff aurait dit, à propos de l´essayiste italienne Oriana Fallaci, « elle vise juste, même si elle peut choquer par certaines formules ». La source est le périodique *Actualité Juive,* et la phrase se retrouve aussi facilement dans les pages hostiles à P-A. Taguieff sur internet. O. Fallaci a écrit un livre violent contre l´Islam, qui contient des passages racistes, des essentialisations négatives visant « les musulmans ». La même objection peut être soulevée : il faudrait détailler beaucoup plus ce qui est « juste » et ce qui est « choquant » pour arriver à se former une opinion sur le racisme supposé d´un chercheur reconnu, dont le champ de recherche est précisément le racisme.

Nous pensons que ces deux phrases auraient dû être mises en parallèle avec les textes consacrés par P-A. Taguieff au racisme antimusulman, anti-arabe ou islamophobe. Les sociologues nous semblent avoir été imprudents, et sans doute malveillants. Mais la thèse des auteurs est que le racisme antimusulman est fabriqué par les « élites », dans le cadre de l´État républicain. P-A. Taguieff en était un bon exemple.

L´interprétation d´une accusation

---

20 juin 2002 ; A. Gresh, *L'Islam, la République et le monde.* Paris : Hachette, 2006, p. 30.

Le livre défend une thèse contenue dans son sous-titre : « *comment les élites françaises fabriquent le 'problème musulman'* ». Pour la résumer, il s'agit de nier que les activités des islamistes constituent en quoi que ce soit un danger, un danger perçu aussi bien par l'État républicain que par l'immense majorité des citoyens français, y compris, bien entendu, les Français musulmans, et un danger dont se servent les ennemis des musulmans pour les stigmatiser. Au lieu de distinguer classiquement islam et islamismes, A. Hajjat et M. Mohammed adoptent une définition très large de l'islamophobie, qui leur permet de fonder leur procès des élites et de la République. Selon eux, l'islamophobie commence avec « l'altérisation », c'est-à-dire le fait de considérer le citoyen, le voisin, le collègue musulman, comme essentiellement « autre ».

Cette définition met sur le même plan le bailleur qui refuse de louer son bien à une personne musulmane car elle est ou semble musulmane (racisme caractérisé), et tout conflit à propos de la laïcité impliquant un musulman, dans lequel un citoyen, qui peut parfaitement se trouver être musulman lui aussi, essayant de faire respecter les règles de la laïcité, peut toujours être accusé d' « altériser » l'autre partie. Or le militantisme islamiste n'est pas une fiction inventée par les élites républicaines, et ce genre de conflits, souvent sur des enjeux minuscules, ne sont pas rarissimes. La définition est donc trop large et trop formelle, et, en l'adoptant, on sera porté à percevoir dans la société française une islamophobie généralisée, qu'il est toujours possible d'imputer aux « élites », puisque, par définition, les élites portent une responsabilité particulière dans l'état de la société.

La cible du livre n'est donc pas les vrais groupes racistes, les individus qui pensent et disent qu'on ne saurait être arabe et français, musulman et français. La cible semble plutôt tous les citoyens, y compris les citoyens musulmans, par exemple ceux qui revendiquent un « droit à l´indifférence », qui n´ont aucune difficulté particulière avec les Français musulmans ou d´origine musulmane, mais qui, d´une part, considèrent que l´affirmation des islamismes constitue un péril pour les libertés, et, d´autre part, sont attentifs à la défense de la laïcité, envisagée comme le code d´un vivre-ensemble en République.

Dans cette perspective, P-A. Taguieff est une cible. Dans une note de bas de page (la majorité des notes se situent à la fin du livre), Abdellali Hajjat et Marwan Mohammed reconnaissent la qualité du livre publié sous sa direction en 1991 *Face au racisme,* dont le chapitre 12 traite du racisme antimusulman (écrit par Anne-Marie Delcambre et Jean Weydert). Mais ils ajoutent que « la qualité de cet ouvrage contraste avec les prises de position ultérieures islamophobes de Taguieff, qui correspondent exactement à ce qu´il dénonçait ». Cependant, l´islamophobie en question n´est nullement prouvée. Les seules phrases contestées sont les deux citées dans l´introduction[359].

Abdellali Hajjat et Marwan Mohammed doutent que l´islamisme soit la cause de la mauvaise réputation de l´Islam, car « on pourrait multiplier les exemples d´actes violents ou de pratiques religieuses non musulmanes qui ne sont justement pas (autant) constitués en problème public, comme les mobilisations des catholiques traditionalistes contre l´interruption volontaire de grossesse (IVG) (…). »[360] Dans la perspective d´une histoire de l´antiracisme, un certain antiracisme aboutit ainsi à la trivialisation d´un danger très réel pour les libertés. C´est une situation étonnante. Il va de soi que l´antiracisme historique naissant, celui des années 1930-1960, était du

---

[359] A. Hajjat ; M. Mohammed, *Islamophobie..., op. cit.,* 2013, p. 133.
[360] *Id., ibid.,* p. 101.

côté des combats pour la liberté. Ce n´est plus si évident, et, au nom de l´antiracisme, on a pu reprocher en 2006 à P-A. Taguieff de s´être « converti depuis [la publication de *Face au racisme* (1991)] à l´idée d´une 'menace islamiste' »[361], significativement entre guillemets.

P-A. Taguieff est revenu sur le sujet récemment. *L´islamisme et nous. Penser l´ennemi imprévu* est un plaidoyer contre ce qui relève, selon l´auteur, d´une imposture, donc la mobilisation d´une sensibilité antiraciste « de gauche » afin d´atténuer la prise de conscience d´un danger islamiste. Pour que la notion d´islamophobie soit incontestable, il faudrait que des distinctions claires soient faites : « l´anti-islamisme n´a rien à voir avec ce qu´on appelle improprement l´ « islamophobie », catégorie d´amalgame qui confond la critique intellectuelle des dogmes ou des pratiques d´une religion (l´islam, sous telle ou telle forme), la critique politique et morale de l´islamisme (djihadiste ou non) et l´appel à la haine ou à la violence contre les musulmans en tant que tels ». Le livre constitue un plaidoyer en faveur de la reconnaissance qu´il existe un problème spécifique à la religion musulmane (le djihad, une religion État, le Coran comme paroles divines dictées), dans une perspective de réformes de l´islam qui ne pourra être menée que par les musulmans eux-mêmes. Le pôle symétrique et opposé est occupé par tous les auteurs qui rappellent la banalité du lien violence / religions, les facteurs sociaux et psychologiques de la « radicalisation » en Europe, le contexte géopolitique complexe du Moyen-Orient[362].

Le procès en islamophobie mené contre P-A. Taguieff semble donc fragile. Sa répétition peut s´expliquer

---

[361] A. Gresh, *L'Islam..., op., cit.*, 2006, p. 386.
[362] *L´islamisme et nous. Penser l´ennemi imprévu*, Paris : CNRS éditions, 2017, p. 192.

par le mode de circulation de l´information sur les médias électroniques, puisque les sites militants se copient les uns les autres, par l´engagement assumé de celui-ci en faveur du sionisme, et par son engagement en faveur de la laïcité.

Au moins, tous les antiracismes sont-ils d´accord pour dire : « l´essentialisme, voilà l´ennemi ! »?

ÊTRE ANTIRACISTE, C'EST ÊTRE ANTI-ESSENTIALISTE ?

La description du racisme comme un « essentialisme » est consensuelle parmi les chercheurs depuis les années 1970. En France, on sait qu'Albert Memmi et Colette Guillaumin ont joué un rôle important dans cette conceptualisation. De son côté, P-A. Taguieff a insisté sur le fait que le racisme pouvait fort bien passer par un discours d'éloge des différences, et donc avancer dissimulé ; il a par ailleurs, mis en évidence les deux pôles du racisme et de l'antiracisme, l'universel et la différence, ce qui attirait l'attention sur le problème de leur articulation (chapitre I). Or un article du *Dictionnaire historique et critique du racisme,* souligne les risques d'un anti-essentialisme dogmatique, figé, incapable d'autocritique. Quels sont ces risques? Nous signalent-ils quelque chose sur les divisions de l'antiracisme contemporain?[363]

Trois observations critiques sur un anti-essentialisme dogmatique

P.-A. Taguieff observe dans ce texte que la critique de l'essentialisme est rapidement passée de la recherche érudite à la politique militante[364]. Enfermement des sujets

---

[363] P.-A. Taguieff. « Essentialisme » in: P.-A. Taguieff. *Dictionnaire historique et critique du racisme*. Paris : Puf, 2013, p. 557-589. Dans cet article, l'auteur propose une histoire du concept et de ses usages philosophiques et politiques.

[364] « 'Essentialisme' est l'un de ces mots savants qui ont basculé récemment de l'espace des discussions académiques vers celui des débats politiques, pour s'intégrer, au prix d'un brouillage de leurs sens respectifs, dans le vocabulaire courant de certains milieux militants en lutte contre des formes de mystification ou de 'domination' jugées par eux intolérables ». P.-A. Taguieff. *Dictionnaire historique..., op. cit.,* 2013, p. 557.

dans une identité close, simplification et abstraction, déshistorisation, sont les principales critiques soulevées contre « l´essentialisme ». Le changement de registre a mené à un nouveau dogmatisme, une critique systématique et mécanique des « essences », donc des identités stables, comme si, nécessairement, l´antiracisme devait procéder de l´éloge du fugace, du construit et du métissage, par opposition à toute identité héritée et de longue durée. Mais l´affaire est complexe, et, selon lui, les militants devraient être attentifs à au moins trois problèmes.

D´abord, s´il n´existe pas, par exemple, une essence de « l´homme européen », ou « brésilien », ou « noir », pourquoi en existerait-il une de l´homme ? Et qu'en est-il alors de l´humanisme ? Or, « s´il n´y a pas de nature humaine, ce sont les différences qui deviennent essentielles, irréductiblement essentielles, ce qui constitue l´un des postulats de la pensée raciste ». [365]

Ensuite, une posture radicalement anti-essentialiste débouche sur des situations absurdes. Comment lutter pour le droit des femmes et argumenter qu´il n´existe pas de « féminin » ? Comment défendre un groupe discriminé, par exemple les noirs au Brésil ou une minorité nationale ou religieuse, et en même temps, arguer que tout groupe social est le produit d´un processus éphémère, arbitraire et historique, qui « n´a pas toujours existé », et qui en somme a vocation à disparaître ? Un « essentialisme » peut servir aussi bien des causes racistes qu´antiracistes, ce que savent, par exemple, les mouvements afro-brésiliens. L´affirmation de Jean-Paul Sartre selon laquelle c´est le regard de l´antisémite qui « fait » le juif n´a pas convaincu grand

[365] P.-A. Taguieff, « Essentialisme ». In : P.-A. Taguieff. *Dictionnaire historique..., op. cit.,* 2013, p. 579.

monde[366]. Dès lors, il faut balancer « les exigences de la déconstruction » par « les impératifs de l'action », et reconnaître que « la position la plus raisonnable [...] consiste à poser que les catégories douteuses ou supposées dangereuses (« race », « ethnicité », etc.) ne sont ni des essences, ni de pures illusions ». [367]

Enfin la vigilance est de mise contre un usage corrompu de l'anti-essentialisme. Il peut servir dans la polémique à « rejeter une théorie, un raisonnement ou une analyse dans l'enfer de la pensée non-scientifique, préscientifique ou pseudo-scientifique ».[368] Exagéré, il « rendrait impossible toute vie sociale, à commencer par la simple activité de catégorisation ». [369] La prudence recommande donc de ne pas s'engager dans une interminable critique des « essences », car « les fanatiques de la démystification outrancière sont des fanatiques aussi redoutables que les fanatiques des croyances dogmatiques ».[370]

En somme, le monde commun ne peut pas être construit dans des laboratoires universitaires, ni décrété par un comité. Il doit compter avec la langue commune des gens ordinaires, « sans vouloir absolument la réformer, l'améliorer, la perfectionner, au risque de la détruire ». Un certain équilibre est à trouver entre la critique des préjugés

---

[366] Mais Claude Lanzmann rappelle son importance dans l'article « Sartre et les juifs », in *Dictionnaire historique..., op. cit.,* 2013, p. 1643-1644.

[367] P.-A. Taguieff, « Essentialisme » in: P.-A. Taguieff. *Dictionnaire historique..., op. cit.,* 2013, p. 584.

[368] *Id., ibid.,* p. 569.

[369] *Id., ibid.,* p. 584. Taguieff se réfère à l'ouvrage de D. Schnapper. *La relation à l'autre. Au cœur de la pensée sociologique.* Paris : Gallimard, 1998.

[370] P.-A. Taguieff, « Essentialisme ». In : P.-A. Taguieff. *Dictionnaire historique..., op. cit.,* 2013, p. 585.

et l´éradication « de tous les préjugés ». « La question est de savoir si la pensée critique peut éviter, pour qui l´assume, de dériver vers ce dogmatisme éradicateur ». [371]

L´implication politique se discerne facilement. En Europe, la nation reste le cadre politique principal. Elle n´est pas parfaite, et elle a servi des projets racistes et fascistes dans le passé. Mais la cause nationale peut aussi mobiliser autour de valeurs généreuses et universelles, ou universalisables. Inversement, selon P-A. Taguieff, l´engagement d´extrême gauche autour de la déconstruction inspirée par le philosophe Jacques Derrida a peu de chance de trouver une perspective politique[372].

D´autres antiracismes s´inscrivent dans une perspective opposée. « Pour un antiracisme politique », est un manifeste issu de la réflexion de divers groupes, « un collectif réunissant universitaires, militants associatifs, intellectuels et militants antiracistes ». [373] Il s´exprime au nom des musulmans, des roms, des immigrants et descendants d´immigrants, des immigrants illégaux récents, des noirs et des juifs. Tous seraient des « racisés », des « autres » (entre guillemets dans le texte), victimes du racisme, « qui désigne comme des « autres » racisés

---

[371] P.-A. Taguieff, « Essentialisme » in : P.-A. Taguieff. *Dictionnaire historique..., op. cit.,* 2013, p. 585. P-A. Taguieff cite ce texte de K. Mannheim : « Comment les hommes pensent-ils effectivement, tel est le problème dont traite ce livre. Il veut examiner, non comment la pensée se présente dans les manuels de logique, mais comment elle fonctionne effectivement, dans les affaires publiques et la politique, comme outil d´action collective ». K. Mannheim. *Idéologie et utopie.* Paris : Éditions de la Maison des Sciences de l'Homme, 2006, traduction de J-L. Evrard.

[372] L´articulation du particulier et de l´universel est un thème abstrait, mais l´historienne M. Ozouf l´envisage concrètement dans *Composition française. Retour sur une enfance bretonne*. Paris : Gallimard, 2009.

[373] « Pour un antiracisme politique », *Libération,* 21 mai 2015.

certains d'entre nous – immigrés d'Afrique ou Roms d'Europe, et aussi Français, héritiers de l'esclavage, de la colonisation et de l'immigration, Noirs d'apparence ou Maghrébins d'origine ».

L´essentialisation est-elle l´ennemi des antiracistes ou un outil à leur disposition ? Le texte ci-dessus subsume en effet sous un même nom (« racisés ») des groupes très variés, donc les immigrés, les roms, les Français issus de l´esclavage, de la colonisation et de l´immigration, les noirs et les Maghrébins. Les « racisés » sont victimes d´une mécanique (des « logiques sociales ») dévoilée par les sciences sociales, mécanique imperceptible à l´œil nu du citoyen. En somme, parfois les sciences sociales déconstruisent, et parfois elles reconstruisent, des essences.

Le débat entre antiracismes semble donc s´organiser ici autour de quelques points. « Racisés », n´est-ce pas simplifier, exagérer et caricaturer une réalité complexe, et par un coup de force, unir – donc « essentialiser » – des populations qui souvent ne s´identifient nullement à une réalité commune de « racisés », et entretiennent parfois des relations conflictuelles ? L´État du côté du racisme, la société de l´antiracisme, peut-on vraiment présenter les choses ainsi ? Est-ce si simple ? Qu´en est-il de la relation avec les « non racisés » ? Pourquoi faut-il que, si convergence il y a, elle ne s´opère surtout pas dans le cadre du républicanisme civique ? Enfin l´appel, datant de mai 2015 ne veut pas comprendre le problème soulevé par la « nouvelle judéophobie », donc la haine des juifs identifiés au « sionisme ». La question d´une complaisance envers le racisme de cet appel « pour un antiracisme politique » est donc posée.

MIGRANTS ET « POLITIQUE MINORITAIRE »

Une controverse

Le sociologue Éric Fassin a relevé un article de P-A. Taguieff, caractéristique d´un chercheur qui a été autrefois, mais qui a cessé d´être, « antiraciste ». Il importe donc d´abord de lire ce qu´écrit P-A. Taguieff[374].

Son texte attaque tous les citoyens qui pensent que, sous une forme ou une autre, on devrait laisser les frontières ouvertes. Il propose le néologisme « immigrationnisme » pour décrire la position de celui qui juge que, nécessairement, l´immigration est « inéluctable et positive ». Cette position est critiquée par lui pour deux motifs principaux. D´abord, elle impliquerait l´abandon de fait de l´ État-nation comme cadre du monde commun, au profit de « la démocratie cosmopolite », caractérisée par la mobilité et l´indifférenciation. Ensuite, le raisonnement « immigrationiste » pratiquerait une forme de chantage moral : celui qui doute du bien-fondé de l´ouverture des frontières aux migrations serait raciste. Les motifs qui animent l´auteur sont la défense de l´État-nation et celle de la liberté du débat démocratique. P-A. Taguieff adopte une posture qui, sur un tel sujet, impliquant la vie de milliers de gens, accepte le risque de paraître *désagréable*. Tant pis – « la générosité abstraite, au nom des grands principes et des bonnes intentions, chasse tout souci de responsabilité. Car

---

374 D. Fassin; É. Fassin (dir.), *De la question sociale à la question raciale? Représenter la société française.* Paris : La Découverte / Poche, 2009 (2006). P.-A. Taguieff. « L'immigrationnisme, dernière utopie des bien-pensants ». *Le Figaro,* 9 mai 2006. Une version longue existe, et c´est elle que cite Éric Fassin: www.communautarisme.net/L-immigrationnisme,-ou-la-derniere-utopie-des-biens-pensants_a754.html.

après l'ouverture, comment faire pour intégrer les nouveaux arrivants, alors que la « société plurielle » qui s'annonce offre le spectacle d'une fragmentation conflictuelle? L'éthique de la conviction, surtout si elle est forcée, n'est pas une politique ».

La lecture d´Éric Fassin aurait pu contester l´un des trois points suivants, ou les trois ensembles : la nation républicaine est le cadre le plus réaliste d´un véritable monde commun ; le contrôle des frontières est nécessaire pour cette nation républicaine, étant donné en particulier la situation économique ; la société plurielle débouche sur une fragmentation conflictuelle. Ces trois points auraient pu faire l´objet d´une discussion, tout est discutable, rien ne va de soi.

Mais, peut-être parce qu´il répondait à un texte au style agressif, Éric Fassin n´a pas souhaité discuter, mais plutôt exclure P-A. Taguieff de l´univers des chercheurs antiracistes. « Pierre-André Taguieff a sans doute toujours critiqué l´antiracisme ; mais, au début des années 1990, c´était pour mieux résister « face au racisme ». Cet objectif semble désormais plus lointain ».[375] Il ajoute même que « aujourd´hui, c´est sous sa plume qu´on retrouve des idées comparables à celles qu´il démontait hier », donc il serait devenu lui-même vecteur d´idées racistes. E. Fassin propose une explication politique à cette évolution, et considère que « à l´évidence, c´est à la lumière du 11 septembre qu´il faut interpréter le changement de ton, et le basculement rhétorique ».[376] Il cite ainsi trois phrases

---

[375] D. Fassin; É. Fassin (dir.), *De la question sociale à la question raciale..., op. cit.*, 2009 (2006), p. 131. *Face au racisme* est donc le titre d´un ouvrage dirigé par P.-A. Taguieff et publié en 1991.
[376] *Id., ibid.*, p. 132.

typiques d´une déviation vers le racisme. Mais ces trois phrases ne sont pas commentées. On peut donc y revenir.

La première affirme que « fermer les yeux sur la guerre culturelle non déclarée qui a lieu en Europe de l'Ouest tout particulièrement, c'est faire preuve d'angélisme ». Cette observation vise la propagande islamiste, et n'implique donc pas de mobiliser le « racisme » ou l´ « antiracisme ». La seconde phrase considère que « avant de faire appel à la main d'œuvre étrangère, il serait de bonne méthode de mobiliser les ressources internes, puisque le taux d'emploi des 15-64 ans est actuellement de 63% pour les personnes nées en France et de 57% pour celles nées à l'étranger ». Elle peut soutenir une argumentation raciste, mais tout est affaire de contexte. Or c´est au nom d´une éthique de responsabilité – le poids du chômage – que le contrôle de l´immigration économique est approuvé. Le point est contestable, mais ne relève pas du racisme.

La troisième phrase semble donner raison à Éric Fassin, car P-A. Taguieff écrit que, dans l´esprit de certains, « les immigrés de culture musulmane, transfigurés par leur pauvreté supposée et l'exclusion qu'ils sont censés subir, doivent être traités en hôtes privilégiés ». Toutefois, si on se reporte au texte original, l´ambiguïté se dissipe. P-A. Taguieff a écrit ceci, certainement sur un ton polémique qu´on peut juger déplaisant : « à gauche et à l'extrême gauche, les nouveaux tiers-mondistes décodent le message sur la base du postulat que « l'islam est la religion des pauvres », et en tirent une conclusion pratique : les immigrés de culture musulmane, transfigurés par leur pauvreté supposée et l'exclusion qu'ils sont censés subir, doivent être traités en hôtes privilégiés ». En effet, « les stratèges islamistes savent jouer sur ces idées reçues et la culpabilité qu'elles entretiennent dans les esprits modelés par une culture chrétienne diffuse. Fermer les yeux sur la guerre culturelle non déclarée qui a lieu en Europe de l'Ouest tout particulièrement, c'est faire preuve d'angélisme ».

Est-ce raciste, et est-ce exact ? Le texte n´exprime pas un préjugé contre les musulmans, il exprime un préjugé contre la « gauche tiers-mondiste ». Il n´est pas raciste, mais il n´est pas nécessairement exact, la généralisation est abusive – par exemple, voit-on des associations d´aide aux migrants préférer aider des migrants musulmans plutôt que non-musulmans ? Est-ce ainsi que les choses se passent ?

Définir ce qu´est l´antiracisme, qui en est, qui n´en est pas

Afin de mieux voir ce qui oppose des chercheurs également engagés contre les haines, mais à partir de démarches opposées, sans doute est-il intéressant de revenir sur l´ouvrage *De la question sociale à la question raciale*.

La conclusion est rédigée par les deux organisateurs du volume Didier et Éric Fassin, et elle va à l´essentiel. Les auteurs se demandent comment articuler les luttes de classes, fondées sur l´*égalité*, et les luttes identitaires, fondées sur la *différence*. En suivant la sociologue américaine Nancy Fraser, ils plaident pour « l´articulation de paradigmes concurrents ». Ils constatent que, de plus en plus la société française est décrite en termes « raciaux », une évolution positive selon eux si elle permet de mettre au jour des problèmes cachés, à condition de ne pas oublier les inégalités économiques et sociales.

Ils plaident donc en faveur d´une « politique de la reconnaissance », dont l´enjeu serait « la reconnaissance, non des identités, mais des discriminations. Ce qui est reconnu, ou pas, ce qui doit l'être ou non, c'est le fait discriminatoire. »[377] Donc plutôt que d'une « politique identitaire », ils attendent beaucoup d'une « politique minoritaire ». Une minorité « est une catégorie naturalisée par la discrimination [...] », par « l'assujettissement d'un rapport de pouvoir ». Elle peut être « raciale », sexuelle ou « ethnique ». En outre, elle est « ouverte non seulement aux diverses minorités, mais aussi à tous ceux qui, quand bien même ils pourraient trouver place dans la culture majoritaire, ne peuvent ou ne veulent se reconnaître dans un ordre racial dont les effets normatifs pèsent lourdement sur tous, et pas seulement sur les minorités ». [378]

Tout le monde peut en effet se mobiliser contre les préjugés et les discriminations (« les attributions normatives »). Ainsi la perspective est universaliste, le lien avec « la majorité » n'est pas rompu, point essentiel. Le monde commun qui unirait les minorités et la majorité pourrait-il être le souci de la nation France ? Ce n'est pas la piste que suivent les auteurs, peut-être parce que leur « intention n'n'est assurément pas de proposer une politique visant à résoudre à la fois la question sociale et la question raciale. Il est de donner des outils pour la penser ». [379]

Éric et Didier Fassin et P-A. Taguieff ne partagent donc pas les mêmes inquiétudes. Pour les premiers, la France est essentiellement une société. Qu'elle soit aussi une patrie ou une nation importe peu. De son côté, P-A. Taguieff n'a rien de commun avec, par exemple, les intellectuels nationalistes allemands des années 1920. Mais la nation l'intéresse comme cadre d'un monde commun, un

---

[377] D. Fassin ; É. Fassin (dir.), *De la question sociale à la question raciale..., op. cit.,* 2006, p. 259.
[378] D. Fassin ; É. Fassin (dir.), *De la question sociale à la question raciale..., op. cit.,* 2006, p. 259.
[379] *Id., ibid.*, p. 267.

espace réel et imaginaire dont le sort soucie les citoyens et les porte au débat. Les alternatives lui semblent nébuleuses, ainsi par exemple, cette proposition de « politique minoritaire », qui compte beaucoup sur la bienveillance de certains « majoritaires » envers les « minoritaires ».

On peut comparer ce débat avec la situation latino-américaine. Au Brésil, la « démocratie raciale » est un mythe critiqué, et cela depuis déjà plusieurs décennies, par le mouvement afro-brésilien. Il provient de la redéfinition de l´identité brésilienne, désormais « métissée », à partir des années 1930. En fait cette redéfinition a laissé subsister les privilèges de l´élite blanche. Mais la critique de la « démocratie raciale » n´implique pas d´ignorer que « la nation » peut être mobilisée positivement, dans une perspective de lutte contre les discriminations. La loi la plus forte, aux implications les plus considérables, contre le racisme au Brésil, a été validée par la Cour suprême de ce pays au nom d´une représentation de l´Histoire de la nation. Les juges ont estimé qu´en raison de l´esclavage, il allait de soi que la nation était en dette vis-à-vis des Afro-Brésiliens, et que donc une politique des quotas à l´entrée des universités publiques était légale et légitime. Que la nation puisse être aussi instrumentalisée pour servir le conservatisme des oligarchies au pouvoir est une évidence.

LA FRANCE, SOCIÉTÉ « POST-COLONIALE » ?

À partir des années 2000 sont publiés différents travaux universitaires visant à représenter la France comme une « société postcoloniale », dans la tradition des *postcolonial studies* britanniques et américaines. Des débats ont surgi sur ce que sont ces *postcolonial studies,* et sur l´utilité de voir la France essentiellement décrite comme marquée par le poids du passé colonial. Après tout, les nations européennes ne sont pas nées de la colonisation comme les américaines[380].

Pour s´orienter dans un débat souvent jargonneux, on peut comparer deux textes d'Achille Mbembe et de Pierre-André Taguieff. Le premier auteur tient la tradition républicaine pour responsable de la persistance de la discrimination raciale en France, car elle serait incapable de faire sa place au « différent ». République, ethnocentrisme, racialisme, racisme, voilà le chemin parcouru par Achille Mbembe. Mais cette critique de l´ethnocentrisme républicain est peut-être forcée. Une lecture de l´article « Ethnocentrisme » du *Dictionnaire historique et critique du racisme* peut amorcer une discussion[381].

---

[380] N. Bancel ; P. Blanchard ; S. Lemaire (dir.), *La fracture coloniale. La société française au prisme de l'héritage colonial*. Paris : La Découverte, 2005, en particulier l´article de A. Mbembe « La République et l'impensé de la 'race' ».

[381] N. Lazaris (dir.), *Penser le postcolonial : une introduction critique*. Paris : Amsterdam, 2006 ; M.-C. Smouts (dir.). *La situation postcoloniale : les postcolonial studies dans le débat français*. Paris : Presses de Sciences-Po, 2007 ; J.-F. Bayart. *Les études postcoloniales. Un carnaval académique*. Paris : Karthala, 2010 ; Y. Lacoste. *La question post-coloniale : une analyse géopolitique*. Paris : Fayard, 2010. P-A. Taguieff, « Ethnocentrisme » in *Dictionnaire historique et critique du racisme*, Paris : Puf, 2013, pp. 604-636.

La République récusée

Le texte d´Achille Mbembe articule trois points, qui convergent pour dresser un tableau sévère du républicanisme français.

Tout d´abord, « la forme d'universalisme qui sous-tend l'idée républicaine semble ne pouvoir penser l'autre (l'ex-esclave, l'ex-colonisé) « qu'en termes de duplication, de dédoublement jusqu'à l'infini d'une image narcissique » à laquelle est assujetti celui ou celle qui en est la proie ».[382] Ainsi l´idée républicaine est réduite à un universalisme écrasant, voué à se détourner de l´autre, toujours renvoyé à une singularité. Elle dérive facilement vers l´ethnique, et reproduit inlassablement le modèle national, pourtant « achevé depuis longtemps déjà », envers lequel les nouveaux venus sont tenus de ressentir « un certain devoir de reconnaissance [383] ».

Ensuite cette République est incapable de faire sa juste place à la diversité car elle s´inscrit dans une continuité. Un fil rouge relierait l´économie de plantation sous l´Ancien Régime, l´ère coloniale (1830-1962) et les quartiers populaires contemporains. « La colonie s'est déplacée et a planté sa tente ici-même, dans les murs de la cité ». [384] De culture républicaine, la majorité des intellectuels français sont donc réticents envers les auteurs postcoloniaux Paul Gilroy, Seyla Benhabib, Charles Taylor, Édouard Glissant, des auteurs qui ont voulu « déconstruire les savoirs impériaux » et enlever à

---

[382] A. Mbembe cite le psychanalyste J. Hassoun, *L'obscur objet de la haine*. Paris : Aubier, 1997, p. 14 (cité p. 140-141).
[383] A. Mbembe, « La République et l'impensé de la 'race' », *op. cit.*, 2005, p. 149.
[384] *Id., ibid.*, p. 140.

l´Occident « le monopole de la vérité et de l´humain ». [385] Mais ils se sont heurtés au « narcissisme politique » – la République a une face obscure sur laquelle vient buter sa prétention à la radicalité, « la race ». [386]

Heureusement – troisième point –, une alternative existe, soit la perspective cosmopolite. Elle nous oriente vers la recherche d´un « monde commun, d´une commune humanité, d´une histoire et d´un futur que nous pouvons partager ».[387] Le cosmopolitisme est une perspective stimulante, car « après tout, le refus de valider la biologisation du social, son ethnicisation ou sa racialisation, est légitime ». [388] Donc plutôt que défendre des identités singulières, le bon combat antiraciste doit conserver une perspective universaliste, et investir le cosmopolitisme.

On devine facilement les objections à la démonstration de A. Mbembe. D´une part ce cosmopolitisme est une utopie, une « vraie démocratie cosmopolite » n´existe pas, il n´y pas d´ « histoires communes » de tous les hommes – encore une fois les hommes d´études refont le monde la plume à la main. D´autre part, la condamnation de la République française est unilatérale et même manichéenne, car ses valeurs, ses symboles et ses institutions peuvent aussi être mobilisés contre les discriminations et les préjugés[389]. Enfin, quand on aborde les problèmes à partir d´une situation concrète, par exemple les procédures judiciaires mises en place après

---

[385] A. Mbembe, « La République et l'impensé de la 'race' », *op. cit.*, 2005, p. 150.
[386] *Id.*, *ibid.*, p. 151.
[387] *Id.*, *ibid.*, p. 140.
[388] A. Mbembe, « La République et l'impensé de la 'race' », *op. cit.*, 2005, p. 153.
[389] A. Mbembe, « La République et l'impensé de la 'race' », *op. cit.*, 2005. Nous avons joint le début, p. 139, et la fin, p. 153, de l´article, sans, espérons-nous, trahir l´esprit du texte.

de grands crimes politiques, procédures justifiées « par référence à des droits humains universels et au *telos* démocratique » – une justification récente dans l´histoire de l´humanité – la difficulté du projet cosmopolitique est évidente. Si ce cosmopolitisme veut être autre chose que froid et désincarné, il faut lui donner un contenu « chaud » et « épais », et dire ce qu´est l´homme ou ce que sont les hommes. La justice doit s´incarner dans une Histoire et une tradition, avec ses usages et sa symbolique. L´exemple des tribunaux chargés de juger les violations massives des droits de l´homme suggère les difficultés du cosmopolitisme[390].

Une troisième objection pourrait être la suivante : y compris dans une perspective antiraciste, est-on bien certain que l´ethnocentrisme soit toujours et constamment un mal ?

Quel usage antiraciste de l´ethnocentrisme?

Achille Mbembe lève la voix contre les discriminations visant les Français ou les étrangers noirs ou métis. Il réprouve l´ethnocentrisme républicain français – centralité d´une histoire nationale, provincialisme intellectuel, ethnonationalisme de la République, « démocratie racialisante ». N´est-il pas exagérément anti-ethnocentrique ? Un débat est possible avec P-A. Taguieff, puisque ce dernier a consacré un long article à cette question[391].

Dans ce texte, il ne s´agit pas de réhabiliter l´ethnocentrisme, mais d´introduire des éléments de

---

[390] K. Andrieu, *La justice transitionnelle. De l´Afrique du Sud au Rwanda*. Paris : Gallimard, 2012, p. 480.

[391] P.-A. Taguieff, « Ethnocentrisme ». In: P.-A. Taguieff (dir.). *Dictionnaire historique..., op. cit.,* 2013, p. 604-636.

complexité. Dans une perspective antiraciste, une critique radicale peut être courte et inopérante.

P-A. Taguieff rappelle d´abord que, pour un anthropologue, comprendre signifie comprendre un individu ou un peuple comme lui-même se comprend. « L´interprétation ne peut se faire qu´à partir « du point de vue de l´indigène », qui est la seule manière d´éviter l´ethnocentrisme occidental grossier. Et le « point de vue de l´indigène », aussi ethnocentrique soit-il, n´a pas à être criminalisé ». [392] Or, certainement l´anthropologie sociale des années 1930 a beaucoup contribué à faire reculer les idées racistes. Du point de vue d´un antiracisme différentialiste, une dose d´ethnocentrisme est légitime. On peut fort bien plaider en faveur d´un certain ethnocentrisme, et s´orienter vers une « réhabilitation herderienne ou gadamérienne des préjugés de groupe auxquels on reconnait une précieuse fonction conservatrice ». Bien sûr ce plaidoyer doit rester dans certaines limites, il ne peut pas être « inconditionnel », ce qui n´est pas simple[393].

Par ailleurs, il n´est pas raisonnable de « demander à tout citoyen d´accéder au point de vue décentré de l´anthropologue professionnel qui suit régulièrement les règles du relativisme culturel méthodologique (...). On peut demander à tout membre d´un groupe humain de ne pas ériger en absolu les valeurs et les normes de son groupe propre. » En revanche, « on ne saurait exiger de lui qu´il les abandonne ou qu´il les renie. Il doit seulement s´interdire d´ajouter à ses préférences pour ceux dont il se sent proche

---

392 P.-A. Taguieff, « Ethnocentrisme ». In: P.-A. Taguieff (dir.). *Dictionnaire historique..., op. cit.*, 2013, p. 627.
393 *Id., ibid.,* p. 629. Voir: C. Lévi-Strauss, « Race et culture » (1971). In: C. Lévi-Strauss. *Le regard éloigné.* Paris : Plon, 1983, p. 21-48.

des mépris et des haines pour ceux qu´il perçoit comme différents de lui ». [394]

L´opposition entre les deux auteurs porte donc sur le « difficile passage au cosmopolitisme ». [395] Que peut-on demander à un peuple pour qu´il cesse d´être ethnocentrique ? À quoi doit-il renoncer pour être enfin cosmopolite, donc vraiment antiraciste, jusqu´où aller dans le sacrifice de son histoire ? N´y a-t-il pas un risque de verser dans le « radicalisme académique », soit la recherche de solution abstraite définitive, mais trop peu sensible aux nuances et aux contradictions du concret ?[396]

Une gauche intellectuelle est surtout tournée vers la critique de la domination, et peu sensible à la notion de patriotisme, pourtant essentielle à l´histoire des gauches, de la Révolution française à François Mitterrand et Jack Lang[397]. Elle est issue du bouillonnement des années 1970. Mais, même dans ces années, tout le monde, dans la gauche des années 1970, ne voyait pas les choses ainsi. En 1973, dans son dernier discours, dramatique, le président Allende, quant à lui, s´exclamait : « *Trabajadores de mi patria, tengo fe en Chile y su destino !* » Le dernier message du président Allende était patriotique. Et pourtant le Chili a sa part de peuples minoritaires opprimés.

---

[394] P.-A. Taguieff, « Ethnocentrisme ». In: P.-A. Taguieff (dir.). *Dictionnaire historique..., op. cit.,* 2013, p. 633.
[395] C´est le titre d´une des parties (A. Mbembe. « La République et l'impensé de la 'race' », *op. cit.,* 2005, p. 148).
[396] Christopher Lasch, *La révolte des élites et la trahison de la démocratie.* Paris : Champs essais, 2007 (1996, première édition américaine en 1995).
[397] Vincent Martigny, *Dire la France. Culture(s) et identités nationales (1981-1995).* Paris : Presses de Sciences-Po, 2016.

L´ANTIRACISME, LES LUMIÈRES ET L´UNIVERSEL

La question de l´articulation entre un antiracisme efficace et les Lumières revient souvent dans les textes de P-A. Taguieff. Ce n´est pas étonnant, puisque dès les années 1980, il avait souligné ce point délicat : dans une perspective antiraciste de lutte contre préjugés et discriminations, le rationalisme des Lumières peut être aussi bien un fondement (pour l´antiracisme universaliste) qu´une cible (pour l´antiracisme différentialiste). Inversement, préjugés et discriminations peuvent émerger aussi bien d´idéologies hostiles aux Lumières (racisme différentialiste) que d´idéologies inspirées par elles (racisme universaliste). Ce constat l´a amené à naviguer entre, d´un côté, un antiracisme qui abandonnerait les Lumières et la possibilité d´un universalisme et de l´autre, un antiracisme qui n´a pas pris au sérieux les critiques du progrès et du progressisme, soit qu´elles viennent de l´antitotalitarisme, soit qu´elles viennent d´une critique de la modernité, par exemple le « second Lévi-Strauss ». Dans les années 2000, sa position modérée est réaffirmée, ce qui l´amène d´abord à polémiquer avec l´historien Zeev Sternhell, puis à critiquer l´usage de la notion d´ « émancipation » dans la tradition marxiste. Cette fidélité à une position affirmée 30 ans plus tôt contredit l´hypothèse d´un intellectuel qui aurait profondément changé.

Oui ou non les nations, et plus généralement les communautés historiques, issues d´un passé plus ou moins éloigné, peuvent-elles constituer le pivot d´une action antiraciste efficace, ou faut-il leur préférer des associations construites par *la raison*, sur la base par exemple d´une solidarité de classe, ou d´un choix individuel d´appartenance ?

Pour des Lumières critiques et autocritiques

Il y a une continuité dans la relation de P-A. Taguieff avec les Lumières. Depuis *La force du préjugé* (1988), prédomine une relation de filiation critique : reconnaissance et admiration pour le programme des Lumières (émancipation par la Raison des préjugés hérités, sur la base de l'argumentation), mais également distance critique. Les Lumières ont aussi inventé le « fanatisme de la tolérance », donc la condamnation radicale et sans nuance de toutes les traditions héritées, sous prétexte qu'elles seraient, à un titre ou un autre, contraires à une définition de la Raison, et porteuses de « fanatisme » : « l'autre est infériorisé ou déshumanisé en tant qu'il est identifié comme 'fanatique' ou essentiellement 'intolérant' », parce qu'il ne sait pas s'ouvrir à l'Autre. Il convient donc de ne pas confondre les Lumières avec « leurs mésusages ou à leurs dérives idéologico-politiques ». [398]

Position modérée donc, à égale distance entre l'admiration sans critique et le dénigrement au nom des différences et de la diversité culturelle de l'humanité. Il faut en tous cas se méfier de toutes les équivalences raison - vérité - progrès. Car « les partisans dogmatiques des Lumières « obscurantisent » ce qui n'est pas de leur goût. Pour corriger cette tendance dogmatique récurrente, rien ne vaut le doute sceptique, pour autant qu'il ne se rigidifie pas en relativisme. Il convient de mettre du Hume dans notre Condorcet. » [399]

Il intervient contre des intellectuels de gauche, antiracistes, parce qu'il jugeait leur approche trop dogmatiquement fidèle aux Lumières. En somme, certes,

---

[398] P.-A. Taguieff, *La République enlisée...*, *op. cit.*, 2005, p. 12-13.
[399] P.-A. Taguieff, *La République enlisée...*, *op. cit.*, 2005, p. 14.

critiquons les préjugés, surtout s´ils impliquent évidemment l´essentialisation négative de l´autre, mais n´oublions pas le monde réel et l´homme réel, homme de préjugés. Vouloir le refabriquer expose à l´oubli des enseignements de l´antitotalitarisme[400].

Quel universalisme? Quelles Lumières?

P-A. Taguieff a publié une critique sévère du livre dans lequel Zeev Sternhell raconte sa vie et son travail[401]. Le texte peut nous guider pour voir ce qui sépare deux approches des Lumières, l´une d´un historien « de gauche », l´autre d´un philosophe issu de la gauche, dans le contexte d´une discussion sur le racisme et l´antiracisme. Pour comprendre l´enjeu du débat, il importe de revenir rapidement sur quelques-unes des thèses de l´historien israélien.

Deux courants d´idées existeraient depuis le XVIIIe et se seraient maintenus jusqu´au XXe, en particulier lors de la Guerre froide. « Les Lumières franco-kantiennes sont avant tout, fondées sur le rejet d´une histoire conçue pour dicter sa loi aussi bien au présent qu'à l´avenir. Pour l´essentiel, elles mettent l´individu au centre du monde, proclament son autonomie, et le considèrent comme le créateur de sa propre histoire. Les Lumières franco-kantiennes sont l´école du droit naturel ». Ainsi, « elles estiment que les hommes créent la Société et l´État,

---

[400] *Idem.* « Logiques d'une idée : l'émancipation » [postface]. In : A. Senik, *Marx, les juifs et les droits de l'homme. À l'origine de la catastrophe communiste.* Paris : Denoël, 2011, p. 205-240. *Idem.* « Zeev Sternhell : un regard historique sous contrôle idéologique ». *Le Point,* 2 juin 2014.

[401] Z. Sternhell, *Histoire et Lumières. Changer le monde par la raison.* Paris : Albin Michel, 2015.

entendus comme autant d´instruments à leur service, et non l´inverse. C´est pourquoi elles refusent l´Ancien Régime. Ni la tradition, ni la culture, ni la langue ne confèrent en revanche à la Société de droit sur les individus ».[402]

À cette tradition, qu´illustrent les encyclopédistes français et Kant, s´opposerait « une autre modernité, fondée, comme le voulait Herder, sur le culte de tout ce qui distingue et sépare les hommes – l´histoire, la culture, la langue – et cette culture politique refuse à la raison aussi bien la capacité que le droit de façonner la vie des hommes ».[403] Le contraste serait particulièrement manifeste à propos de l´idée de nation. La définition serait politique pour les uns, culturelle pour les autres. Par exemple « pour Herder, la nation constitue un corps vivant, un organisme ayant un esprit, un caractère et une âme, et […] la langue est l´expression de son génie ».[404]

P-A. Taguieff juge manichéenne une telle opposition. Au-delà d´un désaccord d´historiens des idées sur la lecture des textes, particulièrement ceux de Herder (dans son optique, l´œuvre de Herder pourrait être vue plutôt comme une étape dans l´histoire de l´antiracisme différentialiste), le point central est le suivant : selon P-A. Taguieff, « l'historien partisan et combattant défend un universalisme abstrait dont il ne voit pas l'envers, à savoir le projet de créer l'homme nouveau, le citoyen « régénéré », ainsi que les prétentions messianiques et l'impérialisme guerrier qui en dérive. On connaît pourtant les ravages causés par les projets modernes de rééduquer les humains réels, différents et inégaux, pour les conformer à un modèle normatif de l'humanité faisant prévaloir l'unité et l'égalité. D'où l'idéal de la table rase, dont le citoyen « pur », sans

---

[402] Z. Sternhell, *Histoire et Lumières..., op. cit.,* 2015, p. 192.
[403] *Id., ibid.,* p. 198.
[404] Z. Sternhell, *Histoire et Lumières..., op. cit.,* 2015, p. 213.

qualités, est le produit rêvé : il s'agit d'en finir avec un passé dépassé, avec les attributs archaïques de l'humain d'avant les Lumières (…) ».

Ce point nous intéresse directement. En effet, même « civique », la nation républicaine possède une consistance historique et culturelle. Elle peut exiger de ses citoyens un degré minimum d´adhésion ou d´identification à un passé encore investi. Elle n´implique pas la destruction des communautés infranationales, mais elle peut proposer, selon des modalités complexes, aux nouveaux venus un programme d´assimilation. Tout cela ne mène pas nécessairement, selon lui, à la nation des nationalistes français fin-de-siècle : antirépublicaine, raciste, antigermanique… Dans les modèles d´un monde commun non national (une gauche radicale) ou d´une nation réduite à une communauté d´individus (Z. Sternhell), P-A. Taguieff perçoit un goût pour l´abstraction et l´utopie, le risque de préférer le Bien (une certaine conception du Bien abstraitement définie) à la liberté (libertés individuelles et liberté du « peuple » ne formant qu´un). Du reste, il observe que le propre Z. Sternhell se définit comme un sioniste de gauche, donc quelqu´un pour qui la notion de « peuple juif » n´est pas indifférente – il est au contraire un citoyen engagé et courageux[405].

De son côté, Z. Sternhell attire l´attention sur la « démission de la raison face à l´histoire [qui] constitue ce contre quoi les Lumières ont combattu sans répit et qui, aujourd´hui encore, est le véritable malheur de notre monde » – il oppose donc la Raison (le Progrès, les « bonnes » Lumières, la Gauche) et l´Histoire

---

[405] Z. Sternhell est engagé aussi bien contre la droite nationaliste israélienne que contre une extrême gauche israélienne antisioniste ou post-sioniste, donc souhaitant abandonner le projet d´un État des Juifs ou pour les Juifs.

(Conservatisme ou Néo-Conservatisme, les « mauvaises » Lumières identitaires, la Droite)[406]. Ce qui guette ceux qui abandonneraient les Lumières « franco-kantiennes », c´est l´acceptation plate de l´ordre du monde (François Furet est visé), la complaisance pour le fascisme (Ernst Nolte) ou la dérive vers l´extrême droite[407].

Mais P-A. Taguieff rappelle que les Lumières sont complexes, non dépourvues parfois de racisme ou de judéophobie (Voltaire). Inversement, un antiracisme peut s´élaborer à partir d´une critique de l´universalisme occidental, l´exemple de Claude Lévi-Strauss venant à l´esprit[408]. C´est pourquoi une relation filiale mais critique serait la moins mauvaise des approches, la moins manichéenne, la plus conforme à la complexité du problème d´une meilleure compréhension de l´antiracisme aujourd´hui.

Si le monde commun rêvé des antiracistes est issu de l´Histoire et déjà là, en tous cas en Europe, alors la nation est un bon candidat pour être ce monde commun ; s´il doit être fabriqué par la Raison, alors les forces progressistes doivent reprendre le dossier d´un autre monde ou d´une

---

406 Z. Sternhell, *Histoire et Lumières..., op. cit.*, 2015, p. 242.

407 Une autre interprétation dans : C. Prochasson, *François Furet. Les chemins de la mélancolie*. Paris : Stock, 2013.

408 L´historienne Emmanuelle Loyer montre que les engagements de l´anthropologue ne peuvent pas être réduits à des alternatives simples, telles que « Lumières » contre « Anti-Lumières » (E. Loyer. *Lévi-Strauss*. Paris : Flammarion, 2015). De son côté l´historien Michel Winock évoque une histoire « manichéenne » (« Les limites de l'idéalisme historique ». In : S. Bernstein ; M. Winock (dir.). *Fascisme français? La controverse*. Paris : CNRS Éditions, 2014, p. 41).

autre société, dans lesquels les identités collectives héritées seraient ou suspectes ou bannies [409].

L´émancipation

C´est un mot-clé du vocabulaire de la gauche radicale antiraciste. P-A. Taguieff lui a consacré un essai critique. Les Lumières, l´universalisme, l´émancipation du genre humain – il y a là une veine dont il conviendrait de se méfier, non pas au nom de la défense d´un ordre théologique ou traditionnel, mais au nom d´une mémoire de ce que fut l´antitotalitarisme.

« L´émancipation » serait une idée souvent nébuleuse – de quoi exactement prétend-on s´émanciper ? – dont l´inconvénient majeur est le suivant : puisque souvent, il s´agit du monde social réel, que l´on fuit, il est inutile d´en appeler à la réalité de ce monde social pour freiner la logique de l´idée d´émancipation – alors, oublier les identités, les traditions, le passé, toutes choses qui sont comme l´humus de la vie en société, celles-là mêmes que le totalitarisme menace[410].

Ce texte discute l´ouvrage de Karl Marx *Sur la question juive*, et constitue la postface d´un stimulant essai du philosophe André Senik. Il rappelle l´existence d´une « voie moderne de la judéophobie », une « version progressiste et internationaliste de la haine des Juifs. En une formule : l´universalisme contre les Juifs », « représentants

---

[409] Le débat a une dimension polémique, puisque P-A. Taguieff considère que Z. Sternhell adopte une posture complaisante avec des discours antisionistes diffusés en dehors et en Israël.
[410] P.-A. Taguieff, « Logiques d'une idée... ». In : A. Senik. *Marx, les juifs et les droits..., op. cit.*, 2011.

par excellence du passé, du particulier et de la tradition ».[411] D'un point de vue républicain, l'émancipation marxiste pose deux problèmes. D'abord, il ne s'agit pas de l'émancipation d'une communauté politique historique, réelle et concrète. Le sujet de l'émancipation est un homme abstrait, qui devient un collectif, le « prolétariat » à partir de la *Contribution à la critique de la philosophie du droit de Hegel*. En effet « ce qui caractérise à cet égard la pensée de Marx, dès sa première élaboration, c'est son projet de radicaliser et d'accélérer le processus de « civilisation », de rompre avec les vieilles illusions, d'éliminer les derniers vestiges du passé (« racines », « traditions », « héritages »), de supprimer les ultimes limitations (« appartenances », « particularismes »), d'en finir avec tout ce qui n'est pas conforme à l'étalon de la rationalité et de l'universalité ». [412]

La tendance à l'abstraction universaliste, aussi relevée par le philosophe politique Ernesto Laclau, aurait eu des conséquences fâcheuses pour une partie de la tradition marxiste, trop peu sensible, et toujours gênée par, la diversité culturelle, ethnique, religieuse des classes populaires réelles, en Europe et plus encore hors d'Europe, dans des contextes coloniaux ou postcoloniaux. Mais les auteurs marxistes, bien sûr, n'ont pas de mal à répondre à l'objection : l'exploitation serait réelle, et non pas les identifications nationales, ethniques ou religieuses. Le débat parcourt l'histoire des gauches dans tous les pays du monde.

Voici la seconde observation critique : tandis que les républicains sont à la recherche des *bonnes médiations* entre les particularismes et l'universel, celles qui

---

[411] P.-A. Taguieff, « Logiques d'une idée... ». In : A. Senik. *Marx, les juifs et les droits…, op. cit.*, 2011, p. 236.
[412] *Id., ibid.*, p. 207-208.

orienteront la communauté politique vers le bien commun, le marxisme verrait dans toute médiation un « instrument de certains intérêts particuliers déguisés en une illusoire volonté universelle ». [413] Mais si nul individu et nulle collectivité n´accèdent directement à l´universel, se peut-il que, parmi les médiations disponibles, la nation civique soit l´une des moins mauvaises ? Ou est-il préférable d´imaginer une tout autre communauté politique, entièrement neuve? C´est cette voie qu´indique « émancipation », illustrée par exemple par le projet d´une *Union des Républiques socialistes soviétiques* : ni une nation, ni une ethnie, ni un Empire, mais la réalisation directe d´un Bien universel par le peuple assemblé. Mais l´URSS n´était pas non plus une démocratie.

Le livre d´André Senik et la postface de P-A. Taguieff concluent après d´autres, en faveur de la thèse d´une judéophobie modérée de K. Marx (modérée car les juifs ne sont pas au centre de sa vision du monde, il n´y a donc pas lieu de l´exagérer). Pour notre enquête, le point important est que la position de Marx sur les juifs anticipe celle d´une partie de l´extrême gauche européenne vis-à-vis de toutes les particularités, religieuses, ethniques, nationales. Ce sont les penseurs issus de l´Europe centrale et orientale, par exemple Leszek Kolakowski, qui ont le mieux souligné un risque : l´émancipation de la société réelle signifie l´émancipation des traditions historiques, et celle-ci l'a plongée dans le totalitarisme. Il est vrai que c´est un processus que ces penseurs n´ont pas imaginé, ils l´ont vécu. Certes, Joseph de Maistre a pu dire des choses un peu semblables, contre la Révolution de 1789. Cela suffit-il à clore le débat ? Le véritable antiraciste n´est-il pas celui qui

---

[413] L. Kolakowski, *Le village introuvable.* Bruxelles : Complexe, 1999, p. 25 (cité par P.-A. Taguieff. « Logiques d'une idée... ». In : A. Senik. *Marx, les juifs et les droits..., op. cit.,* 2011, p. 222).

a rencontré à la fois l'Homme et la Femme, et l'Anglais, l'Allemand, le Perse, ou tout autre représentant d'une identité culturelle historique héritée de l'Histoire ?

Conclusion du chapitre IV

Les débats évoqués ci-dessus s'organisent-ils autour d'une question principale ? Alain Finkielkraut observait en 1980 à propos des juifs français que « jadis officielle, la bonne parole de l'assimilation a fini par devenir inacceptable ». [414] Le ruisseau est peut-être devenu torrent, et déborde largement le cas des juifs. Pour certains, être antiraciste, ce serait s'opposer à l'assimilation à la nation. On suspectera donc « l'identité française », et cette dénonciation se déclinera ainsi : islamophobie, fascisme rampant prenant la forme d'un pétainisme irrémédiable, fermeture à l'autre, essentialisme, islamophobie structurelle, postcolonialisme irrémédiable, anti-Lumières… C'est cette pente, que A. Finkielkraut avait surprise en formation, qui s'est imposée dans une partie de la gauche radicale. C'est contre elle qu'écrit P-A. Taguieff. Pourtant les auteurs de *Face au racisme* (1991) savaient très bien qu'il y avait des policiers, des juges, des professeurs et des bailleurs racistes. Ils savaient très bien que des citoyens français étaient victimes du racisme, et pas seulement des étrangers, et que, par conséquent, il était plus qu'une xénophobie. Cela n'emportait nul jugement dépréciatif sur la République française, seulement un regret de ce qu'elle ne fut pas toujours à la hauteur de son projet. On ne parlait pas à l'époque de *racisme systémique*, donc incrusté dans l'Histoire, tache irrémédiable. En 1991, dans le livre cité ci-dessus, l'historien Benjamin Stora pouvait conclure que « si, aujourd'hui, n'est pas mise en œuvre une dynamique

[414] Alain Finkielkraut, *Le Juif imaginaire*. Paris : Le Seuil, 1980, p. 76.

d'intégration sur une base républicaine, le risque bien réel est celui d'une « libanisation », d'une opposition entre les « Français de souche » et les « autres ». Au grand bonheur des islamistes, prêchant résolument le particularisme communautaire ». [415] Pour certains antiracistes, c'est précisément cette inquiétude qui serait elle-même raciste.

Depuis les années 1990, chacun a changé – P-A. Taguieff, surtout influencé par les questions liées à l'islamisme et à la judéophobie ; *une* gauche antiraciste, de plus en plus installée dans son refus de « l'assimilation ». Mais si l'on suspecte « l'assimilation » ou « l'intégration », comment articuler les différences et les valeurs universelles ? C'était déjà la préoccupation de Gandhi dans les années 1930, contre le colonialisme britannique : la nation indienne sera le meilleur outil contre le fanatisme et la violence[416]. Gandhi répondait ainsi à la question : quel est le nom de cette communauté politique orientée vers des valeurs universelles, 1789 ou 1948, composée de groupes certes distincts (classes sociales, confessions, ethnicités, orientations sexuelles), et réunissant des citoyens désireux de débattre sur les grandes questions qui leur sont communes ?

---

[415] Benjamin Stora. « L'intégrisme islamique en France : entre fantasmes et réalités » in *Face au racisme, tome 2 : Analyses, hypothèses, perspectives*, s.d. de P-A. Taguieff, p. 222.

[416] Amartya Sen, *Identity and.*, op. cit., p. 169.

CHAPITRE V : LE GOÛT DU DISSENSUS

Pourquoi ne pas préférer le calme de l'érudition et de la recherche « pure » ? Après tout, l'œuvre d'historien des idées de P-A. Taguieff satisferait sans doute les ambitions de la majorité de ses contemporains. Pourquoi ajouter une participation active au débat public, participation qui rapporte sans doute quelques bénéfices, mais aussi beaucoup d'inconvénients – des adversaires et des ennemis ? Travaille-t-il pour une organisation, un parti ou un gouvernement ? Est-il un idéologue ? Mais ses idées ne forment aucun système idéologique clos, et depuis la fin des années 1990, il ne participe plus à une organisation politique ou politisée, après avoir collaboré activement avec Jean-Pierre Chevènement dans les années 1990.

Notre hypothèse est donc différente. Ses interventions, ses choix politiques, ses engagements sont surtout motivés par la défense de ce qui lui tient le plus à cœur, peut-être à ses yeux la seule cause qui n'est pas susceptible de perversion, la défense d'une *sphère publique des idées, libre et dynamique*. En démocratie libérale, ce n'est pas d'abord de l'État que viennent les menaces, mais des conformismes, des lâchetés, du manque d'imagination, ou de tout ce qui relève du « terrorisme intellectuel », donc la capacité de certains d'exclure de la discussion légitime certaines idées ou certaines personnes. P-A. Taguieff éprouve une vive répugnance pour les *fausses réputations* imméritées, les *consensus vagues* qui cachent les problèmes, les *« retour à »* qui ne se confrontent pas au neuf. L'idéal n'est pas le consensus, mais le *bon dissensus*, qui écarte la violence, stimule la créativité intellectuelle, pose correctement un problème politique donné, de sorte que les citoyens puissent juger.

Dans le débat public, la perfection formelle du raisonnement scientifique ou philosophique ne peut pas être atteinte. On se situe dans le domaine du probable, et la raison peut peser, entre deux argumentations, laquelle est probablement la meilleure. C´est l´apport du philosophe et juriste Chaïm Perelman d´avoir montré que le savant qui méprise le débat public pour l´à-peu-près des arguments échangés fait fausse route. La participation à la construction d´un bon dissensus est une tâche noble, et c´est finalement elle, pensons-nous, qui anime P-A. Taguieff, beaucoup plus qu´une idéologie politique « en *-isme* » ou en « *néo-* ».

Afin de justifier cette hypothèse, nous avons choisi trois thèmes appartenant à des époques différentes : les théories du complot, la doxa des petits groupes motivés, l´influence de Chaïm Perelman. Ils illustrent ce point important pour P-A. Taguieff – la raison d´être du débat public n´est pas la formation du consensus, mais de faire surgir les vraies et bonnes raisons de s´opposer, et ainsi de maintenir à distance la violence. Dans ce sens, plus que politique, son engagement est « métapolitique ». C´est un engagement en faveur de l´agora des intellectuels, au sens large.

LES THÉORIES DU COMPLOT

Un rationalisme exagéré n´est pas raisonnable, et les dictatures communistes du XXe siècle en proposent maints exemples. Or il existe une autre forme de rationalité devenue folle, et susceptible de détruire le débat public, et donc les libertés : les théories du complot.

L´intérêt de P.-A. Taguieff pour les « théories du complot » est ancien. Nous avons vu dans le chapitre I qu´il a publié un livre de référence sur les *Protocoles des sages de Sion*, inspiré des travaux du grand historien britannique Norman Cohn.

Par la suite il a étendu sa curiosité aux mentalités conspirationnistes. Il a publié plusieurs livres et articles sur le sujet[417]. Dans les années 1990, ce sujet n´était pas si fréquent parmi les chercheurs français, les travaux antérieurs étant essentiellement œuvres d´historiens (Jacques Droz, Léon Poliakov et François Furet). Au contraire aux États-Unis, il s´agit d´un champ largement parcouru, en particulier depuis le livre classique de Richard Hofstadter *The Paranoid Style in American Politics and Other Essays*[418].

Nous ne prétendons pas ici proposer un bilan critique de sa contribution à ce champ d´études, mais plutôt montrer le lien entre cette contribution et le reste de son

---

[417] *La foire aux « illuminés ». Ésotérisme, théorie du complot, extrémisme*. Paris : Mille et une nuits, 2005 ; *L´Imaginaire du complot mondial. Aspects d´un mythe moderne*. Paris : Mille et une nuits, 2006 ; *Court traité de complotologie*. Paris : Mille et une nuits, 2013.

[418] François Furet, *Penser la Révolution française*. Paris: Gallimard, 1978; Richard Hofstadter, *The paranoid Style in American Politics and Other Essays*. Cambridge, Mass.: Harvard University Press, 1965; Léon Poliakov, *La causalité diabolique*. Paris : Calmann-Lévy/Mémorial de la Shoah, 2006 (avec une préface de P.-A. Taguieff présentant l´œuvre de Léon Poliakov).

travail. Pourquoi s´intéresser dans les années 1990 à cette question ? Certes, il y avait un motif évident : la haine contre les juifs a souvent pris un style conspirationniste, dès Drumont, et « la nouvelle judéophobie » ressasse le thème du complot sioniste, cristallisé au Moyen-Orient dans les années 1960 après son invention en URSS dans la décennie précédente. On le retrouve chez les négationnistes français des années 1970-1980[419].

Toutefois le problème est bien plus ample. Les « théories du complot » rendent disfonctionnels le débat public, puisqu´elles placent les outils de l´esprit critique au service, non de la vérité, mais du mensonge, et cela à des fins directement ou indirectement politiques. Elles illustrent une perversion de l´esprit critique, un nouvel exemple de la capacité de l´esprit humain à se tourner contre sa liberté – c´est aussi en somme, ce qui intéresse P-A. Taguieff quand il travaille sur les extrémismes politiques[420]. Dans cette optique, quatre aspects de sa contribution méritent d´être relevés[421].

Premièrement, il hésite entre deux interprétations. La diffusion du complotisme témoigne-t-elle d´une dérive de l´esprit critique issu des Lumières, ou, au contraire, des limites du « désenchantement du monde » (Marcel Gauchet)? Les deux hypothèses sont soutenables. D´un

---

[419] Pour le négationniste Robert Faurisson, la Shoah est un complot sioniste. Voir le livre de Valérie Igounet, *Histoire du négationnisme en France*. Paris: Le Seuil, 2000, et le livre classique de Pierre Vidal-Naquet, *Les assassins de la mémoire. Un « Eichmann de papier » et autres essais sur le révisionnisme*. Paris : La Découverte, 1987.

[420] L´apport de P-A. Taguieff est abordé dans *Les Rhétoriques de la conspiration*, dir. Emmanuelle Danblon et Loïc Nicolas. Paris : CNRS Éditions, 2010.

[421] P.-A. Taguieff, *Court traité de complotologie*. Paris : Mille et une nuits / Fayard, 2013.

côté, « la valorisation de la discussion critique, dans la modernité, comme condition d'existence de la rationalité scientifique, aura fourni à la mentalité conspirationniste de nouveaux outils de sophistication et un mode de légitimation dont l'efficacité symbolique est incomparable ».[422] De l'autre, la mentalité conspiratrice peut aussi être vue « comme une forme moderne de superstition ». [423]

Ensuite, ses travaux constituent aussi des « essais sur la liberté » (R. Aron), donc une réflexion sur la situation des libertés. Les théories du complot s'opposent au « sens de la pluralité interprétative », donc à la capacité de la pensée de se critiquer. « Comment des individus dont les jugements sont prédéterminés par des schémas mentaux rigides peuvent-ils acquérir la capacité de prendre une décision « contrefactuelle », c'est-à-dire, simplement, de changer d'opinion ? »[424] Le sujet manipulateur et manipulé par les théories du complot est atteint par la « pensée rigide [425] ». La critique du complotisme est un élément de la critique de la haine, un point déjà repéré, écrit P-A. Taguieff, par Hippolyte Taine[426].

Par ailleurs, il n'hésite pas à lier *un* usage des sciences sociales et les théories du complot. Certes ces

---

[422] Op. cit., p. 40.
[423] Op. cit., p. 55.
[424] Op. cit., p. 202.
[425] Op. cit., p. 202.
[426] Taine écrit: « *Dans les ténèbres profondes des cervelles rustiques rien n'arrête la monomanie du soupçon. Le rêve y pullule, comme la mauvaise herbe dans un trou sombre ; il s'y enracine, il y végète jusqu'à devenir croyance, conviction, certitude ; il y produit ses fruits, qui sont l'hostilité, la haine, les pensées homicides et incendiaires* ». H. Taine, *Les origines de la France contemporaine, II : La Révolution*. Paris : Hachette, 1899, vol. IV, pp. 182-183, cité par P.-A. Taguieff, p. 195.

dernières ne sont qu'un « simulacre des sciences sociales », pour lequel tout s'enchaîne à partir d'une prémisse diabolique, sans aucun effet pervers. Les unes et les autres devraient donc n'avoir rien en commun. Cependant, en suivant le sociologue Raymond Boudon, P-A. Taguieff écrit qu'une sociologie « holistique » ou « d'inspiration marxiste », explicitement celle pratiquée par Pierre Bourdieu et certains de ses disciples, possède des analogies avec le complotisme, « les dominants » jouant le rôle du diable explicatif de tous les malheurs du monde. « Les pseudo-enquêtes dont elles se réclament ne sont que des modes de légitimation de thèses préexistantes », l'enquête ne serait que « confirmatoire »[427]. Or, « le strict déterminisme social de tout ce qui est individuel ne relève pas de l'hypothèse, mais du dogme », et par ailleurs, « les causes sociales sont souvent « subjectivées » et diabolisées, attribuées à des sujets collectifs dotés d'intentions malveillantes. Comme dans les récits conspirationnistes, ces intentions jouent un rôle explicatif ». [428]

Cette critique de la « sociologie critique » engage P-A. Taguieff aux côtés de l'individualisme méthodologique de Max Weber, Raymond Boudon, et, aujourd'hui, Gérard Bronner. Cette tradition juge que pour expliquer un phénomène social, avant d'avoir recours à une explication macrosociologique (parfois nécessaire), il faut d'abord se demander comment les individus ont raisonné, selon quelle logique rationnelle, donc ne pas postuler *à priori* que les individus sont mus par des déterminismes « globaux », « structuraux », qui les dépassent et les font agir[429].

---

[427] Op. cit., p. 81.
[428] Op. cit., p. 83.
[429] R. Boudon, *La place du désordre : Critique des théories du changement social*. Paris : Puf, 1991.

Soulignons ceci : ce n'est pas tant la « critique sociale » que vise P-A. Taguieff, mais un discours manichéen dans lequel il voit beaucoup plus d'idéologie que de science sociale. Une telle dérive n'est nullement fatale, comme l'illustrent les travaux de l'école de Francfort, portant précisément sur l'usage de la menace du complot dans la propagande[430].

Par incompétence (nous ne sommes ni sociologue ni historien des idées sociologiques), et pour ne pas ouvrir une discussion appartenant à l'épistémologie des sciences sociales qui mobiliserait une littérature immense, nous n'irons pas plus loin[431]. Il est possible que la critique de P-A. Taguieff soit elle-même exagérée, ou politiquement orientée. Les textes cités par lui pour illustrer une dérive conspirationniste d'une certaine pensée critique (sont visés le linguiste Noam Chomsky, et les sociologues Pierre Bourdieu et Jean Ziegler) suggèrent surtout le manichéisme, le goût des oppositions tranchées entre les terribles dominants et les vertueux dominés. Les conflits intellectuels et politiques qui divisent la sociologie forment un sujet en soi, effleuré par la bande par P-A. Taguieff.

---

[430] Op. cit., p. 30.

[431] Jean-Claude Passeron *Le raisonnement sociologique : Un espace non poppérien de l'argumentation.* Paris : Albin Michel, bibliothèque de l'évolution de l'Humanité, 2006 (1991) ; Nathalie Heinich *Pourquoi Bourdieu.* Paris : Gallimard/Le Débat, 2007. Luc Boltanski, *Énigmes et complots. Une enquête à propos d'enquêtes.* Paris : Gallimard, 2012.

LA DOXA DES PETITS GROUPES (À PROPOS D'UN ENGAGEMENT PRO-ISRAÉLIEN)

Défendre la liberté de l'esprit, ce peut être attaquer la *doxa*, ou les conformismes intellectuels les plus installés. Dans quelle mesure l'engagement de P-A. Taguieff en faveur d'Israël peut-il justifier l'idée d'un chercheur avant tout déterminé à intervenir contre la *doxa* ?

Précisément, P-A. Taguieff a considéré que, dans le contexte français, les formateurs d'opinion désignaient de leur vindicte principalement un camp. Il a voulu contribuer à un rééquilibrage, en entrant avec force, et même pesamment parfois, dans une guerre idéologique en cours, analysant textes et images[432]. Son objectif était de combattre un conformisme ou une paresse intellectuelle, et d'oser désigner les ennemis de la démocratie, les mouvements islamistes.

Toutefois, on a vu (chapitre III) que le prix à payer de cet engagement est élevé, puisque, dans ses textes les plus engagés des années 2008-2011, il fait silence, totalement, sur la politique d'implantation de colonies juives en Cisjordanie. Dans trois livres, *La judéophobie des modernes. Des Lumières au Jihad mondial* (2008) (la dernière partie), *La nouvelle propagande antijuive. Du symbole al-Dura aux rumeurs de Gaza* (2010) et *Israël et la question juive* (2011), il néglige cette question évidemment capitale, ce qui ne peut que susciter un malaise. C'est pour nous une situation très étonnante, et en fait exceptionnelle dans son travail. Au contraire, sur la plupart des autres sujets, il est un auteur modéré, méfiant envers l'emballement de ceux qui poussent jusqu'au bout

---

[432] P.-A. Taguieff consacre 100 pages à l'affaire al-Dura dans *La nouvelle propagande antijuive. Du symbole al-Dura aux rumeurs de Gaza*. Paris : Puf, 2010.

leur raisonnement. S'engager à ce point signifiait prendre des risques, et on ne connaît pas beaucoup d'autres intellectuels ayant suivi la même voie.

Afin de mieux comprendre ce choix opéré à partir de 2001, donc les ressorts de cet engagement, un détour peut être utile par l'œuvre de l'historien Augustin Cochin, redécouverte il y a quelques décennies par François Furet[433].

Comme l'explique F. Furet, Augustin Cochin était un historien à la fois « positiviste », conservateur politiquement, et ayant le goût des idées « générales » ou philosophiques[434]. C'est ce goût qui l'a mis sur la trace des « sociétés de pensées » et de toutes les formes de sociabilités politiques productrices de valeurs, de représentations, d'imaginaires, homogènes et relativement clos, impénétrables à la contradiction, donc sur la voie du conformisme militant. Ses travaux n'ont pas été bien reçus par les historiens Alphonse Aulard et Albert Mathiez, sous prétexte qu'il leur manquerait une base empirique[435].

Or c'est un mécanisme comparable que vise P-A. Taguieff. Son objet véritable n'est pas l'éloge d'Israël, c'est

---

[433] François Furet « Auguste Cochin : la théorie du jacobinisme », dans *Penser la Révolution française* (1976).

[434] François Furet, « Penser la Révolution française » *in La Révolution française*. Paris : Quarto/Gallimard, p. 182. Augustin Cochin *« avait appris les règles de l'érudition sans perdre le goût des idées générales et même en continuant à cultiver ce goût, comme en témoigne son intérêt pour Durkheim (...). En réalité, Cochin mêle constamment l'histoire et la sociologie, dans la mesure où l'ambition de la sociologie est de découvrir les lois générales qui donnent un sens aux comportements particuliers, ou à tel ou tel aspect de ces comportements »*.

[435] François Furet cite Alphonse Aulard : « *Mais l'auteur raisonne en dehors des faits et n'en allègue aucun, ou presque aucun* » (revue *La Révolution française*, t. 76, 1923, pp. 362-363).

la critique du fonctionnement sectaire des groupes de la gauche radicale qui ont pris faits et causes pour la Palestine, apportant au débat un manichéisme pauvre et, en plus, devenu dangereux, dans le contexte de la montée des islamismes. D´une certaine façon, avec ses travaux critiques sur ce discours propalestinien, il prolonge vers l´aval, vers notre temps, une critique du conformisme des petits groupes « révolutionnaires » déjà entamée par exemple par A. Cochin et F. Furet. La critique de l´idéologie qui s´empare des petits groupes politiquement motivés est l´un des terrains sur lequel un esprit conservateur et un esprit libéral se retrouvent.

L´observation suivante appartient à François Furet, et concerne Augustin Cochin, lequel a bien vu que « le but de la société de pensée n´est ni d´agir, ni de déléguer, ni de « représenter » : c´est d´opiner ; c´est de dégager d´entre ses membres, et de la discussion, une opinion commune, un consensus, qui sera exprimé, proposé, défendu (...) ». Donc « c´est un instrument qui sert à fabriquer de l´opinion unanime, indépendamment du contenu de cette unanimité – qu´il s´agisse de la Compagnie du Saint-Sacrement au XVIIe, ou du Grand Orient un siècle plus tard ».[436] Ce qui a motivé P-A. Taguieff n´est pas tant un discours anti-israélien que *le consensus* anti-israélien, très douteux à ses yeux vu la complexité du sujet. C´est au mécanisme de production collective d´un discours sans contradicteurs qu´il s´oppose, une langue sans pensée comme le dit encore F. Furet, puisque « la société de pensée, par définition, ne pense pas : elle parle », elle produit « du consensus : des représentations cristallisées dans quelques figures simples du langage, destinées à unifier et à mobiliser les esprits et les volontés ». [437]

---

[436] François Furet, op. cit., p. 191.
[437] François Furet, op. cit., p. 195.

Notre interprétation est donc que son objet est moins le Moyen-Orient en tant que tel – il n´est pas un « orientaliste », et ne prétend pas l´être, et il n´écrit pas sur la société israélienne – que le débat français. Sa colère se tourne vers les raccourcis, les clichés, les bons sentiments. Pour l´exprimer, il a opté pour une ligne certainement contestable, car elle écarte de l´horizon les politiques israéliennes, particulièrement dans les territoires occupés. Il n´en fait pas l´éloge, il les ignore. Son projet est de mettre en lumière les sentiments négatifs (ressentiment, haine) de certains des adversaires de l´État d´Israël, *puisque peu de gens osent le faire*.

L´inconvénient est évident – la haine en politique n´est pas d´un seul côté, et c´est pourquoi, pour notre part, nous lisons avec un sentiment de malaise *La nouvelle propagande antijuive* (2010) et *Israël et la question juive* (2011). Il y a démystification, mais unilatérale.

L´APPORT DE LA « NOUVELLE RHÉTORIQUE »

Parmi les auteurs qui ont influencé P-A. Taguieff, il importe de souligner l´importance de Chaïm Perelman, qui a relancé en Europe l´étude de la rhétorique.

Ce philosophe du droit, professeur à l´Université libre de Bruxelles, a fondé « l´école de Bruxelles » dont le représentant le plus éminent aujourd´hui est le philosophe Michel Meyer. Son livre le plus célèbre, *Traité de l'argumentation*, écrit en collaboration Lucie Olbrechts-Tyteca est un classique étudié dans les universités du monde entier[438]. En 1990, P-A. Taguieff a publié un article bilan sur les contributions de Ch. Perelman. D´un côté, la rhétorique revalorise ce qui n´intéresse pas beaucoup les philosophes, c´est-à-dire le discours argumentatif ordinaire, non formel, mobilisé dans les controverses politiques ; de l´autre, alors que Ch. Perelman s´intéressait surtout aux procédures permettant d´aboutir à un relatif consensus sur une décision donnée, par exemple dans un contexte judiciaire, P-A. Taguieff propose d´orienter la recherche vers le dissensus, la polémique, le conflit[439].

S´agissant du premier point, le raisonnement informel s´oppose au raisonnement formel du scientifique ou du philosophe, déductif ou inductif, doté d´une validité « impersonnelle ». Il est ainsi caractérisé : un groupe d´auditeurs précis existe, et le locuteur doit en tenir compte ; la langue utilisée est celle « de tous les jours », les mots gardent leur ambivalence, les définitions sont imprécises ; inexistence de « rigueur déductive », car il ne s´agit pas de prouver, mais de peser, dans un sens ou un

---

[438] *Traité de l´argumentation. La Nouvelle Rhétorique*, Paris : Puf, deux volumes, 1958.

[439] « L´argumentation politique. Analyse du discours et nouvelle rhétorique », in *Hermès* 8-9, 1990, pp. 261-286.

autre. Le raisonnement informel est installé dans la sphère du probable – probablement telle option politique, par exemple, est meilleure – et par conséquent ce qui intéresse l´historien des idées est l´historicité des arguments échangés. Il existe ou devrait exister une histoire du « convaincant » à chaque époque, de ces transformations et réaménagements.

Depuis les années 1980, c´est bien cet univers du raisonnement informel qui intéresse le plus P.-A. Taguieff, et il a lui-même souvent opté pour une posture « impure » : non seulement l´étude des arguments échangés, mais la participation aux débats qu´il étudiait. Cette posture peut s´éclairer ainsi : ni angélisme démocratique – il est fort douteux que, sur les grandes questions, un consensus soit possible – ni haine ou mépris de la démocratie – un bon dissensus est infiniment préférable à la violence, et du reste, une histoire de ces dissensus est possible, comme le montre l´historien Marc Angenot, prenant pour objet les « dialogues de sourds ».[440]

Ainsi P-A. Taguieff nous apparaît comme un démocrate sans illusions, et on ne voit pas qu´il a évolué sur ce point depuis les années 1980. Il aime citer ces mots de Pascal, « *il ne faut pas dormir* », donc participer à la vie de la cité, mais il faut aussi « surmonter le dialogisme angélique contemporain, cette idéologie du doux et profitable « échange », entre individus de bonne compagnie ou entre cultures de bonne volonté. Ce nouvel idéalisme de l' « inter- » (de l'interculturel à l'intersubjectif) part en effet d'une méconnaissance du politique, et d'une dimension essentielle de l'interaction proprement politique : le conflit.

[440] Marc Angenot, *Dialogue de sourds. Traité de rhétorique antilogique*. Paris : Mille et une nuits, 2008.

Il faut commencer par reconnaître le polémique dans l'essence du politique ». [441]

Précisément parce que l´essence du politique réside dans le conflictuel, il faut défendre la sphère publique des idées, et la défendre, c´est y participer. Refuser sa participation et préférer la tour d´ivoire est une facilité. Il s´inscrit dans une tradition qui remonte par exemple aux grands libéraux du XIXe siècle, Benjamin Constant, Alexis de Tocqueville, John Stuart Mill. À cette époque, les plus grands penseurs étaient aussi, par leurs écrits et leurs engagements, des acteurs de la vie publique de leur pays.

[441] « L'Argumentation politique », op. cit., p. 273.

CONCLUSION : LES TRANSFORMATIONS DE L´ANTIRACISME

« *As cotas existem para corrigir uma* dívida histórica *que* este país *tem com os negros.* »[442]

Nesrine est une jeune fille, étudiante en première année de médecine, personnage d´un film récent de Philippe Faucon[443]. Sa mère Fatima, femme de ménage, soutient son projet de toutes ses forces. Nesrine et Fatima se confrontent avec le racisme de la société française : refus d´un bailleur quand Nesrine cherche à se loger, refus de l´échange cordial de la conversation. Nesrine étudie, maîtrise parfaitement le français contrairement à sa mère, réussit ses études de médecine et est une jeune fille heureuse. Le film met en image ceci : si la nation France est le pivot de la xénophobie, elle est aussi le recours majeur contre la xénophobie. Nesrine ne s´en rend pas forcément et parfaitement compte, elle ne se réveille pas tous les matins en se disant « je suis en train d´être bien intégrée à… », et c´est très bien comme ça.

---

[442] « Les quotas existent pour payer une *dette historique* de *ce pays* vis-à-vis des noirs », nous soulignons. C´est une phrase de Luiza, personnage du film *Casa Grande* (2014) de Fellipe Barbosa, scénario du cinéaste et de Karen Sztajnberg. La politique d´*Affirmative action* à la brésilienne est un succès constatable dans les amphithéâtres des universités publiques brésiliennes.

[443] *Fatima*, film de Philippe Faucon, 2015.

Ce qui est évident au cinéma – donc dans une fiction, mais une fiction documentée et très vraisemblable – ne l'est pas du tout dans la vie intellectuelle récente. Certains auteurs sont surtout sensibles à la xénophobie dont sont victimes Nesrine et Fatima, et manifestent répugnance, méfiance ou indifférence à l'égard de la nation ; d'autres sont surtout sensibles au rôle positif de l'identification à la France – qui ne signifie nullement oubli des origines – du personnage de Nesrine, et investissent la nation comme vecteur de la véritable lutte contre le racisme.

Contre le racisme quotidien dont souffrent Nesrine et sa famille – racisme d'évitement, de refus de contact humain – les auteurs divergent donc. Si l'on se déplace aux extrémités, certains auteurs sont *phobiques*, ils surréagissent dès qu'ils voient des patriotes et du patriotisme, et étendent indéfiniment les limites du nationalisme qu'ils abhorrent ; d'autres prennent le risque de l'*indulgence* à l'égard de la xénophobie, car ils sont exaspérés par la phobie des premiers. Par exemple les explications récentes d'Alain Finkielkraut concernant l'écrivain Renaud Camus – en substance : ce dernier n'est pas raciste puisqu'il ne parle pas de races mais d'héritage culturel – ne sont pas convaincantes car les discours de haine se sont réorganisés depuis longtemps en-dehors de toute référence à la biologie, et parce qu'on ne peut pas demander à Nesrine de passer indéfiniment des examens (quels seraient-ils exactement ? Seulement pour elle ?) pour « prouver » qu'elle a bien acquis la maîtrise de cet héritage culturel[444].

En revanche, le même auteur avait su voir en 1983 l'émergence d'une division. Dans un texte sur Hannah Arendt, il compare l'impact de la Seconde Guerre mondiale

---

[444] Alain Finkielkraut dans une intervention lors de l'émission *Réplique* consacrée aux « catholiques dans la cité », 18 mars 2017.

sur la pensée de H. Arendt et de M. Merleau-Ponty. Pour la première, la guerre impose ces questions : « Qu´est-ce qui s´est passé ? Pourquoi cela s´est-il passé ? Comment cela a-t-il été possible ? » [445] Elle ouvre à une méditation sur ce qu´est le monde commun, sur ce qu´il peut être, et sur les motifs de sa disparition. Toutefois, écrit A. Finkielkraut, pour le second, la guerre est révélation, dévoilement de la réalité du monde social. Non pas un « défi à la raison » comme pour Arendt mais un « accès à la rationalité du monde » – la société est le lieu du conflit entre le maître et l´esclave. La guerre, observe Alain Finkielkraut, incite à la méditation (H. A.) ou à l´engagement (M. M-P).

Une partie de la gauche intellectuelle poursuit l´engagement sur le terrain de l´antiracisme, et n´aime pas beaucoup la nation civique ou la patrie, car elle n´y retrouve pas la guerre, vérité du monde social pour elle. « Car « parisien », c´est bien ce que je me sens être, bien plus que français ou juif, costumes qui ne me vont pas du tout », écrit par exemple Éric Hazan, plaçant ses espoirs dans la révolte du « prolétariat multicolore », qui pourrait s´inspirer des journées révolutionnaires parisiennes[446].

D´autres optent pour la République civique, le monde commun le moins invraisemblable disponible. Pour eux l´anti-essentialisme et l´anti-ethnocentrisme d´inspiration antiraciste doivent être modérés, pas abandonnés, puisque les citoyens doivent pouvoir dire « nous », sans que ce « nous » soit immédiatement suspecté

[445] Alain Finkielkraut, « Le jour et la nuit (relecture de Hannah Arendt) » in *Israël, le judaïsme et l´Europe. Données et débats. Actes du XXIIIe Colloque des intellectuels juifs de langue française*. Paris : Gallimard (idées), textes présentés par Jean Halpérin et Georges Levitte, 1984, p. 159. Alain Finkielkraut cite l´introduction des *Origines du Totalitarisme*.

[446] Eric Hazan, *Une traversée de Paris*. Paris : Le Seuil, 2016, p. 162.

d´exclure et d´opprimer. Cette République civique participe de l´esprit des Lumières, un projet d´émancipation par la Raison, mais une raison modérée, autocritique. Les grands écrivains politiques antitotalitaires – G. Orwell, H. Arendt, R. Aron – ont tous souligné à quel point la dictature soviétique était aussi une héritière du projet émancipateur des Lumières. Lutter contre les préjugés est une chose, construire un homme nouveau sans préjugé, une autre chose.

Avant 1914, les sociologues durkheimiens réussissent à expulser du champ scientifique les « théories des races ». Dans les années 1930, la LICA mobilise contre l´antisémitisme hitlérien les ressources du patriotisme[447]. En 1970, alors qu´elle est interrogée sur le racisme, Germaine Tillion le définit par le préjugé circulant dans un groupe dominant vis-à-vis d´un groupe dominé, par exemple minoritaire. Elle étend le racisme au-delà de la question des « races », puisqu´elle évoque les préjugés contre les Auvergnats à Paris (les « bougnats »), et contre les immigrés bretons (*Bécassine*)[448]. Récemment, le politiste Philippe Corcuff plaide en faveur d´« une coalition multiculturelle et internationaliste pour les droits individuels et collectifs ».[449] Évolution donc, d´un antiracisme contre les « théories des races » vers un antiracisme contre l´assimilation et la domination.

---

[447] Emmanuel Debono, *Aux origines de l'antiracisme : La LICA, 1927-1940*. Paris : CNRS Éditions, 2012.

[448] Germaine Tillion évoque le racisme dans un entretien de 1970 visible sur : https://www.ina.fr/video/CAF96034725/germaine-tillion-contre-le-racisme-video.html

[449] Philippe Corcuff, *Libération,* « Assumer la pluralité de nos identités », 7 septembre 2016. Le sociologue tente d´articuler un combat « contre les fondamentalismes islamistes, l'islamophobie et l'antisémitisme ».

L´actrice brésilienne Fernanda Torres tient une chronique hebdomadaire dans le quotidien *Folha de S. Paulo*. Le sous-titre d´un de ses derniers textes publiés le 1er mars 2019 était : « Je suis blanche. Je n´ai plus confiance dans mon jugement ».[450] Elle avait vu et aimé le film *Green Book*, elle n´avait donc pas été sensible à ce qui a déplu au cinéaste afro-américain Spike Lee, qui a critiqué le film. Ainsi, après avoir délégitimé l´usage de catégories raciales dans le débat public et intellectuel, ceci après de rudes confrontations qui se sont succédé tout au long de la première moitié du vingtième siècle, l´antiracisme le valide donc, pour de bonnes raisons. On peut certainement soutenir que les expériences de vie des uns et des autres ne sont pas les mêmes, les sensibilités sont donc différentes, et il y a donc des « jugements de blancs », et des « jugements de noirs ».

Néanmoins, une certaine prudence, une certaine modération, n´est-elle pas de mise ? Une fois que le débat public sera saturé de « blancs » et de « noirs », qu´est-ce qui empêchera le discours politique, par exemple, de s´adresser

[450] Fernanda Torres, « Think the right thing. Sou branca. Não confio mais no meu julgamento », Folha de São Paulo, 1er mars 2019. La chronique se finit ainsi : je n´ai plus aucune certitude, le monde a beaucoup changé, « *não tenho mais convicção de coisa nenhuma. O mundo mudou muito desde a última vez que eu saí* ». En effet, l´auteure hésite. Quand, lors d´une fête très élitiste dans l´État de Bahia l´hôtesse de maison, blanche reçoit entourée de femmes noires en costume traditionnel évoquant le passé esclavagiste, est-on en présence, écrit-elle, d´un « délire esclavagiste » ou de « l´héritage des malés », la grande révolte des esclaves de Salvador en 1835, à propos de laquelle l´historien João José Reis a écrit un livre admirable, *Rebelião escrava no Brasil. A História do Levante dos Malés em 1835* ? L´affaire a fait grand bruit sur les réseaux sociaux brésiliens. Des opinions divergentes antiracistes se sont exprimées. L´antiracisme contemporain est dominant, mais, paradoxalement, si l´on suit cette chronique, il incite à un retrait prudent.

aux « blancs » ou aux « noirs » exclusivement ? Est-on vraiment certain de contribuer ainsi à l'égale dignité de tous ? Exactement le même jour, le quotidien *Libération* publiait sur son site un article suggestif sur l'obsession des origines en Allemagne[451]. Lors d'une émission de télévision de « télé-crochet », le présentateur s'est acharné à faire dire à Mélissa, 5 ans, « d'où elle venait ». Comme la petite fille répondait de sa ville dans la Ruhr, il l'interrogeait pesamment, elle, puis sa mère, afin de tenir la bonne réponse : la Thaïlande. Mélissa n'était donc pas une petite Allemande comme les autres. Mais s'il y a des « jugements de blancs », comment n'y aurait-il pas des « jugements de Thaïlandais » ? Si les téléspectateurs le pensent, et ils le penseront si l'atmosphère antiraciste leur suggère qu'il faut le penser, comment seront-ils choqués par les implications xénophobes de la question ? Et peut-on douter que des individus mal inspirés iront affirmer la nécessité urgente de « défendre » leur « jugement », de noirs, de blancs ou de Thaïlandais, qu'ils estimeront menacés d'une façon ou d'une autre ? Ces individus, ne les retrouverons-nous pas dans le métro de Paris, affirmant en toute bonne conscience, « *we're racist* » ?

Cette mise en garde visant les contradictions de l'antiracisme, P-A. Taguieff l'a formulée tôt, dès *La Force du préjugé*. Il pointe dès l'introduction le risque d'un antiracisme devenu idéologie. Ce n'était pas un appel à une liquidation, mais à une modération autocritique.

Le dernier antiracisme en date est en effet fort méfiant à l'égard de l'Histoire nationale, à l'image de l'historien américain Howard Zinn, présentant ainsi son ouvrage *A People's History of the United States. 1492-Present* : « ce livre se montrera radicalement sceptique à

[451] Johanna Luyssen, « Les Allemands et les origines : une curiosité obsessionnelle », *Libération*, publication sur le site le 1er mars 2019.

l´égard des gouvernements et de leurs tentatives de piéger, par le biais de la culture et de la politique, les gens ordinaires dans la gigantesque toile de la « communauté nationale » censée tendre à la satisfaction des intérêts communs ». [452] Dans le même esprit, l´éditeur Agone présente ainsi un livre récent de l´historien Gérard Noiriel : « Pour que « ceux d'en bas » puissent constituer un véritable « peuple » (au sens politique du terme) et non plus une simple population d'individus répartis sur un territoire, il faut qu'ils soient liés entre eux. Ce lien, ce n'est pas le « sentiment d'appartenance à la nation » – comme veulent nous le faire croire les idéologues républicains – mais la domination exercée par le pouvoir d'État et les résistances de ceux qui la subissent ». Le même texte propose cette définition de la France : « l'ensemble des territoires qui ont été placés, à un moment où un autre, sous la coupe de l'État français (ce qui inclut toutes les possessions coloniales) ».[453]

En somme, *une* gauche antiraciste souhaite opposer au national-populisme et aux groupes identitaires un *récit sociétal*, qui se substituerait avantageusement au *récit national*. Elle reproche à la nation d´être du côté de l´oppression, non de l´émancipation, sauf « sous les espèces, transitoires, de la guerre de libération nationale ». [454]

Est-ce pertinent, est-ce efficace, est-ce fidèle à l´inspiration de Marcel Mauss, de l´affaire Dreyfus et de la

---

[452] Howard Zinn, *Une histoire populaire des États-Unis. De 1492 à nos jours*. Marseille : Agone, 2002 (1980), p. 16. Traduction française de Frédéric Cotton.
[453] http://agone.org/memoiressociales/unehistoirepopulairedelafrance/.
[454] Alain Badiou, « Vingt-quatre notes sur les usages du mot 'peuple' », in *Qu´est-ce qu´un peuple ?*, ouvrage collectif, Paris : La fabrique, 2013.

LICA? D´autres auteurs ne le pensent pas. Selon eux, la « coalition multiculturelle » ne forme aucune communauté politique viable, et les droits individuels, pour l´essentiel ce que les juristes nomment « les libertés publiques », sont définis, débattus et deviennent réalités dans le cadre d´une nation – y a-t-il un contre-exemple durable? Dans son essai *On toleration*, le philosophe Michael Walzer étudie cinq manières de pratiquer la tolérance au plan politique. Mais trois ne peuvent guère s´appliquer concrètement ou sont douteux (*Multinational Empires, International Society, Consociations*), le quatrième est les *Immigrant Societies*, en fait les seuls États-Unis, reste donc le cinquième, l´*État-nation*[455]. Autour de 1950, les historiens Lucien Febvre et François Crouzet pouvaient écrire un *Manuel d'histoire de la civilisation française* dans une perspective antinationaliste, pour montrer la diversité des contributions étrangères qui ont constitué la « civilisation française ». [456] Mais depuis, un antiracisme suspicieux dénonce l´idée même de « civilisation française » – soupçon d´ « essentialisme », premier pas vers le racisme. C´est ce genre d´évolution que P-A. Taguieff a critiqué, il y a vu une dérive idéologique de l´antiracisme. Il est devenu un auteur suspect et mal vu.

L´émergence et l´affirmation des islamismes a dramatisé le dilemme de la gauche antiraciste récit national / récit sociétal. En effet, s´il s´agit de rassembler les groupes épars victimes de *la domination*, les musulmans de France constituent l´un de ces groupes, et le mouvement antiraciste de sollicitude envers lui, ne peut que rencontrer le

---

[455] Michael Walzer, *On toleration*. New Haven et Londres : Yale P.U., 1997. Les cinq catégories sont : *Multinational Empires, International Society, Consociations* [la Suisse et le Liban, les confédérations], *Nation-States, Immigrant Societies*.

[456] Lucien Febvre et François Crouzet, *Nous sommes des sang-mêlés. Manuel d'histoire de la civilisation française*, op. cit.

mouvement stratégique des groupes islamistes, habiles à faire avancer leur cause en la présentant comme une cause *antiraciste*. C'est là tout l'enjeu de controverses récentes, et qui se poursuivent régulièrement.

Pour P-A. Taguieff et d'autres, le projet d'un Islam politique est un totalitarisme ennemi des libertés, et en aucune façon l'antiracisme ne devrait servir ses objectifs. Pour la plupart des tenants d'un récit sociétal (mais pas tous, par exemple pas pour le sociologue Philippe Corcuff), la menace est exagérée, et le mal en politique réside encore à l'Occident, sous la figure du néo-libéralisme ou de la politique étrangère américaine, ou de l'État d'Israël. Donc *The Guardian* publie en français une justification de la tenue dite « burkini » destinée aux *femmes modestes*, et les écrivains Kamel Daoud et Boualem Sansal sont pris à partie car ils sont engagés dans un combat erroné – au lieu de dénoncer comme il faudrait le « postcolonialisme », ils dénoncent l'islamisme[457]. Les exemples de la division des gauches sont nombreux.

A posteriori, la querelle de la « nouvelle judéophobie » apparaît comme un révélateur. La gauche du « récit sociétal » était incommodée, non qu'elle fût le moins du monde antisémite, mais parce que la haine des juifs chez *des* jeunes gens de culture arabe et/ou musulmane n'entrait pas dans sa représentation du monde[458]. Toutefois, refuser de voir, et créer les conditions pour dissoudre, au nom de

---

[457] « J'ai créé le burkini pour libérer les femmes, pas pour enlever leur liberté » écrit Aheda Zanetti, *The Guardian*, 26 août 2016. Le producteur Sylvain Bourmeau (France-Culture, *La Suite dans les idées*) a invité le 17 septembre 2016 la sociologue Kaoutar Harchi pour débattre sur le « conformisme » et le « conservatisme » des écrivains Kamel Daoud et Boualem Sansal.

[458] Brigitte Stora, *Que sont mes amis devenus... Les Juifs, Charlie, puis tous les nôtres*. Paris : Le bord de l'eau, 2016.

l´antiracisme, un problème grave de racisme, est un paradoxe qui demande à être élucidé.

L´antiracisme a cessé d´être un bloc relativement solide de valeurs et de références, ce qu´il était jusque vers 1980. La publication de *La Force du préjugé. Essai sur le racisme et ses doubles* a constitué une tentative importante pour comprendre ce qui était en train de se passer. Trente ans après, le national-populisme s´est implanté comme une force politique importante, la haine des juifs est parfois banale dans certains territoires, les discriminations contre les Français et les étrangers « d´origine étrangère » ne sont pas rares – emplois, recherche de logements, relations avec certains services publics – et l´idéologie islamiste est active. Certaines élections en Europe se perdent ou se gagnent, en partie, sur le thème de « l´identité ». Les questions « ethno-raciales » sont de retour, par exemple quand on aborde les politiques urbaines[459]. Presque plus personne ne croit que l´humanité soit divisée en races – il y a des exceptions, comme les « suprématistes blancs » américains – mais le débat public creuse les questions identitaires. L´interrogation contemporaine sur « l´avenir de la gauche » est en cours, et la crise de l´antiracisme en est une des dimensions.

459 Par exemple, « La difficile équation de la mixité sociale dans les cités », Louise Couvelaire, *Le Monde*, 30-31 juillet 2017.

ÉPILOGUE

L´importance de l´œuvre d´historien des idées de P-A. Taguieff est reconnue, et ses livres déploient tous une érudition impressionnante[460]. Ses travaux sur Georges Vacher de Lapouge font autorité. Il a distingué darwinisme social (Gustave Le Bon) et eugénisme (Vacher de Lapouge), souvent confondus[461]. Une autre distinction, entre racisme et racialisme, est utile pour séparer un discours tourné vers l´action politique, et un autre qui se veut descriptif[462]. Dans le domaine historiographique, sa proposition de typologie des interprétations du racisme éclaircit un débat très dense. Le racisme peut être vu comme un universel atemporel indéracinable, une peur devant l´inconnu ; ou il peut être historicisé, et trois chronologies sont possibles : naissance au XV-XVIe siècles (lois espagnoles de *limpieza de sangre*, esclavage américain), au XVIIIe (les Lumières) ou au XIXe (racisme biologique)[463]. Sa présentation d'Éric Voegelin remet en perspective historique l´action des premiers intellectuels antiracistes[464].

On devrait, après la publication de *Céline, la race, le Juif*, écrit avec Annick Duraffour, de moins en moins dire de Louis-Ferdinand Céline qu´il était un « anarchiste », un « pacifiste », un « fasciste », ou qu´il n´avait pas d´idées –

[460] Marc Angenot, *L´Histoire des idées*. Liège : Presses universitaires de Liège, 2014.
[461] *La Couleur et le sang*. Paris : Mille et une nuits, 2002 (1998).
[462] « Racialisme. Racialisme et racisme » in *Dictionnaire historique et critique du racisme*. S.d. de P-A. Taguieff, pp. 1499-1523.
[463] *Le Racisme*. Paris : Flammarion, coll. Dominos, 1997 (réédition en 2010 chez l´Harmattan).
[464] « Eric Voegelin, 1933. Un philosophe face à l´idée de race et au racisme » in Eric Voegelin. *Race et État*, traduction de S. Courtine-Denamy, Paris : Librairie Philosophique Vrin, 2007.

il avait les idées racistes d´Adolf Hitler, ce qui ne veut pas dire qu´il idéalisait le dictateur nazi[465]. Ce dernier ouvrage a provoqué la colère parmi certains admirateurs du grand écrivain. Ils ont tenté de le dénigrer, en arguant en particulier de sa supposée inutilité – tout aurait déjà été dit, depuis longtemps, sur les engagements de Céline. Mais les historiens ayant travaillé sur Céline – Michel Winock, Odile Roynette, ont, au contraire, reconnu l´importance de cet ouvrage[466]. On pourrait ajouter beaucoup d´autres exemples. Dans le domaine de l´Histoire des idées racistes et antiracistes, peu de chercheurs ont autant travaillé que lui.

S´agissant de ses travaux sur le populisme, on retiendra surtout cette idée largement divulguée par la suite : loin d´être une idéologie solide, le populisme est essentiellement un style politique, soit l´appel au peuple par un leader, la désignation des élites comme un ennemi intérieur, la destruction des formes et des médiations. Le populisme n´est ni de droite ni de gauche, il fait son miel de presque toutes les idées du débat public, si elles lui sont utiles[467]. La difficulté, ajoute P-A. Taguieff, est que des revendications raisonnables et nullement périlleuses pour la démocratie peuvent être écartées sous prétexte de

---

[465] Écrit avec Annick Duraffour, *Céline, la race, le Juif. Légende littéraire et vérité historique*. Paris : Fayard, 2017.

[466] Michel Winock évoque « un essai magnifique d´érudition et passionnant d´un bout à l´autre » dans *L´Histoire*, numéro 432, février 2017, p. 96. Odile Roynette, auteure de *Un Long tourment. Louis-Ferdinand Céline entre deux guerres (1914-1945)*, publié aux Belles Lettres en 2015, cite avec approbation l´ouvrage dans son article « La Grande Guerre, berceau de l'extrémisme célinien », revue *Cité*, numéro 74, 2018, p. 172.

[467] « Ce qui préserve de l´arbitraire, c´est l´observance des formes ». *Principes de politique*, in *Écrits politiques*, édition de Marcel Gauchet, Gallimard, 1997 (1815), p. 487.

« populisme ». Pour la démocratie, le « populisme » flotte donc entre la régénération et l'enterrement[468].

Il est également un intellectuel engagé. Il a quitté une certaine gauche antiraciste qui lui est apparue sectaire. Mais les droites, catholiques, autoritaires ou économiquement libérales, n'ont pas grand-chose à lui offrir. Le présenter comme « néo-réactionnaire » ou « de droite » (pour le disqualifier) est possible, mais c'est une facilité. Des éléments vont certainement dans ce sens, mais son *motif* est la liberté, ce n'est pas la critique du monde issu de 1789, ou de la révolution sexuelle des années 1960, ou de « la fin des villages », ou de l'Algérie sans les Français, ou de la France « déchristianisée », ou de mai 1968, pour choisir parmi quelques thèmes effectivement réactionnaires. Il n'est en aucune façon un admirateur de la globalisation économique libérale, et l'autoritarisme l'horripile[469]. Voilà pourquoi nous avons souhaité comprendre et raconter l'*histoire d'une rupture*, et non l'histoire d'une *rencontre* ou d'une *adoption*. Il a trop peu à voir avec la droite libérale (économiquement), ou catholique, ou autoritaire. Quant au libéralisme politique, il est surtout la cible de tous les extrémismes, et on peut contester qu'il appartienne à « la droite ».

Ses engagements sont bien sûr contestables, et nous en avons critiqué certains aspects. Mais ils ne forment aucun système néo-réactionnaire cohérent. La cohérence existe, mais elle se situe sur un autre plan.

---

[468] P-A. Taguieff, *L'Illusion populiste. Essai sur les démagogies de l'âge démocratique*. Paris : Champs-Flammarion, 2007 (2002) ; *La revanche du nationalisme. Néopopulistes et xénophobes à l'assaut de l'Europe*. Paris : Puf, 2015.

[469] *Résister au bougisme. Démocratie forte contre mondialisation techno-marchande*. Paris : Mille et une nuits, 2002.

Il affirme depuis la décennie 1980 que, face aux préjugés diffusés par le national-populisme, puis à partir des années 2000, par les « identitaires », très présents sur internet, la nation républicaine est le recours le moins mauvais. La notion implique la reconnaissance de l´identité substantielle de la nation, malgré son indéfinition insurmontable, mais une identité ouverte : chacun peut devenir Français, ou Brésilien. Les intellectuels de gauche qui s´obstinent à nier cette définition substantielle sont amenés à répéter indéfiniment le procès du patriotisme, et à voir, par exemple, dans le goût de l´Histoire de France, le spectre de Maurice Barrès. Pourtant les historiens Robert Mandrou et Georges Duby, auteurs d´une *Histoire de la civilisation française*, n´étaient pas nationalistes.

Cette position est modérée, elle constate l´existence des nations et l´investissement affectif des citoyens. Mais elle s´oppose aux gauches radicales qui mettent en avant la « plèbe » ou la convergence des luttes, l´internationalisme, le Paris révolutionnaire, le cosmopolitisme, l´Europe comme projet de substitution aux nations, ou encore l´éloge des diasporas, ou enfin, acceptent la nation à condition qu´elle soit du côté de « l´émancipation », donc un pur choix, en aucune façon l´acceptation d´un passé hérité que les individus n´auraient pas choisi, ou enfin, un mythe mobilisable contre les impérialismes. Ces gauches ne sont pas sensibles au « merveilleux national », qui permet aux individus de se construire en se liant affectivement avec le passé.

La différence d´approche s´est formée dans les années 1980, s´est cristallisée dans les années 1990, et a été confirmée dans les années 2000-2015, sous le coup de deux événements : l´affirmation d´un nouvel antisémitisme, qui n´est pas né dans les années 2000, mais qui s´est répandu et s´est enraciné grâce à internet, une « nouvelle judéophobie » a-t-il proposé, et la montée de l´Islam politique, pour lui un événement considérable, pour une partie de la gauche radicale un événement périphérique, ou si important, un contrecoup des politiques occidentales. Dans ce contexte, la dénonciation d´un P-A. Taguieff « néo-réactionnaire » est très proche de celle de R. Aron « intellectuel de droite ». Il s´agit d´annihiler un regard incommodant.

Il n´est nullement un auteur parfait. En particulier, il est parfois injuste avec ses adversaires, et désagréable quand il s´en prend, non à leurs idées, mais à leur personne, ou à leur parcours de vie[470]. Il est exact qu'au fil des années, ses cibles sont de plus en plus la gauche (mais la même observation peut sans doute être faite à propos de R. Aron). Il a ses propres zones de dogmatisme, par exemple quand il s´interdit toute appréciation négative de la politique israélienne. Il a plus d´une fois, pris à partie des individus, visés pour leur empathie avec la cause palestinienne, comme si cette empathie était nécessairement suspecte, et devait, nécessairement, mener vers un racisme anti-juif. Mais son motif est la liberté, nullement la nostalgie d´un passé idéalisé. Il défend une raison autocritique, qui sait combien de violences politiques ont été commises au nom du Bien et de la Raison, et la nation comme communauté politique libre, y compris parce que les alternatives ne sont pas si nombreuses.

Il se distingue ainsi d´abord des rationalistes universalistes, par exemple les historiens israéliens Zeev

---

[470] Par exemple contre l´historienne Esther Benbassa dans « Pourquoi Muray nous manque. La tyrannie médiatique et la mise au pas médiatique de l´exception » in *Philippe Muray*, dir. Jacques de Guillebon et Maxence Caron. Paris : Cerf (Cahiers d'histoire de la philosophie), 2011, ou dans *Prêcheurs de haine : Traversée de la judéophobie planétaire*. Paris : Mille et une nuits, 2004.

Sternhell et Shlomo Sand (avec des différences entre eux), qui soupçonnent dans les identités historiques des peuples le noyau d'un nationalisme à venir. Ensuite, il ne partage pas la suspicion des conservateurs libéraux devant la participation politique populaire, ni leur façon de voir dans toute contestation une « menace populiste ». Enfin il s'est éloigné des utopies de la gauche radicale, de l'hypothétique « convergence des luttes ». Avec d'autres auteurs inspirés par l'antitotalitarisme, il partage des thèmes et des préoccupations, sans qu'ils forment « une école de pensée ». Ils ont en commun de considérer qu'un conservatisme intelligent ne s'oppose en rien à un véritable progrès, et que la politisation de l'Islam est l'une des grandes questions politiques du temps. Pour eux, que l'antiracisme obscurcisse ce fait au lieu de l'éclairer – l'antiracisme contre la laïcité – est une absurdité.

On se situe encore dans le cadre d'un souci antiraciste, mais qui inclut les dégâts de l'antiracisme, comme le souci du progrès inclut les dégâts du progrès. Évoquer un chercheur « surtout anti-antiraciste » est suggérer une complaisance pour le racisme dont nous n'avons, pour notre part, pas trouvé trace.

Cette posture est bien sûr critiquable. On peut juger que P-A. Taguieff sous-estime les discriminations imputables aux fonctionnaires de l'État républicain et à son administration. Les définitions étant libres, on peut parler, à la rigueur, d'un « antiracisme de droite », si l'on tient à marquer un contraste avec d'autres antiracismes « de gauche ». Mais ces querelles d'étiquette passent à côté du plus important. P-A. Taguieff est à la recherche d'un antiracisme *efficace*. Cette recherche n'est pas récente, elle était la sienne déjà dans les années 1980. Ouvert exagérément vers l'universalisme, l'antiracisme court le risque de l'utopie et de l'impolitisme, parce qu'il fragilise les conditions d'une communauté politique. Trop tourné vers la défense des groupes dominés ou minoritaires, il favorise en fait la compétition entre ces groupes, et entre ces groupes et la majorité. À ce jeu, probablement, ce sont les nationalistes et les régionalistes qui l'emporteront, ils sont sur leur terrain, qui est aussi celui choisi par les militants de l'Islam politique. « Néo-réactionnaire » utilisé à son propos nous semble une qualification surtout polémique. Elle est suggestive de l'histoire tourmentée des relations entre une partie de la gauche intellectuelle, la plus « radicale », et le libéralisme politique.

Bibliographie

1. Pierre-André Taguieff

L'Émancipation promise. Paris : Les éditions du Cerf, 2019.

"Race" : un mot de trop ? Paris : CNRS éditions, 2018.

Judéophobie. La dernière vague. Paris : Fayard, 2018.

Macron : miracle ou mirage ? Paris : L'Observatoire, 2017.

L'Islamisme et nous. Penser l'ennemi imprévu. Paris : CNRS éditions, 2017.

Des putes et des hommes. Vers un ordre moral androphobe. Paris : Éditions Ring, 2016.

« Après les attentats de janvier 2015. Retour sur la vague antijuive contemporaine », *Le Huffington Post*, 15 mai 2015.

L'Antisémitisme. Paris : Puf, « Que sais-je ? », 2015.

Une France antijuive? Regards sur la nouvelle configuration judéophobe. Paris : CNRS éditions, 2015.

Du diable en politique. Réflexions sur l'antilepénisme ordinaire. Paris : CNRS éditions, 2014.

Court traité de complotologie. Paris : Mille et une nuits, 2013.

« Populisme(s) et national-populisme », In : P.-A. TAGUIEFF. *Dictionnaire historique et critique du racisme.* Paris : Puf, 2013, p. 1359-1373.

Le nouveau national-populisme. Paris : CNRS éditions, 2012.

Wagner contre les juifs. Paris : Berg International, 2012.

« Le racisme aujourd'hui, une vue d'ensemble », Huffington Post, 27 septembre 2012.

Israël et la question juive. Saint-Victor de Mor : Les Provinciales, 2011.

« Logiques d'une idée : émancipation ». Postface. In: A. SENIK. *Marx, les Juifs et les droits de l'homme. À l'origine de la catastrophe communiste*. Paris: Denoël, 2011.

La nouvelle propagande anti-juive. Du symbole al-Dura aux rumeurs de Gaza. Paris : Puf, 2010.

« Diversité et métissage : un mariage forcé. La pensée-slogan dans le débat sur l'identité française », *Le Débat*, 159, 2010-2.

Julien Freund, au cœur du politique. Paris : La Table ronde. 2008.

La judéophobie des modernes. Des Lumières au Jihad mondial. Paris : Odile Jacob, 2008.

L'imaginaire du complot mondial. Aspects d'un mythe moderne. Paris : Mille et une nuits, 2007.

Les contre-réactionnaires : le progressisme entre illusion et imposture. Paris : Denoël, 2007.

La bioéthique ou le juste milieu. Une quête de sens à l'âge du nihilisme technicien. Paris : Fayard, Coll. Essais, 2007.

L'illusion populiste : de l'archaïque au médiatique. Paris : Berg International, Coll. Pensée Politique et Sciences Sociales, 2002; *L'illusion populiste. Essais sur les démagogies de l'âge démocratique*. Paris : Flammarion, Coll. Champs, 2007.

Le sens du progrès. Une approche historique et philosophique. Paris : Flammarion, Coll. Champs, 2004 ; 2006.

La République enlisée. Pluralisme, communautarisme et citoyenneté. Paris : Éditions des Syrtes, 2005.

La foire aux illuminés. Ésotérisme, théorie du complot, extrémisme. Paris : Mille et une nuits, 2005.

Prêcheurs de haine. Traversée de la judéophobie planétaire. Paris : Mille et une nuits, 2004 [Coll. Essai].

« Communauté, communautaire, "communautarisme": perspectives républicaines », In : Yonathan Arfi *et al. Les enfants de la République. Y a-t-il un bon usage des communautés?* Paris : La Martinière, 2004.

La couleur et le sang: doctrines racistes à la française. Paris : Mille et une nuits, Coll. Les Petits Libres, 1998; Paris : Mille et une nuits (rééd. augm. et rev.), 2002

La nouvelle judéophobie. Paris : Mille et une nuits, 2002 [Coll. Essai].

Résister au bougisme. Démocratie forte contre mondialisation techno-marchande. Paris : Mille et une nuits, 2001 [Coll. Essai].

Du progrès. Biographie d'une utopie moderne. Paris : EJL, 2001 [Coll. Librio].

L'effacement de l'avenir. Paris : Galilée, 2000 [Coll. Débats].

Le racisme. Un exposé pour comprendre, un essai pour réfléchir. Paris : Flammarion, 1998 [Coll. Dominos].

« Biopolitique de l'identité et ordre moral : l'orthodoxie du Front National », *Raison présente,* 127, 1998.

« Populismes et antipopulismes. Le choc des argumentations », *Mots,* 55, p. 5-26, 1998.

« Le populisme et la science politique. Du mirage conceptuel aux vrais problèmes », *Vingtième Siècle. Revue d'Histoire,* 56, 1997.

La République menacée. Entretien avec Philippe Petit. Paris : Textuel, 1996 [Coll. Conversations pour demain].

« Variations d'un programme de gouvernement » (1996). In : N. MAYER ; P. PERRINEAU (dir.). *Le Front National à découvert.* Paris : Presses de Sciences Po, 1996 [1e éd., 1989].

Les fins de l'antiracisme. Paris : Michalon. 1995.

Sur la Nouvelle Droite. Jalons d'une analyse critique. Paris : Descartes et Cie., 1994.

La force du préjugé. Essai sur le racisme et ses doubles. Paris: Gallimard, 1999, Coll. Tel [Paris : La Découverte, 1987, Coll. Armillaire].

« L'argumentation politique. Analyse du discours et Nouvelle Rhétorique », *Hermès,* 8-9, 1990.

« Mobilisation national-populiste en France : vote xénophobe et nouvel antisémitisme politique », *Lignes,* 9, mars 1990.

« La métaphysique de Jean-Marie Le Pen », In : N. MAYER; P. PERRINEAU (dir.). *Le Front National à découvert.* Paris : Presses de Sciences Po, 1996 [1e éd., 1989].

« La nouvelle judéophobie : antisionisme, antiracisme, anti-impérialisme », *Les Temps modernes,* 520, nov. 1989, Gallimard.

« L'identité nationaliste », *Lignes,* 4, août 1988.

« Racisme et antiracisme : modèles et paradoxes » In : A. Béjin; J. Freund (dir.). *Racismes, antiracismes*. Paris : Méridiens Klincksieck, 1986.

« Forces et faiblesses de la doctrine du national-populisme », *Nouvelle Revue Socialiste,* 78/79, jan.-fév. 1986.

« L'identité nationale saisie par les logiques de racisation. Aspects, figures et problèmes du racisme différentialiste », *Mots,* 12, 1986, p. 91-128.

« Le néo-racisme différentialiste », *Langage et Société,* 34, déc. 1985.

« L'identité française et ses ennemis. Le traitement de l'immigration dans le national-racisme contemporain » *L'Homme et la Société,* 77-78, juil.-déc. 1985.

« Les droites radicales en France : nationalisme révolutionnaire et national-libéralisme. Réflexions sur les nouveaux espaces de l'autoritarisme en France », *Les Temps modernes,* 465, avr. 1985.

« La stratégie culturelle de la “Nouvelle Droite” en France (1968-1983) », In : R. BADINTER; A. SPIRE (dir.). *Vous avez dit fascismes?* Paris : Montalba, 1984.

Alain de Benoist, philosophe. *Les Temps modernes,* 451, fév. 1984.

La rhétorique du national-populisme. *Mots,* 9, août 1984, p. 113-139.

« L’héritage nazi », *Nouveaux Cahiers,* 64, 1981.

« La Nouvelle Droite à l’œil nu », *Droit et Liberté,* 386, déc. 1979; 387, jan. 1980.

(dir.) *Dictionnaire historique et critique du racisme.* Paris : Puf, 2013.

(dir.) *Les Protocoles des sages de Sion. Faux et usages d’un faux,* t. I, *Introduction à l’étude des « Protocoles »: un faux et ses usages dans le siècle;* t. II *Études et documents.* Paris : Berg International, 1992 [Coll. Faits et Représentations] ; Paris : Berg International/Fayard, 2004 [rééd. rev., corr. et augm.].

(dir.) *Le retour du populisme. Un défi pour les démocraties européennes.* Paris: Encyclopædia Universalis, 2004 [Coll. Le Tour du Sujet].

(dir. avec Gil Delannoi) *Nationalismes en perspective.* Paris : Berg International, 2001 [Coll. Pensée Politique et Sciences Sociales].

(dir. avec G. Kauffmann et M. Lenoire, dir.) *L’antisémitisme de plume (1940-1944): la propagande antisémite en France sous l’Occupation.* Études et Documents. Paris : Berg International, 1999 [Coll. Pensée Politique et Sciences Sociales].

(avec M. Tribalat) *Face au Front National. Arguments pour une contre-offensive.* Paris : La Découverte/Syros, 1998.

(dir.) *Face au racisme,* t. 1, *Les moyens d’agir;* t. 2, *Analyses, hypothèses, perspectives.* Paris : La Découverte, Essais, 1991 [Coll. Cahiers Libres] ; Paris : Éditions du Seuil, 2 t., 1993 [rééd., Coll. Points Essais].

(dir. avec Gil Delannoi) *Théories du nationalisme. Nation, nationalité, ethnicité.* Paris : Kimé, 1991 [Coll. Histoire des Idées, Théorie Politique et Recherches en Sciences Sociales].

(Avec A. Durrafour) *Céline, la race, le Juif. Légende littéraire et vérité historique.* Paris : Fayard, 2017.

À paraître

Intellectuels dans l'arène. Mélanges offerts à Pierre-André Taguieff. Textes rassemblés, édités et introduits par Annick Duraffour, Philippe Gumplowicz, Grégoire Kauffmann, Isabelle de Mecquenem et Paul Zawadzki. Paris : CNRS éditions, 2019.

2. Autres auteurs

Abensour, M. *L'utopie de Thomas More à Walter Benjamin.* Paris: Sens et Tonka, 2009.

d'Adesky, J. *Pluralismo étnico e multiculturalismo: racismos e anti-racismos no Brasil.* Rio de Janeiro : Pallas, 2000. *Racismes et Antiracismes au Brésil.* Paris : L'Harmattan, 2003.

Ali, T. The New World Disorder, *London Review of Books,* vol. 37, n° 7, 9 avr. 2015, p. 19-22.

Amselle, J-L. *Les nouveaux rouges-bruns: le racisme qui vient.* Paris : Lignes, 2014. ; *L'Ethnicisation de la France.* Paris: Lignes, 2011.

Anderson, B. *Imagined Communities. Reflections on the Origin and Spread of Nationalism.* Londres : Verso, 1983.

Andrieu, K. *La justice transitionnelle. De l'Afrique du Sud au Rwanda.* Paris : Gallimard, 2012.

Angenot, M. *Dialogues de sourds. Traité de rhétorique*, Paris : Mille et une nuits, 2008 ; *L'histoire des idées : problématiques, objets, concepts, méthodes, enjeux, débats.* Liège : Presses Universitaires de Liège, 2014.

Arendt, H. Reflexions on Little Rock *Dissent,* 6/1, 1959.

Aron, R. *De Gaulle, Israël et les juifs*. Paris : Plon, 1968.

Audier, S. Le républicanisme à repenser (postface). In : M. VIROLI. *Républicanisme*. Paris : Le Bord de l'eau, 2011 [1e éd., 1999] ; *La pensée anti-68. Essai sur les origines d'une restauration intellectuelle*. Paris : La Découverte/Poche, 2009 (2008) ; *Les théories de la République*. Paris : La Découverte, 2004.

Azouvi, F. *Le mythe du grand silence. Auschwitz, les Français, la mémoire*. Paris : Fayard, 2012.

Badinter, R. ; Spire, A. (dir.). *Vous avez dit fascismes?* Paris : Arthaud/Montalba, 1983.

Badiou, A. *L'hypothèse communiste. Circonstances 5*. Fécamp : Lignes, 2009.

Badiou, A. ; Hazan, É. *L'antisémitisme partout. Aujourd'hui en France*. Paris : La Fabrique, 2011.

Badiou, A. ; Bourdieu, P. ; Butler, J. ; Didi-Huberman, G. ; Khiari, S. ; Rancière, J. *Qu'est-ce qu'un peuple?* Paris : La fabrique éditions, 2013.

Balibar, É. ; Brauman, R. ; Butler, J. ; Cypel, S. ; Hazan, É. ; Lindenberg, D. ; Saint-Upéry, M. ; Sieffert, D. ; Warschawski, M. (dir.). *Antisémitisme : l'intolérable chantage. Israël-Palestine, une affaire française?* Paris : La Découverte, 2003.

Balibar, É. ; Wallerstein, W. *Race, nation, classe. Les identités ambiguës*. Paris : La Découverte, 2007 [1e éd. 1988].

Bancel, N. ; Blanchard, P. ; Vergès, F. *La République coloniale*. Paris : Hachette Littératures, 2008, Coll. Pluriel [1e éd., Paris : Albin Michel, 2003].

Bancel, N. ; Blanchard, P. ; Lemaire, S. *La fracture coloniale : La société française au prisme de l'héritage colonial*. Paris : La Découverte, 2005.

Banton, M. *Racial Theories*. Cambridge : Cambridge University Press, 1987.

Barber, B. *Strong democracy: Participatory politics for a new age.* Berkeley (Cal): University of California Press, 1984.

Bardèche, M. « Le mythe juif et autres faillites », *Défense de l'Occident,* 192, juil.-août 1982.

Bayart, J-F. *Les études postcoloniales. Un carnaval académique*. Paris : Karthala, 2010.

André Béjin et Julien Freund (dir.). *Racismes, antiracismes*. Paris : Méridiens Klincksieck, 1986

Belot, R. (dir.). *Tous républicains! Origines et modernité des valeurs républicaines*. Paris : Armand Colin, 2011.

Benbassa, E. « Les nouvelles passions juives en France », In : Ferenczi, T. *Religion et politique. Une liaison dangereuse?* Bruxelles: Complexe, 2003.

Benoist, A. de. *Mémoire vive.* Paris : De Fallois, 2012.

Bensaïd, D. *Fragments mécréants. Sur les mythes identitaires et la république imaginaire.* Paris : Lignes, 2005.

Bensoussan, G. (dir.) *Les territoires perdus de la République : Milieu scolaire, antisémitisme, sexisme.* Paris : Mille et une nuits, 2002.

Berstein, S; Winock, M. (dir.). *Fascisme français? La controverse.* Paris : CNRS Éditions, 2014.

Besnier, J-M. « Tocqueville et Gobineau », *Dictionnaire historique et critique du racisme*. Dir. P-A. Taguieff. Paris : Puf, 2013.

Bessone, M. ; Sabbagh, D. *Race, racisme, discriminations. Anthologie de textes fondamentaux*. Paris : Hermann, 2015.

Birnbaum, J. *Un silence religieux. La gauche face au djihadisme.* Paris : Le Seuil, 2016 ; « Ces intellectuels qui dédiabolisent le FN ». *Le Monde,* 29 mai. 2014

Birnbaum, P. *Sur un nouveau moment antisémite : « Jour de colère ».* Paris : Fayard, 2015.

Bibo, I. *Misère des petits États d'Europe de l'Est.* Paris : Albin Michel, 1993.

Boltanski, L. *Énigmes et complots : Une enquête à propos d'enquêtes.* Paris : Gallimard, 2012.

Boltanski, L ; Esquerre, A. *Vers l'extrême : extension des domaines de la droite.* Paris : Éditions Dehors, 2014.

Bosc, Y. ; Dalisson, R. ; Frétigné, J.-Y. ; Hamel, C. ; Lounissi, C. (dir.). *Culture des Républicanismes. Pratiques-représentations-concepts de la Révolution anglaise à aujourd'hui.* Paris : Kimé, 2015.

Boudon, R. *La place du désordre : Critique des théories du changement social.* Paris: Puf, 1991.

Boulle, P. H. François Bernier and the Origins of the Modern Concept of Race. In: S. Peabody; T. Stovall (dir.). *The Color of Liberty. Histories of Race in France.* Durham/Londres: Duke University Press, 2003.

Bourdieu, P. « L'illusion biographique » *Actes de la recherche en sciences sociales,* 62-63, 1986.

Bouteldja, H. *Les Blancs, les Juifs et nous : Vers une politique de l'amour révolutionnaire.* Paris : La fabrique éditions, 2016.

Bouvet, L. *L'insécurité culturelle.* Paris : Fayard, 2015 ; *Le sens du peuple. La gauche, la démocratie, le populisme.* Paris : Gallimard, 2012.

Breaugh, M. *L'expérience plébéienne. Une histoire discontinue de la liberté politique.* Paris : Payot, 2007.

Bruneteau, B. « L'islamisme est-il un nouveau totalitarisme? », *Commentaire,* 152, 2015-2016.

Burnham, J. *The Machiavellians. Defenders of freedom. A defense of political truth against wishful thinking*. Washington : Gateway, 1987 [1e éd., 1943].

Burrin, P. *La dérive fasciste : Doriot, Déat, Bergery 1933-1945*. Paris : Le Seuil, 2003 [Coll. Points Histoire ; 1e éd., 1986].

Cabanel, P. « La gauche et l'idée nationale ». In : J.-J. Becker; G. Candar (dir.). *Histoire des gauches en France.* Paris : La Découverte, 2005.

Canto-Sperber, M. *Les règles de la liberté.* Paris : Plon, 2003.

Cassely, J-L ; Pottier, J-M. *Slate.fr*, 23 mar. 2015. « De 1973 à 2015, quarante ans d'évolution des scores du FN en un graphique ». Disponible à : <http://www.slate.fr/story/99391/ graphique-evolution-scores-fn>. Accès le : 27 juil. 2016.

Césaire, A. *Discours sur le colonialisme,* suivi de *Discours sur la Négritude*. Paris : Présence africaine, 2004.

Chapman, H.; Frader, L. L. *Race in France. Interdisciplinary Perspectives on the Politics of Difference.* Nova York/Oxford : Berghahn Books, 2004.

Chapoutot, J. *La loi du sang. Penser et agir en nazi*. Paris : Gallimard.

Cherki, A. *Frantz Fanon. Portrait*. Paris : Le Seuil (points), 2011 (2000).

Christofferson, M. *Les intellectuels contre la gauche. L'idéologie antitotalitaire en France (1968-1981).* Marseille : Agone, 2014.

Coates, T-N. *Une colère noire : Lettre à mon fils*. Paris : Autrement, 2016.

Coenen-Huther, J. « Le type idéal comme instrument de la recherche sociologique », *Revue française de sociologie* 3/2003 (Vol. 44).

Cohen, N. *What's left? How Liberals Lost their Way*. Londres : Fourth Estate, 2007.

Collovald, A. *Le « populisme du FN » : un dangereux contresens.* Bellecombe-en-Bauges (FR) : Éditions du Croquant, 2004.

Confraveux, J ; Turchi, M. « Aux sources de la nouvelle pensée unique », *Le Crieur,* octobre 2015.

Conrad, J. *Un paria des îles.* Paris : Autrement, traduction par Odette Lamolle, 1996 (1895).

Constant, B. *Écrits politiques.* Paris : Gallimard, 1997.

Corcuff, Ph. *Les années 30 reviennent et la gauche est dans le brouillard.* Paris : Textuel, 2014.

Courtine-Denamy, S. « Le beau rêve de Hannah Arendt : une maison commune ». Préface à H. ARENDT. *Écrits juifs.* Paris : Fayard, 2011.

Crépon, S. ; Dézé, A. ; Mayer, N. *Les faux-semblants du Front National : Sociologie d'un parti politique.* Paris : Presses de Sciences Po, 2015.

Crépon, A ; Mosbah-Natanson, S. « Le chercheur, l'extrême droite et les sciences sociales. Entretien réalisé avec Pierre-André Taguieff », in *Les sciences sociales au prisme de l'extrême droite. Enjeux et usages d'une récupération idéologique.* Paris : L'Harmattan, 2008.

Crouzet, F ; Febvre, L. *Nous sommes des sang-mêlés : Manuel d'histoire de la civilisation française*, Paris : Albin Michel, 2012.

Danblon, E; Nicolas, L. (dir.) *Les Rhétoriques de la conspiration.* Paris: CNRS Éditions, 2010.

Davis, A. *Mulheres, raça e classe.* São Paulo: Boitempo: 2016 (1981).

Debono, E. *Aux origines de l'antiracisme : La LICA, 1927-1940.* Paris : CNRS Éditions, 2012.

Delannoi, G. *Sociologie de la Nation. Fondements théoriques et expériences historiques.* Paris : Armand Colin, 1999.

Devyver, A. *Le sang épuré. Les préjugés de race chez les gentilshommes français de l'Ancien Régime (1560-1720)*. Bruxelles : Éditions de l'Université de Bruxelles, 1973.

Dorlin, E. *La matrice de la race. Généalogie sexuelle et coloniale de la Nation française*. Paris : La Découverte/Poche, 2009.

Dhume-Sonzogni, F. *Communautarisme. Enquête sur une chimère du nationalisme français*. Paris : Demopolis, 2016.

Dreyfus, M. *L'antisémitisme à gauche. Histoire d'un paradoxe, de 1830 à nos jours*. Paris : La Découverte, 2009.

Droit, R-P. « La confusion des idées. Quarante intellectuels appellent à une 'Europe de la vigilance' face à la banalisation de la pensée d'extrême droite », *Le Monde,* 13 juil. 1993.

Drouin, M. « Clemenceau, Georges », *Dictionnaire historique et critique du racisme*. Dir. P-A. Taguieff. Paris : Puf, 2013.

Duclert, V. *La République imaginée 1870-1914*. Paris : Belin, 2010.

Duclert, V.; Prochasson, C. (dir.). *Dictionnaire critique de la République*. Paris : Flammarion, 2007 [1e éd., 2002].

Durand, P ; Sindaco, S. *Le discours « néo-réactionnaire »: Transgressions conservatrice*, Paris: éditions du CNRS, 2016.

Fassin, É. « Orlando : parlons d'abord de terrorisme sexuel », *Libération*, 16 juin 2016 ; « Aveugles à la race ou au racisme? Une approche stratégique ». In: D. Fassin; É. Fassin. (dir.). *De la question sociale à la question raciale. Représenter la société française.* Paris : La Découverte/Poche, 2009 [1e éd., 2006].

Favret-Saada, J. *Comment produire une crise mondiale avec douze petits dessins*. Paris : Fayard, 2015 [1e éd., 2007] ; *Jeux d'ombres sur la scène de l'ONU. Droits humains et laïcité*. Paris : Éditions de l'Olivier, 2010.

Feher, M. Le Proche-Orient hors les murs. Usages français du conflit israélo-palestinien. In : Fassin, D.; Fassin, E. (dir.). *De la question sociale à la question raciale. Représenter la société française.* Paris : La Découverte/Poche, 2009 [1e éd., 2006].

Finkielkraut, A. *Le Juif imaginaire*. Paris : Le Seuil, 1980.

Fourquet, J. ; Manternach, S. *L'an prochain à Jérusalem? Les juifs de France face à l'antisémitisme.* Préf. de M. Wieviorka. Paris : Éditions de l'Aube/Fondation Jean-Jaurès, 2016.

Fredrickson, G. M. *Racism. A short history.* Princeton (NJ) : Princeton University Press, 2002.

Fremigacci, J. « L'État colonial français, du discours mythique aux réalités (1880-1940) », In : J. Fremigacci. *État, économie et société coloniale à Madagascar (fin XIXe siècle-1940).* Paris : Karthala, 2014.

Freund, J. *Sociologie de Max Weber.* Paris : Puf, 1968.

Fry, P. *A persistência da raça. Ensaios antropológicos sobre o Brasil e a África Austral.* Rio de Janeiro : Civilização Brasileira, 2005.

Furet, F. *Penser la Révolution française.* Paris : Gallimard, 1976 ; *Inventaires du communisme.* Paris : Éditions de l'EHESS, 2012.

Gellner, E. *Nations et nationalisme.* Paris : Payot, 1989 (1983).

Gilroy, P. *Against Race: Imagining Political Culture Beyond the Colour Line.* Cambridge (Mass): The Belknap Press of Harvard University Press, 2000.

Giroud, Fr. « Cette Shoah qui ne passe pas », *Le Monde*, 12 juin 2002.

Gresh, A. *L'Islam, la République et le monde.* Paris : Hachette, 2006.

Guillaumin, C. *L'idéologie raciste.* Paris : Gallimard, 2002 [1e éd., *L'idéologie raciste. Genèse et langage actuel.* Paris/La Haye : Mouton et Cie., 1972].

Guilluy C. *Fractures françaises.* Paris : Bourin Éditeur, 2010.

Hajjat, A. ; Mohammed M. *Islamophobie. Comment les élites françaises fabriquent le « problème musulman ».* Paris : La Découverte, 2013.

Hazan, E. *Une traversée de Paris*. Paris : Le Seuil, 2016.

Hofstadter, R. *The paranoid style in American politics and other essays*. Cambridge (Mass.) : Harvard University Press, 1965.

Igounet, V. *Le Front National de 1972 à nos jours : Le parti, les hommes, les idées.* Paris : Le Seuil, 2014 ; *Histoire du négationnisme en France.* Paris : Le Seuil, 2000.

Jasanoff, M. A Passage from Hong Kong, *New York Review of Books,* vol. LXI, n° 6, abr. 3-23, 2014.

Joffrin, L. « Confusion », *Libération*, 24 novembre 2017.

Joliveau, T. « Où était Charlie? Ce que montrent réellement les cartes d'Emmanuel Todd », SlateFr 22 mai 2015.

Joly, L. « MAURRAS, Charles, 1868-1952 », *Dictionnaire historique et critique du racisme,* Dir. P-A. Taguieff, Paris : Puf, 2013.

Jouanna, A. *L'idée de race en France au XVIe siècle et au début du XVIIe siècle.* Montpellier: Université Paul Valéry, 1981.

Kamel, A. *Não somos racistas. Uma reação aos que querem nos transformar em uma nação bicolor*. Rio de Janeiro: Nova Fronteira, 2006.

Kepel, G. *Terreur dans l'hexagone. Genèse du jihadisme français*. Paris : Gallimard, 2016 (avec Antoine Jardin).

Keucheyan, R. *Hémisphère gauche*. Paris : Zones, 2013.

Kiernan, B. « Sur la notion de génocide », *Le Débat,* 104, mar.-avr. 1999.

Knobel, M. *Haines et violences antisémites. Une rétrospective : 2000-2013*. Paris : Berg International, 2013.

Korolitski, U. *Punir le racisme? Liberté d'expression, démocratie et discours racistes*. Paris : CNRS éditions, 2015.

Larcher, S. *L'autre citoyen. L'idéal républicain et les Antilles après l'esclavage.* Paris : Armand Colin, 2014.

Lazaris, N. (dir.) *Penser le postcolonial: une introduction critique. Paris* : Amsterdam, 2006.

Le Goff, J.-P. *La gauche à l'épreuve 1968-2011.* Paris : Perrin, 2011.

Leiris, M. « Race et civilisation ». In : M. LEIRIS. *Cinq études d'ethnologie.* Paris : Gallimard, 2005 [Coll. Tel].

Lévi-Strauss, C. *Race et histoire, race et culture*. Paris : Albin Michel, 2002 ; *Le regard éloigné.* Paris : Plon, 1983.

Lévi-Strauss, C. ; Eribon, D. *De près et de loin.* Paris : Odile Jacob, 1988.

Leys, S. *Orwell ou l'horreur de la politique*. Paris : Hermann, 1984.

Liauzu, C. *Colonisations, migrations, racismes : Histoires d'un passeur de civilisations*. Paris : Syllepse, 2009 [rééd. de *Jalons pour une histoire des sciences sociales face au racisme*. Cahiers de la Méditerranée, 61, 2000].

Lindenberg, D. *Le rappel à l'ordre. Enquête sur les nouveaux réactionnaires*. Paris: Le Seuil et La République des idées, 2002.

Lowy, M. *A jaula de aço. Max Weber e o marxismo weberiano*. São Paulo : Boitempo, 2014.

Loubet Del Bayle, J.-L. *Les non-conformistes des années 30 : Une tentative de renouvellement de la pensée politique française*. Paris : Le Seuil, 1969.

Loyer, E. *Lévi-Strauss*. Paris : Flammarion, 2015.

Mabanckou, A. *Le sanglot de l'homme noir.* Paris : Point Seuil, 2014 [1e éd., 2012].

MacMaster, N. *Racism in Europe 1870-2000*. New York : Palgrave, 2010.

Mannheim, K. *Idéologie et utopie.* Paris : Éditions de la Maison des Sciences de l'Homme, 2006.

Marian, M. *Le génocide arménien : de la mémoire outragée à la mémoire partagée*. Paris : Albin Michel, 2015.

Marienstras, R. *Être un peuple en diaspora*. Paris : Les Prairies ordinaires, 2014 (1975).

Martigny, V. *Dire la France. Culture(s) et identités nationales (1981-1995)*. Paris : Presses de Sciences-Po, 2016.

Marty, E. *Une querelle avec Alain Badiou, philosophe.* Paris : Gallimard, 2007 ; *Bref séjour à Jérusalem*. Paris : Gallimard. 2003.

Mayer, N.; Perrineau, P. (dir.). *Le Front National à découvert.* Paris : Presses de Sciences Po, 1984.

Memmi, A. *Le racisme*. Paris : Gallimard. 2002 ; *Portraits*. Paris : CNRS Éditions, 2015.

Milza, P. « Le Front National : droite extrême... ou national-populisme? » In : J.-F. SIRINELLI (dir.). *Histoire des droites en France,* vol. 1: Politique. Paris : Gallimard, 1992.

Michaels, W. B. *La diversité contre l'égalité.* Paris : Raisons d'Agir, 2009.

Morin, E. ; Naïr, S ; Sallenave, D. « Israël-Palestine : le cancer », *Le Monde*, 4 juin 2002.

Mosse, George L. *Toward the Final Solution. A History of European Racism*. New York: Howard Fertig, 1997 (1978).

Moyn, S. *The Last Utopia. Human Rights in History*. Cambridge: The Belknap Press of Harvard University Press, 2010.

Nascimento, A. *O genocídio do negro brasileiro. Processo de um racismo mascarado.* São Paulo : Perspectiva, 2016 (1976).

Nattiez, J.-J. *Wagner antisémite*. Paris : Christian Bourgeois, 2015.

Ndiaye, P. *La condition noire : Essai sur une minorité française*. Paris : Gallimard (folio), 2009 ; « Il est urgent de se mobiliser ensemble contre le racisme et l'antisémitisme », *Le Monde*, 24 juin 2017 ; « il existe bien un racisme structurel en France », *Le Monde*, 18 décembre 2017.

Nicolet, C. *L'idée républicaine en France. Essai d'histoire critique.* Paris : Gallimard, 1994 [1e éd. 1982].

Noiriel, G. *Immigration, antisémitisme et racisme en France (XIXe-XXe siècle). Discours publics, humiliations privées.* Paris : Fayard-Pluriel, 2014 [1e éd., 2007] ; *Racisme: la responsabilité des élites*. Paris : Textuel, 2007.

Nora, P. *Recherches de la France.* Paris : Gallimard, 2013 ; *Historien public.* Paris : Gallimard, 2011 ; *Présent, nation, mémoire.* Paris : Gallimard, 2011 ; « Le retour de l'événement », In: NORA, P.; LE GOFF, J. (dir.). *Faire de l'histoire,* vol. 1: *Nouveaux problèmes.* Paris : Gallimard, 1974.

Orwell, G. *The Collected Essays,* vol. III et IV. New York: Harcourt, Brace & World, 1968.

Oz, A. *Como curar um fanático. Israel e Palestina : Entre o certo e o certo*. São Paulo : Companhias das Letras, 2016 (2004).

Ozouf, M. *De Révolution en République. Les chemins de la France.* Paris : Gallimard Quarto, 2015 ; *Composition française : retour sur une enfance bretonne.* Paris : Gallimard, 2009.

Paxton, R. *La France de Vichy (1940-1944)*. Paris : Le Seuil, 1972.

Perelman, C. *Traité de l'argumentation. La nouvelle rhétorique.* Paris : Puf, 1958.

Petit, P. *Républicanisme*. Paris : Gallimard, 2004.

Plenel, E. *Pour les musulmans* précédé de *Lettre à la France, janvier 2015*. Paris: La Découverte, 2015.

Pocock, J. G. A. *The Machiavellian Moment: Florentine Political Thought and the Atlantic Republican Tradition*. Princeton (NJ): Princeton University Press, 2003.

Poizat, J.-C. *Hannah Arendt, une introduction*. Paris : Pocket, 2013 [1e éd., 1982].

Poliakov, L. *La causalité diabolique :* t. 1, *Essai sur l'origine des persécutions ;* t. 2, *Du joug mongol à la victoire de Lénine 1250-1920*. Paris : Calmann-Lévy. 2006 ; *De Moscou à Beyrouth. Essai sur la désinformation*. Paris : Calmann-Lévy, 1983 ; *Hommes et bêtes. Entretiens sur le racisme*. La Haye : Mouton, 1975 ; *Histoire de l'antisémitisme*. Paris : Calmann-Lévy, 1955 (vol. I); 1961 (vol. II); 1968 (vol. III); et 1977 (vol. IV) ; *De l'antisionisme à l'anti-sémitisme*. Paris : Calmann-Lévy, 1969.

Policar, A. « Bouglé Célestin, 1870-1940 » et « Durkheim Émile, 1858-1917 ». In : P.-A. Taguieff (dir.). *Dictionnaire historique et critique du racisme*, Paris, 2013.

Postone, M. *Critique du fétiche capital. Le capitalisme, l'antisémitisme et la gauche*. Paris : Puf, 2013.

Prochasson, Ch. *François Furet. Les chemins de la mélancolie*. Paris : Stock, 2013.

Prost, A. « L'histoire du temps présent: une histoire comme les autres », *Cahiers d'histoire immédiate*, n°30-31, 2007.

Rattensi, A. *Racism. A very short introduction*. Oxford : Oxford University Press, 2007.

Reynaud-Paligot, C. *Races, racisme et antiracisme dans les années 1930*. Paris : Puf, 2007 ; *La République raciale. Paradigme racial et idéologie républicaine (1860-1930)*. Paris : Puf, 2006.

Ronsin, F. *La Grève des ventres. Propagande néo-malthusienne et baisse de la natalité française, XIXe-XXe siècles*, Paris : Aubier, 1992.

Roudinesco, E. *Retour sur la question juive*. Paris : Albin Michel, 2009.

Rousso, H. *La dernière catastrophe. L'histoire, le présent, le contemporain*. Paris : Gallimard, 2012 ; *Le syndrome de Vichy de 1944-198...* Paris : Le Seuil, 1987.

Rousso, H. ; Conan, E. *Vichy, un passé qui ne passe pas*. Paris : Fayard, 1994.

Roy, O. *La peur de l'Islam. Dialogue avec Nicolas Truong*. Paris : Éditions de l'Aube / Le Monde, 2015.

Rudelle, O.; Berstein, S. (dir.). *Le modèle républicain*. Paris : Puf, 1992.

Sartre, Jean-Paul. *Réflexions sur la question juive*. Paris : Gallimard, 1946; *Orphée noire*, préface à *Anthologie de la nouvelle poésie nègre et malgache* de Léopold-Sédar Senghor publié en 1948.

Sayad, A. Qu'est-ce que l'intégration?, *Hommes et Migrations*, 1182, déc. 1994.

Schaub, J-F. *Pour une histoire politique de la race*. Paris : Le Seuil, 2015.

Schnapper, D. *La relation à l'autre. Au cœur de la pensée sociologique*. Paris: Gallimard, 1998.

Schwarcz, L. M.; Starling, H. M. *Brasil: uma biografia*. São Paulo: Companhia das Letras, 2015.

Scott, J. *La politique du voile*. Paris : Éditions Amsterdam, 2017 (2007).

Segré, I. *La réaction philosémite*. Paris : Nouvelles Éditions Lignes, 2009.

Sen, A. *Identity and violence. The Illusion of Destiny*. New York, Londres: Norton 2007 (2006).

Senik, A. *Marx, les juifs et les droits de l'homme. À l'origine de la catastrophe communiste*. Paris : Denoël, 2011.

Sidi Moussa, N. *La fabrique du Musulman. Essai sur la confessionnalisation et la racialisation de la question sociale*. Paris : Libertalia, 2017.

Smouts, M.-C. (dir.) *La situation postcoloniale : les postcolonial studies dans le débat français*. Paris: Presses de Sciences Po, 2007.

Spitz, Jean-Fabien. « La face cachée de la philosophie politique moderne », *Critique*, 504, 1989.

Sternhell, Z. *Histoire et Lumières. Changer le monde par la raison*. Paris : Albin Michel, 2015 ; *Ni droite ni gauche : L'idéologie fasciste en France*. Gallimard/Folio, 2012 (1983) ; *La droite révolutionnaire. 1885-1914. Les origines françaises du fascisme*. Paris : Le Seuil, 1978.

Stora, B. *Qui sont mes amis devenus...: les juifs, Charlie, puis tous les nôtres*. Paris : Le Bord de l'Eau, 2016.

Tassin, É. *Un monde commun. Pour une cosmo-politique des conflits*. Paris : Le Seuil, 2003.

Tavoillot, P.-H. « L'idée d'universalité ». In : *Lumières! Un héritage pour demain* [exposition, Bibliothèque Nationale de France (BNF)],

Taylor, C. *Multiculturalisme : Différence et démocratie*. Paris : Champs Essai, 2009.

Terray, E. *Penser à droite*. Paris : Galilée, 2012.

Tevanian, P. *Chronique du racisme républicain*. Paris : Syllepse, 2013 ; *La haine de la religion. Comment l'athéisme est devenu l'opium du peuple de gauche*. Paris : La Découverte, 2013.

Tevanian, P. ; Tissot, S. *Les mots sont importants 2000-2010*. Paris : Libertalia, 2010.

Todd, E. *Qui est Charlie?* Paris : Le Seuil, 2015.

Todorov, T. *Nous et les autres. La réflexion française sur la diversité humaine*. Paris : Le Seuil, 1989.

Traverso, E. *La fin de la modernité juive. Histoire d'un tournant conservateur.* Paris : La Découverte, 2013 ; *L'Histoire comme champs de bataille.* Paris : La Découverte, 2011 ; « La fabrique de la haine : xénophobie et racisme en Europe », *Contretemps,* avril 2011.

Tribalat, M. « Intégration, la fin du modèle français », *Commentaire,* 150, été 2015.

Tribalat, M. *Statistiques ethniques, une querelle bien française.* Paris : L'Artilleur, 2016.

Trigano, S. *15 ans de solitude.* Paris : Berg International, 2015 ; *La nouvelle idéologie dominante. Le post-modernisme.* Paris : Hermann, 2012.

Veuille, M. « Sociobiologie », *Dictionnaire historique et critique du racisme.* Dir. P.-A. Taguieff, Paris : Puf, 2013.

Vidal-Naquet, P. *Les assassins de la mémoire. « Un Eichmann de papier » et autres essais sur le révisionnisme,* éd. rev. et augm. Paris : La Découverte, 2005 [éd. antérieures, 1987, 1981].

Viroli, M. *For love of country. An essay on Patriotism and Nationalism.* New York : Oxford University Press, 2003 (1995) ; *Républicanisme.* Paris : Le Bord de l'Eau, 2011 [1e éd., 1999].

Wahnich, S. *L'impossible citoyen. L'étranger dans le discours de la Révolution française.* Paris : Albin Michel, 2010.

Weill-Raynal, G. *Une haine imaginaire? Contre-enquête sur le « nouvel antisémitisme ».* Paris : Armand Colin, 2005.

Wieviorka, M. « Racisme, antiracisme et mutation sociale. L'expérience française », In : A. Rea. *Immigration et racisme en Europe.* Bruxelles : Complexe, 1998.

Wieviorka, M. (dir.). *Modernité et racisme.* Paris : La Découverte, 1993.

Winock, M (dir.), *Histoire de l'extrême droite en France.* Paris : Le Seuil, 1994 ; « Populismes français », *Vingtième Siècle. Revue d'Histoire,* 56, oct.-déc. 1997.

Young-Bruehl, E. *Hannah Arendt.* Paris : Hachette/Pluriel, 2011 [1e éd., 1982].

Wistrich, R. *A lethal obsession. Anti-Semitism from Antiquity to the global Jihad.* New York : Random House, 2010.

Zinn, H. *Une histoire populaire des États-Unis. De 1492 à nos jours.* Marseille : Agone, 2002 (1980).

TABLE DES MATIERES

BIOGRAPHIES, MÉMOIRES
AUX ÉDITIONS L'HARMATTAN

Dernières parutions

MÉMOIRE D'OUBLIS
Antoine Acquaviva, une consience rebelle
Michèle Acquaviva-Pache

Le parcours d'un Corse. L'expérience et la vision d'un journaliste citoyen du monde. Des périodes tumultueuses de l'Histoire à chaud, du Niolu au maquis du Morvan, de la Libération à la guerre froide, de l'Afrique coloniale au FLN algérien, de l'Amérique latine des années soixante à l'Europe de l'Est de l'ère soviétique, de la fin du franquisme à la révolution des Oeillets au Portugal, du Chili d'Allende à l'Italie de Berlinguer. Antoine Acquaviva retourne sur son île natale, la Corse, et s'engage dans le mouvement nationaliste insulaire. Il prend la tête du Ribombu, hebdomadaire du parti A Cuncolta Naziunalista. Une plume en accord avec des convictions.

(230 p., 23,5 euros)

ISBN : 978-2-343-17403-7, EAN EBOOK : 9782140121142

N'TOMAN DERNIER CHEF DU CANTON DE SANKARAN (FARANAH)
El Hadj Djamanaty Kalagban
Kalagban Oularé

N'Töman est une oeuvre dans laquelle est retracé le cheminement suivi par les Oularé de Sankaran depuis l'origine jusqu'au soir d'une chefferie coutumière exercée à Faranah par un des leurs, Djamanaty Kalagban Oularé, dernier chef de canton de cette contrée dénommée"Sankaran-Oularédougou".

(Coll. Harmattan Guinée, 118 p., 12 euros)

ISBN : 978-2-343-17424-2, EAN EBOOK : 9782140118951

TURBULENCES ET ACCALMIES D'UNE EXISTENCE
Autobiographie
Yvon Chemir
Préface de Marie-Rose Abomo-Mvondo-Maurin

L'auteur retient de sa vie l'instant présent pendant lequel il ose regarder dans son rétroviseur, afin de garder son insouciance face aux aléas de sa vie et de mesurer l'intérêt qu'il y a à avoir une famille. Son enfance à la Bonnie, sa paralysie et l'intervention chirurgicale du 14 avril 2015 auraient pu faire de lui un être condamné par le destin. La vie est ainsi faite et il convient de l'accepter au second degré, en restant optimiste.

(Coll. Littératures et cultures afro-américaines, 214 p., 21,5 euros)

ISBN : 978-2-343-17087-9, EAN EBOOK : 9782140117992

UN HOMME DE SON TEMPS
Hommage au professeur Assane Seck
Alpha Amadou Sy, Mouhamed Fadel Dia
Les textes constitutifs de cet ouvrage ont pour prétexte l'hommage rendu par la section sénégalaise de la Communauté Africaine de Culture (CACSEN) à son ancien président, le professeur Assane Seck. Cette opportunité fut largement mise à profit par d'éminentes personnalités pour réfléchir sur le parcours multidimmensionnel du « Pontin », « du jeune cadre casamançais », « du tirailleur sénégalais », de l'étudiant de la Sorbonne, de l'enseignant, du militant, du père de famille, de l'Homme d'État et de l'Homme de culture qu'il a été.
(Coll. Harmattan Sénégal, 150 p., 16,5 euros)
ISBN : 978-2-343-16736-7, EAN EBOOK : 9782140116384

UNE FILLE DU SIÈCLE
Une autobiographie
Claude Le Gallou
Le roman d'une vie, une tapisserie d'histoires vécues, finement tissées par l'auteure dans une saga qui la mène des grands studios de cinéma parisiens des années 60 aux rues et aux bars bohêmes de Greenwich Village, de la contreculture américaine hippie des années 70 en exil au Canada à l'aventure du nouveau cinéma africain. Dans cette fresque romanesque mouvementée et colorée où fourmillent les rencontres insolites, le rythme du récit, tantôt nerveux tantôt contemplatif, épouse le balancement de la mémoire pour faire revivre des époques et des lieux qui firent la grande Histoire de cette seconde moitié du vingtième siècle.
(314 p., 31 euros)
ISBN : 978-2-343-16762-6, EAN EBOOK : 9782140116995

MÉMOIRES D'UN ENSEIGNANT
Koundya Joseph Guindo
Sont présentés ici les moments forts vécus par l'auteur à l'école fondamentale et en particulier à l'internat de Bandiagara, en pays dogon, au Mali d'octobre 1972 à juin 1976. A l'orée d'une carrière qui le mènera à d'importantes fonctions dans l'enseignement catholique, l'auteur se présente avec ses qualités et ses défauts. Recueil de souvenirs et d'anecdotes, l'ouvrage présente les aventures et les mésaventures de Koundya Joseph Guindo et de ses condisciples, de Ségue à Bandiagara.
Les Impliqués (138 p., 15 euros)
ISBN : 978-2-343-17175-3, EAN EBOOK : 9782140116919

ENTRETIENS AVEC BOUBAKAR BA
Un Nigérien au destin exceptionnel
Nouvelle édition revue et augmentée
Seidik Abba
Premier Africain à entrer à l'ENS de la rue d'ULM à Paris, le Pr Boubakar Ba décroche son agrégation de mathématiques deux ans plus tard. Il soutient ensuite sa thèse de mathématiques en 1965 à la Faculté des sciences de Paris, avant d'enseigner cette noble discipline pendant vingt-huit années en France, au Sénégal, à Madagascar, au Niger et en Côte d'Ivoire. Il dirigea aussi l'université de Niamey jusqu'en 1979. Ce

livre relate les circonstances de la rencontre entre Boubakar Ba et Thomas Sankara à Antsirabe, le décryptage qu'il fit du coup d'État du 15 avril 1974 au Niger, son regard perspicace sur les défis des universités africaines ainsi que sa dénonciation des frontières héritées de la colonisation.

(120 p., 14 euros)

ISBN : 978-2-343-16939-2, EAN EBOOK : 9782140113932

ENGRENAGES

Récit

Marie-Claire Buzy

Avec une série de tubes sans concessions, Buzy a marqué nos années 1980, tant par sa musique que par son look ou son attitude. Rockeuse et rebelle, solitaire et altruiste, Marie-Claire Buzy a connu la célébrité, l'argent, la séduction, la gloire à vingt ans et la traversée du désert. Son livre évoque avec beaucoup d'humour et d'émotion une époque d'espoir, celle des « potes », des « enfoirés », celle de l'après-punk et de l'avant-sida, ses aspirations, son romantisme et sa désillusion.

(248 p., 21,5 euros)

ISBN : 978-2-343-15974-4, EAN EBOOK : 9782140109379

FIERTÉS DE FEMME NOIRE

Entretiens / Mémoires de Paulette Nardal

Philippe Grollemund

Préface de Christiane Eda Pierre

« Très sensible à la condition féminine, toujours, avant et surtout après mon séjour parisien. Si j'avais dit ce que je pensais réellement, j'aurais dressé tous les hommes de la Martinique contre moi. Fervente chrétienne, ce fut le choc des Negro spirituals à Paris (1930). Ayant perçu, avant les hommes, la nécessité d'une solidarité raciale, j'ai aussi voulu sensibiliser les femmes à la chose sociale et à la fierté noire, avant-guerre, dans de nombreuses publications puis en Martinique ». Paulette Nardal

(208 p., 21,5 euros)

ISBN : 978-2-343-16043-6, EAN EBOOK : 9782140109584

HADJA RABIATOU SÉRAH DIALLO

Vie et combats d'une égérie syndicale

Mody Sory Diallo, Mamadou Hafiziou Barry, Mamadou Saliou Diallo

Hadja Rabiatou Sérah Diallo deviendra secrétaire générale de la Confédération nationale des travailleurs de Guinée (CNTG), syndicat qu'elle intègre en 1968. Elle se révèlera au grand public lors des événements de 2006 et 2007. Ce livre restitue la vie et le combat syndical de Hadja Rabi, son parcours professionnel, ses nominations au sein du Conseil national de la transition (CNT) et du Conseil économique et social (CES). Il s'appuie sur de nombreux témoignages sur les événements qui se sont succédé de 2006 à 2015.

(Coll. Harmattan Guinée, 366 p., 37 euros)

ISBN : 978-2-343-16503-5, EAN EBOOK : 9782140109713

SUZANNE BUISSON

Socialiste, Féministe, Résistante

Gérard Da Silva

Suzanne Levy-Buisson, dont ce livre est la première biographie, est une figure méconnue mais centrale du féminisme socialiste français. Son combat demeure exemplaire et nous pose des questions toujours actuelles, sur l'inégalité et l'injustice sociale ; son destin nous interroge sur l'idéal social qui demeure à réaliser dans l'harmonie de la Cité humaine.

(Coll. Mouvement social et Laïcité, 218 p., 20 euros)

ISBN : 978-2-343-16035-1, EAN EBOOK : 9782140107344

DE LA SAVANE AFRICAINE EN CHINE POPULAIRE

L'étrange parcours d'un Peulh du Wassolon

Mory Mandiana Diakité

Cet ouvrage décrit le parcours de l'auteur et les évènements socioculturels dont il a été témoin ou victime depuis son enfance. Il aborde divers sujets : la circoncision, le fétichisme, la chasse traditionnelle, la migration, la polygamie, la mal gouvernance, ainsi que le quotidien des étudiants noirs en Chine. Il s'appuie sur son propre passé socio académique pour mettre en évidence les causes du dérapage socioculturel dans son pays natal et l'attitude curieuse des Chinois vis-à-vis des noirs Africains résidant chez eux.

(Coll. Harmattan Sénégal, 130 p., 14,5 euros)

ISBN : 978-2-343-16379-6, EAN EBOOK : 9782140109287

MES ANNÉES PASSÉES À LA TÊTE DE LA COMPAGNIE DES BAUXITES DE GUINÉE (CBG)

Kémoko Touré

« Je venais de prendre une retraite internationale que j'espérais méritée lorsque l'opportunité de diriger la Compagnie des Bauxites de Guinée me fut offerte. Au cours des vingt-cinq années précédant mon retour au pays, j'ai dirigé des entités appartenant à de grands groupes multinationaux, tels que l'américain Allied- Signal, l'allemand Siemens ou le français Thales. Je crois avoir bien appris le métier d'industriel et acquis les outils nécessaires pour pouvoir apporter, enfin je l'espère, la meilleure contribution possible au développement de la Guinée. »

(Coll. Harmattan Guinée, 144 p., 15 euros)

ISBN : 978-2-343-16357-4, EAN EBOOK : 9782140106828

THE ROLLER-COASTER RIDE OF AN AFRICAN CHILD

From Gambia to Italy

Lamine Darboe

Ce récit autobiographique en langue anglaise constitue le témoignage poignant d'un jeune gambien parti de Banjul pour rejoindre l'Europe en empruntant les voies clandestines. Lamin décrit son enfance au village, ses études, son travail comme enseignant et explique ce qui l'a forcé à quitter son pays pour débarquer, après une véritable odyssée, dans le sud de l'Italie.

Harmattan Italia (172 p., 26,5 euros)

ISBN : 978-2-336-31238-5, EAN EBOOK : 9782140106194

Structures éditoriales du groupe L'Harmattan

L'Harmattan Italie
Via degli Artisti, 15
10124 Torino
harmattan.italia@gmail.com

L'Harmattan Hongrie
Kossuth l. u. 14-16.
1053 Budapest
harmattan@harmattan.hu

L'Harmattan Sénégal
10 VDN en face Mermoz
BP 45034 Dakar-Fann
senharmattan@gmail.com

L'Harmattan Cameroun
TSINGA/FECAFOOT
BP 11486 Yaoundé
inkoukam@gmail.com

L'Harmattan Burkina Faso
Achille Somé – tengnule@hotmail.fr

L'Harmattan Guinée
Almamya, rue KA 028 OKB Agency
BP 3470 Conakry
harmattanguinee@yahoo.fr

L'Harmattan RDC
185, avenue Nyangwe
Commune de Lingwala – Kinshasa
matangilamusadila@yahoo.fr

L'Harmattan Congo
67, boulevard Denis-Sassou-N'Guesso
BP 2874 Brazzaville
harmattan.congo@yahoo.fr

L'Harmattan Mali
Sirakoro-Meguetana V31
Bamako
syllaka@yahoo.fr

L'Harmattan Togo
Djidjole – Lomé
Maison Amela
face EPP BATOME
ddamela@aol.com

L'Harmattan Côte d'Ivoire
Résidence Karl – Cité des Arts
Abidjan-Cocody
03 BP 1588 Abidjan
espace_harmattan.ci@hotmail.fr

L'Harmattan Algérie
22, rue Moulay-Mohamed
31000 Oran
info2@harmattan-algerie.com

L'Harmattan Maroc
5, rue Ferrane-Kouicha, Talaâ-Elkbira
Chrableyine, Fès-Médine
30000 Fès
harmattan.maroc@gmail.com

Nos librairies en France

Librairie internationale
16, rue des Écoles – 75005 Paris
librairie.internationale@harmattan.fr
01 40 46 79 11
www.librairieharmattan.com

Lib. sciences humaines & histoire
21, rue des Écoles – 75005 Paris
librairie.sh@harmattan.fr
01 46 34 13 71
www.librairieharmattansh.com

Librairie l'Espace Harmattan
21 bis, rue des Écoles – 75005 Paris
librairie.espace@harmattan.fr
01 43 29 49 42

Lib. Méditerranée & Moyen-Orient
7, rue des Carmes – 75005 Paris
librairie.mediterranee@harmattan.fr
01 43 29 71 15

Librairie Le Lucernaire
53, rue Notre-Dame-des-Champs – 75006 Paris
librairie@lucernaire.fr
01 42 22 67 13

Achevé d'imprimer par Corlet - 14110 Condé-en-Normandie
N° d'Imprimeur : 1048196 - Janvier 2021 - Imprimé en France